인문학 수프 시리즈 1

장졸우교(藏拙于巧)

: 소설

지은이 양선규

소설가. 창작집으로 『난세일기』, 『칼과 그림자』 등이 있고, 연구서로 『한국현대소설의 무의식』, 『코드와 맥락으로 문학읽기』, 『풀어서 쓴 문학이야기』 등이 있다.
충북대학교 인문대학 교수를 거쳐 현재 대구교육대학교 국어과 교수로 재직 중이다.

인문학 수프 시리즈 1

장졸우교(藏拙于巧): 소설

1판 1쇄 인쇄_2013년 02월 10일
1판 1쇄 발행_2013년 02월 20일

지은이_양선규
펴낸이_양정섭
펴낸곳_작가와비평
등 록_제2010-000013호
주 소_경기도 광명시 소하동 1272번지 우림필유 101-212
블로그_http://wekorea.tistory.com
이메일_mykorea01@naver.com

공급처_(주)글로벌콘텐츠출판그룹
대 표_홍정표
기획·마케팅_배정일
편 집_노경민 배소정 최민지
디자인_김미미
경영지원_안선영
주 소_서울특별시 강동구 길동 349-6 정일빌딩 401호
전 화_02-488-3280
팩 스_02-488-3281
홈페이지_www.gcbook.co.kr

값 12,000원
ISBN 978-89-97190-54-6 03810

장졸우고

藏拙于巧

작가와비평

저자의 말

인문학 수프, 장졸우교藏拙于巧 편은 소설에 관한 이야기입니다. 전체가 한 편의 소설로 읽혀지기를 바라며 쓴 글입니다. 장졸우교藏拙于巧라는 말은 '자신의 졸렬함을 기교로써 감추다'라는 뜻입니다. 채근담에 나오는 장교어졸(藏巧於拙: 교묘함을 졸렬함으로 감추다)을 패러디한 말입니다. 소설도 아니고 소설론도 아닌, 이도저도 아닌 이 책의 글쓰기가 결국은 그런 것일 수밖에 없다는 생각이 들었습니다. 그러나 그런 자평自評이 글쓰기의 선善한 노력까지 면제해 주는 것은 아닙니다. 부족하지만, 제가 읽은 소설과 제가 쓰는 소설을 가장 잘 드러낼 수 있는 이야기를 만들어보려고 애를 많이 썼습니다. 국내외를 막론하고 좋은 작품 20편을 골랐습니다. 그것에다 소설적인 틀을 지닌 저의 자전적 이야기를 그때그때 조금씩 보탰습니다. 그 두 이야기가 어떤 식으로 서로를 간섭하는지는 저도 잘 모르겠습니다. 애초부터 알려고 하지 않았다는 말이 맞을 것 같습니다. 그 부분에 대한 평가는 전적으로 독자분들의 몫일 것 같습니다.

소설은 예나 지금이나 인문학의 보고寶庫입니다. 작은 것들에 관한 이야기이지만 좋은 소설들은 언제나 인생의 요점들로 가득 차 있습니다. 이 책을 통해서 제가 읽고 쓰며 느낀 감동感動이 세상의 많은 이들에게 일파만파로 전달되었으면 하는 바람이 간절합니다. 서로 나누지 못하면, 제가 가진 것들 모두가 그저 '허전한 한 목숨'에 불과할 것이기 때문입니다. 어려운 출판독서계의 사정에도 불구하고 융통성 없는 이런 인문서를 출간하기로 결정해주신 작가와비평사에 진심으로 감사의 뜻을 전합니다.

2012. 11.
양 선 규

목 차

장졸우교(藏拙于巧) 1

고래 뱃속, 몰개월의 새

글은 왜 쓰는가? 이 질문은 신화적인 대답을 요구한다. 이를테면, 오이디푸스와 스핑크스의 대화와 그 수준이 비슷하다고 보면 된다. 일종의 존재론적인 질문이다. 스핑크스가 오이디푸스에게 물었다. "아침에는 세상을 욕하고, 낮에는 자화자찬을, 밤에는 그 모든 행위들에 대해 반성하는 자가 누구인가?" 오이디푸스가 대답했다. "글 쓰는 자다." 오이디푸스의 대답을 듣고 스핑크스가 다시 물었다. "너는 네 운명, 글 쓰는 자의 운명을 감당할 수 있느냐?" 오이디푸스가 답했다. "물론이다. 누구도 운명을 거스를 수 없다." 그러자, 스핑크스가 스스로 목숨을 끊었다.

스핑크스는 신탁神託을 다시 한 번 확인한다. 오이디푸스는 그것을 운명으로 받아들인다. 모두 무의식에서 일어나는 대화다. 글쓰기가 한 인간의 존재론이 되는 것은 그처럼 무의식의 차원에서다. 그것의 동기를 현실적인 차원에서 찾는다는 것은 아무래도 무모하고 황당한 일이다. 작가 이청준(1939~2008)은 이렇게 말한다.

> "우리는 물론 사자 우리로 돌진해 들어간 휴가병 아저씨의 광기나 타이타닉호의 악사들이 무엇 때문에 배가 가라앉아 들어가는 마지막 순간까지 찬송가를 연주하고 있었으며, 그렇게 해야만 했던가를 가슴으로 이미 알고 있는 것이다. (…중략…) 문학을 왜 하는가. 왜 쓰는가. 문학이 왜 있어야 하는가…. 그것을 묻는 것은 아마도 그 휴가병 아저씨나 침몰선 악사들에게 그들의 행동을 설명하게 하는 것만큼이나 어렵고 당돌스런 질문이 될지도 모른다. 문학하는 일 자체가 어쩌면 바로 그 휴가병 아저씨의 무모하고도 광기어린 돌격, 아니면 타이타닉호 악사들의 마지막 연주와도 같은 것일 수도 있으니까."
>
> ▶▶▶이청준, 『말없음표의 속말들』 중에서

'광기狂氣'와 '장엄莊嚴'이라고 부를 수도 있는 인간의 두 갈래 존재 방식, 작가 이청준은 이 두 가지 상극의 성향과 글쓰기를 연관시킨다. 인간에게는 스핑크스와 오이디푸스가 동시에 공존한다는 것, 그 둘을 하나의 형식 안에서 담아낼 수 있는 것은 오로지 문학, 운명으로서의 글쓰기밖에 없다고 그는 말한다. 그렇게 이해된다. 오이디푸스가 자신의 운명을 피하면서 받아들이고, 모르면서 알았던 것처럼, 작가는 자신의 운명을 받아들일 수밖에 없다고 그는 말한다. 그리고 인간이라면, 누군가는 그 일에 나서야 한다고 그는 말한다.

내가 작가의 운명을 처음 직감한 것은 스무 살의 막막함 속에서였다. 한정 없이 밀려드는 무중력감, 그 막막한 젊음을 달래기 위해 「몰개월의 새」(황석영, 1976)를 읽었다. 대학 2학년 때, 수업시간 중이었다. 소설 속의 글자들과 게릴라전을 벌이던, 간혹 띄엄띄엄 들려오던 노교수의 목소리가 순간 완전히 사라졌다. 모종의 불안감을 은신처 삼아 불쑥불쑥 출몰하던 그것들이 한순간 깨끗하게 섬멸되었다. 마치 소이탄燒夷彈이라도 맞은 듯, 내 귓가의 소란이 일순 정적으로 채워졌다. 윙 하는 소리가 지상의 모든 소리를 차단했다. 몇 초나 지났을까, 다시 뭇소리들이 땅굴에서 기어나오는 새까만 게릴라들처럼 한둘 그 모습을 보이면서, 그것들 위로 무엇인가 빠른 속도로 내 머리를 가로질러 지나쳤다. 그 횡단橫斷하는 것의 실체가 무엇이었는지는 알 수 없었다. 그때나 지금이나 오리무중이다. 다만 그것이 지나가고 난 다음, 내 머릿속은 전에 없이 평온해졌다는 것만 기억한다. 어떤 무겁고 딱딱한 것 하나가 내 몸에서 떨어져 나와 저 먼 곳 어디로, '태평양' 쯤이나 되는 먼 곳으로, 날아간 느낌도 들었던 것 같다. '아, 그랬던 거구나.' 나지막히 나는 그렇게 내뱉었다. 깊은 잠에서 막 깨어나는 느낌이었다. "여자들이 무엇인가를 차 속으로 계속해서 던지고 있었다. 그것들은 무수하게 날아왔다. 몰개월 가로는 금방 지나갔다. 군가소리는 여전했다. 나는 승선해서 손수건에 싼 것을 풀어보았다. 플라스틱으로 조잡하게 만든 오뚜기 한 쌍이었다. 그 무렵에는 아직

어렸던 모양이라, 나는 그것을 남지나해 속에 던져버렸다. 그리고 작전에 나가서 비로소 인생에는 유치한 일이 없다는 것을 알았다." 깊은 잠에서 깨어난 나는 그 대목을 읽고 또 읽고 있었다. '몰개월', 그 생소한 이름의 '고래 뱃속'을 그렇게 접했다.

추장과 내가 가까워진 것은 야간전투 훈련장에서였다. 우리는 2인용 텐트를 같이 썼다. 추장은 맨손으로 입을 달래는 재주를 갖고 있었다. 그는 무슨 음식이든지 말만 나오면 입으로 요리를 했다. 언제나 배가 고픈 우리는 그의 얘기에 빨려들어 거의 환장할 지경이었다.

어느 날 우리는 영계백숙으로 포식을 했다. 그것도 사흘이나. 추장은 십여 리나 되는 양계장에서 여섯 마리의 닭을 생포해 와서는 구두끈으로 닭발을 묶어 우의로 덮어두었다. 우리는 한밤중에 일어나 철모에 닭을 튀겨 먹고 독도법훈련이며 매복훈련에 나갔다. 야간훈련을 마치고 돌아오면 우리는 추장이 구해 놓은 보급품을 먹었다. 무, 수박, 고구마……. 추장은 늘 전우의 영양상태를 걱정했다.

"한잔 빨러 가자."

추장이 판초우의를 입고 나를 깨웠다. 그가 우의를 들추자 새 군화가 세 켤레나 대롱거리고 있었다. 사단 보급창을 거덜냈는가? 통신대원들의 새로 받은 군화를 훔친 것이다. 우리는 당당히 연병장을 구보했다. 버젓하게 뛰어가야 탈이 없다는 그의 주장이었다. 철조망을 무사히 통과한 우리는 귀가 멍멍할 정도로 개구리 소리를 들었다.

바다를 뒤편에 둔 몰개월은 특교대가 생기자 주막이 하나씩 생기면서 슬레트 지붕에 블록으로 지은 바라크들이 이십여 채 생겨났다. 비가 억수로 쏟아져서인지 한 년도 내다보지 않았다. 그 때 길옆에 허옇스레 한 것이 보였다. 시궁창에 하반신을 담그고 엎드린 여자, 그렇게 미자를 만났다. 미자는 억병으로 마신 것 같았다. 몸은 형편없이 마르고 키는 멀쑥했다. 슈미즈만 입은 여자를 빗속에 버려 둘 수 없었다. 그보다 나는 시궁창에 쳐 박힌 여자의 그런 모양에 욕정을 일으켰다.

우리는 송장을 치우듯 미자를 들었다. 갈매기 집을 찾아갔을 때 주인 여자는 넋두리를 폈다. 이 년들 정신을 바짝 차리게 해줘야지. 이 쓸개 빠진 년들이 애인한테 편지질을 하는데 어떤 년들은 열, 스물에게 쓴다우. 미자년이나 애란이나 가끔 술 쳐먹구 지랄들을 하는데 아마 상대편이 죽었다는 소식이 들리는 모양이지. 제대하구 한 번도 들여다보는 놈 없는데. 나는 미자를 아랫목에 누이고 이불을 덮어줬다. 우리가 술을 먹는 동안 이따금 이불을 들치고 건너다 봤지만 모른 척했다. 추장이 빠끔이라고 별명을 붙일 정도로 미자는 마른 얼굴에 눈만 컸다.

가상 늪 지역을 허우적거리며 훈련을 받았다. 진흙탕 물에 전신을 담그고 총을 받쳐들고 건너다 포복을 하다 늪 지역을 지나 다시 부비트랩이 밀집한 곳을 지났다. 함정이 있고 인계철선이 질러있고 죽창이 있기도 한다. 당한 병사는 모두 전사자가 되어 기합을 받는 그 훈련에서 나는 폭약을 터뜨렸으므로 전사 분대로 끌려갔다.

그 때 주보병이 뛰어왔다. 면회신청이다. 어이없게도 내 이름이 불렸다. 한복을 입은 여자가 나를 반긴다. 나는 그 여자를 기억하지 못했다. 몰개월이 어쩌구, 똥까이가 어쩌구, 하는 주변의 소리에 미자가 가져온 김밥과 삶은 고구마를 아귀아귀 먹어댔나.

미자는 내 뒷주머니에 담배도 넣어 주었다. 밤에 오라는 그녀의 말대로 나는 담치기를 했다. 미자는 상사와 앉아 있다가 뺨을 맞고 있었다. 갈매기집을 나서고 말았다. 좇아 나온 미자는 코피가 터져 있다. 나는 논가에 데리고 가 얼굴을 씻어 주었다.

"초가 다 타면 자요."

나는 은근히 조바심이 나서 미자를 건드렸다. 그러나 이상하게도 몸에 도통 기별이 가지 않았다.

"내다봐요. 고깃배가 보일 거야. 갈매기들이 많이 울지요?"

나는 미자를 먹지 못 했다. 낯을 씻길 때부터 먹지 못하게 무관한 사이가 되어 버렸다.

귀대하는 길에 미자에게 들렀다. 미자는 내가 밥을 먹는 동안 시중을 들었다.

"모레 떠난다."

"집에 갔었다면서요? 좋은 사람 있어요?"

"있었는데 시집갔더라야."

"내일 밤에 나와요. 전부 몰려나올 거야. 꼭…… 한코 주께."

▶▶▶황석영, 「몰개월의 새」 중에서

세상에는 어디 하나 하찮은 것이라고는 없는 법인데 젊어서는 그걸 잘 모른다. 작가들은 그게 안쓰럽다. 그래서 황석영은 「몰개월의 새」라는 소설을 썼고, 나는 지금 그의 소설에 대해 이야기한다. 황석영이 쓴 소설의 주인공이, 총탄이 빗발처럼 쏟아지는 전장에서, 방금 같이 담배를 나누어 피우던 전우가 총에 맞아 쓰러지는 걸 보면서, 유치하게 여겼던 술집 작부(미자)의 이별 선물(오뚜기

인형)을 바다(남지나해)에 던져버린 것을 못내 후회했던 것처럼, 나 역시 젊어서 생각 없이 버린 것들을 생각하며 후회한다. 미로迷路 속에서의 그 젊은 날들을 일말의 주저도 없이 망각의 바다에 그냥 던져버렸던 것을 후회한다. 내게 청춘은 그저 불우하고 불운한 것으로만 여겨졌다. 그러나 그것들이 없었다면 나는 도대체 무엇으로 이루어졌겠는가, 그것을 돌아다보면서 내가 할 일은 아마 두 가지 중의 하나일 것이다. 로렌 아이슬리가 자서전『그 모든 낯선 시간들』에서 말했듯이, '비명을 지르며 외면하는 일과 그것 옆에 조용히 누워 보는 일'일 것이다. 만약 그 옆에 누웠다면, 그것에서 비릿한 어머니의 젖냄새가 나는 것도 느낄 수 있을 것이다.

내게 젊은 날은 우하禹夏라는 친구와 함께 하는 것이었다. '여왕과 나Queen and I'를 소개한 것도 그였다. '여왕'은 시내 한가운데 있던 고전 음악 다방이었다. 나는 그곳에서 글 쓰는 자의 운명을 받아들였다. 이를테면 그곳은 내게 '스핑크스'와 같은 존재였다(그곳에서의 생활은 졸작 「황금연못」에서 소개했다). 3년여의 세월, 그곳에서의 청춘을 뒤로하고 우하는 먼저 군대를 갔다. 하던 대학원 공부도 그만 두고 입대를 해서는 전방 어딘가에 떨어져서 남들이 해보기 어려운 경험을 하고 돌아왔다. 나중에 보니 〈실미도〉 영화에 나오는 부대와 비슷한 곳에서 기간병 임무를 맡았었다. 다른 친구들도 우하를 따라 입대한 뒤, 나는 혼자 남아 대학원을 졸업했다. 사관학교 교관 시험을 봐서 합격한 뒤, 광주로 갔다. 장교 임관교육을 받기 위해서였다.

광주에서의 16주는 철부지 문청文靑에게, 「몰개월의 새」를 읽으며 처음 느꼈던, 관념적이고 막연했던 어떤 '고래 뱃속'을 몸으로 각인시켜주었다. 어른이 되려면 먼저 고아가 되어야 한다, 부모 아래서는 결코 어른이 될 수 없다. 거기서 나는 그 말을 수도 없이 되뇌었다. 물론 실존의 부모를 뜻하는 건 아니었다. 사회적 고아 의식이라고나 할까, 완전한 고립감, 나를 둘러싼 모든 보호막과의 작별, 아마 그런 것이었을 것이다. 광주에서의 16주를 아무런 시간 감각도 없이 보내면서 나는 그 고아의식과의 싸움에 오로지 전심전력했다. 가늘게나마 모태와 연결되던 탯줄이 완전히 끊어진 느낌, 어디 하나 기대거나 어리광을 부릴 대상이 전무하다는 느낌, 용서받고 죄사함 받을 고해대마저 사라진 느낌, 최종적으로 조회해 볼 수 있는 마지막 율법마저 사라진 느낌, 그래서 이 세상에 홀로 던져져 있다는 느낌, 그런 것들로 인해 삭막해진 잿빛 하늘 아래서 천애의 고아가 되어 있다는 느낌, 그런 '느낌들' 속에서 헤매었다. 이미 그런 '느낌'은 광주 땅을 처음 밟으면서부터 찾아오기 시작했다.

누누이 말하는 거지만, 광주에서의 4개월은 태초의 어느 한 시점, 혹은 바닥을 알 수 없는 늪의 한 가운데에 던져진 느낌이었다. 로렌 아이슬리가 자서전『그 모든 낯선 시간들』에서, 자신의 출신지인 네브래스카 주 서부 제3 황무지에서의 삶을 "우리는 이집트가 나일 강 진흙 평지에서 처음 일어날 때 이미 있었던 그 시간 없는 고독 속에서 살았다"라고 표현했던 것처럼 광주에서의 내 삶 역시 '시간 없는 고독 속'에 완전히 잠겨 있었다. 나만 그런 것이 아니었다. 당시의 광주 역시 마찬가지였다. 그런 도시의 고독은 독毒이 되어 내 육신을 이곳저곳 마비시켰다. 그 중에서도 사고력을 집중적으로 공략했다. 아무런 생각도 들지 않았다. 매사에 흥미를 잃고, 관심이 없었다. 이를테면 땅마저 '사각형의 기억'을 잃고 흐물거렸다(송찬호, 「흙은 사각형의 기억을 갖고 있다」). 그러니, 그 어떤 것도 실감으로 다가오지 않았다. 벌점은 쌓이고 구대장들과의 갈등도 깊어갔다. 처음에는 금연의 부작용, 금단 증세 때문인가도 싶었다. 그러나 그것 때문만은 아니었다. 결정적인 것은 5.18이었다. 그 땅을 밟고서야 나는 비로소 5.18 광주항쟁을 알았다. 처음 밟은 그 땅은 사개(상자 따위의 모퉁이를 끼워 맞추기 위하여 서로 맞물리는 끝을 들쭉날쭉하게 파낸 부분)가 너무 정연했다. 모든 것이 단정했다. 그럴수록 침묵과 고요가 너무 낯설었다. 그러나 과장된 평온이 어쩔 수 없이 흘려내는 이떤 원怨과 한恨을 알아채기에는 그때까지의 내가 너무 통속적이었다.

입대를 하루 앞두고 광주를 찾은 나는 저녁을 먹고 남는 시간을 음악다방에서 보냈다. 혼자서 마지막 담배를 피우며(입영과 함께 금연이었다) '은화 1불의 여왕'을 주문했다. '여왕과 나'에 두고 온 한 여자를 생각했다. 그녀도 '미자'처럼, 출정을 앞둔 남자 친구에게 선물을 주었다. '모라도'라는 상표를 가진 모직 스웨터였다. 그녀의 얼굴을 그리고, 멀리 떨어진 대구에서 왔다는 것, 입대를 하루 앞두고 있다는 것, 고향에 두고 온 여자 친구를 생각하며 신청한다는 내용을 적어 보냈다. 남자 DJ는 그 내용에 대해서는 아무런 내색을 하지 않았다. 그냥 또박또박 자기 사정만 전했다.

"광주에는 '은화 1불의 여왕'이 없답니다. 대신 '킬링미소프틀

리위드히즈송'을 보내드립니다."

그러면서도 DJ는 '은화 1불의 여왕'이라는 노래가 어떤 것인지 짤막하게나마 부연 설명을 덧붙였다. 그러나 아무런 동정도 공감도 없는 건조한 목소리였다. 조금 엉뚱하다 싶었다(그래서 지금까지 기억에 남아있다). 두 노래의 메시지가 어떻게 접속되는지 도무지 짐작이 가지 않았다. 가사는 물론이고, 필링이나 톤이 전혀 다른 노래였다. 약간 이상하기는 했지만, 그때만 해도 광주는 그저 다른 모든 타향 중의 하나였다. 광주가 다른 땅과는 영원히 같을 수 없다는 것을 안 것은 그로부터 한 달 뒤였다. 4주간의 기본군사훈련이 끝나고 외출이 허용되어 광주 시내를 돌아다닐 수 있었던 때였다. 대구에서 같이 입대한 친구와 함께 금남로의 한 목욕탕을 찾았다. 그때 무슨 대화를 나눈 지는 자세한 기억이 없다. 다만 오랜만에 사제私製 목욕탕에 들어가는 기분에 경상도 기분으로(사투리가 좀 시끄럽다) 크게 소리를 낸 것만은 틀림이 없었다. 탕 속으로 막 들어가면서였을 것이다. 갑자기 목욕탕 안에서 모든 소리가 사라졌다. 사람 목소리뿐만이 아니었다. 물 끼얹던 소리도 물바가지 굴러다니던 소리도 일순 모두 사라졌다. 한순간에 모든 음향과 화면이 정지되고 말았다. 그런 느낌이었다. 그 정지 화면 상태에서 움직이는 것은 오직 우리 둘의 시선뿐이었다.

잠깐 동안이었지만, 숨 막히는 공포감이 엄습했다. 모든 생명 있는 것들은 아무 말 없이도, 어떤 식으로든 교감할 수 있다는 것을 그때 분명히 알았다. 그건 분명한 살기殺氣였고, 원怨이었고, 또 한恨이었다. 그와 나는 서둘러 '걸레조각 같은 적막으로'(이승욱, 「

꿈이 없는 빈집에는」) 몸을 닦아내고 목욕탕을 나왔다.

귀대해서 한 동기생에게서 '광주의 진실'에 대해서 들었다. 우리가 그렇게 활보하던 거리에서 그토록 참혹한 살상이 이루어졌다는 것이 도저히 믿기지가 않았다. 왜 '킬링 미 소프틀리'였는지, 왜 가끔씩 군사학 교관들이 뜻 모르게 실어증을 노출시켰는지, 그때야 비로소 알게 되었다. 킬링 필드, 고해告解, 죄 많은 내 청춘, 그 순간 내게는 문득 그런 단어들이 떠올랐다. 광주에서의 무력감에서 벗어나 본격적으로 글쓰기 공부에 나서면서도 나는 그 단어들을 내 연습장에서 종내 지울 수가 없었다. 그래서 2년 뒤, 어렵게 작가가 된 수상 소감 말미에 "문학은 나의 종교다"라고 썼다.

장졸우교(藏拙于巧) 2

적벽, 노인과 바다

헤밍웨이의 『노인과 바다The Old Man and the Sea』(1952)를 '바다와 노인'으로 읽고 싶었던 때가 있었다. 그 소설 제목을 처음 볼 때부터 그랬다. 중고등학교 때였을 것이다. 그 관성이 꽤나 오래갔다. 아마 대학을 졸업할 때까지 순간순간 헷갈렸지 싶다. 선생이 되고, '모르는 것은 용서가 되지만 틀리면 안 된다'라는 강박이 확고하게 자리 잡고 나서부터 그 용심用心이 사라졌다. 부득불 제대로 읽힐 수밖에 없었다. 그렇지만 『노인과 바다』가 문자 그대로 '제대로' 읽힌 것은 그로부터도 한참 뒤의 일이다. 어느 날 문득, 내 삶이 그저 대양大洋에 떠 있는 한조각 일엽편주一葉片舟와 같다는 생각이 들었다. 거친 풍랑이 손바닥 뒤집듯, 아무런 원인도 출처도 없이, 내 삶을 유린하였고 나는 끝없이 표류했다. 바다가 그래서 바다구나, 노인도 그래서 노인이고, 밑도 끝도 없이 그런 염이 들기 시작했다. 사방은 어두웠고 사개는 맞지 않았고 바닥은 끝 모르게 깊었다. 한참을 방향감각 없이 가라앉다가, 문득 구명조끼를 찾을 궁리를 했다. 손에 『노인과 바다』가 잡혔다. 물론 '노인老人'이라는 단어를 두고 암약하던 그 정체모를 심술도 이미 일말의 저항도 없이 순순히 투항한 뒤였다.

다음번 회전에서 그는 거의 고기를 손아귀에 넣을 뻔했다. 그러나 또 고기는 바로 서더니 유유히 달아나 버리고 말았다. 네 놈이 나를 죽이는구나, 고기야, 하고 노인은 생각했다. 그러나 너는 그럴 권리가 있다. 나는 지금껏 너보다 위대하고 아름답고 침착하고 고귀한 놈을 본 일이 없다. 형제여, 자, 와서 나를 죽여라. 누가 누구를 죽이든 그건 내 알 바 아니다.

자, 이젠 또 머리가 희미해지나 보다고 생각했다. 머리를 맑게 식혀야만 한다. 머리를 맑게 식히고 어떻게 하면 사나이답게 고통을 견디어 내느냐를 알아야 한다. 아니면 고기처럼이라도, 하고 그는 생각했다.

"정신 차려라, 머리야."

그는 자기 귀에도 거의 안 들릴 만한 소리로 중얼댔다.

"정신 차려."

고기는 두 번이나 더 회전했지만 역시 마찬가지였다. 나는 모르겠다, 하고 노인은 생각했다. 그때마다 기절할 것만 같았다. 모르겠다, 그러나 한 번 더 해보자. (…중략…)

그는 그의 모든 고통과 남은 힘 전부와 먼 옛날에 가졌던 긍지를 통틀어 고기에게 고통을 주도록 내던졌다. 고기는 그의 곁으로 다가와서 유유히 그 곁을 헤엄쳐 가며 주둥이가 뱃전에 닿을 정도로 다가왔다가 스쳐가기 시작했다. 몸집은 길고 넓고 자색으로 아롱진 은빛으로 빛나고 그 크기가 끝없이 크게 보이는 덩어리가 배를 지나쳐 가려고 했다.

노인은 줄을 밑에 놓고 그것을 발로 딛고 서서 작살을 들 수 있는 데까지 높이 쳐들어 있는 힘을 다하여, 아니 새로이 쥐어 짜 낸 마지막 힘을 다하여 고기의 옆구리를 향해 사람의 가슴 높이만큼 높이 솟아 있는 그 거대한 가슴지느러미 바로 뒤를 겨누어 고기 옆구리를 내리찔렀다. 쇠가 고기의 살 속을 뚫고 들어가는 감촉을 느꼈으며, 그는 작살에 몸의 중량을 의지하여 있는 힘을 다하여 더욱 더 내리밀었다.

그러자 고기는 몸에 치명상을 입고도 갑자기 활발해져서 물 위로 높이 뛰어 오르면서 그 거대한 길이와 넓이를 남김없이 드러내고 그 힘과 아름다움을 아낌없이 과시했다. 고기는 배 안에 있는 노인보다도 높이 공중에 매달려 있는 것만 같았다. 그리고는 물속으로 텀벙하고 떨어지며 노인과 배를 온통 물보라 속에 덮어씌우고 말았다.

(…중략…)

노인은 흘깃 눈에 보인 듯한 환상을 조심스럽게 바라보았다. 그리고는 이물 말뚝에다 작살 밧줄을 두 번 감아 매고는 두 손 위에 머리를 놓았다.

"내 머리를 식혀 달라."

그는 이물 판자에다 대고 중얼거렸다.

나는 지친 늙은이다. 그러나 나는 내 형제인 고기를 죽였고, 이제부터는 고된 잡일을 해야 한다.

▶▶▶헤밍웨이, 양병탁 역, 『노인과 바다』 중에서

헤밍웨이가 주는 감동은 무엇보다도, 그가 묘사하는 '행동의 깊이'에서 나온다. 그 부분은 언제나, 단연코 압도적이다. 소설은 묘사라는 것을 그는 확실히 보여준다. 묘사의 힘이 모든 관념을 압도한다. 『노인과 바다』에서도 웬만큼 어부 생활을 해보지 않고서는 쓸 수 없는 경지를 그는 묘사해낸다. 헤밍웨이는 수렵, 낚시, 복싱 등 자신의 관심과 취향을 행동으로 표현할 수 있는 것에 몰두했다. 그는 그러한 '행동의 깊이'를 통해 자신에게 허여된 삶의 깊이를 탐사, 발굴한다. 종내는 그것을 정련精練해낸다. 그리고 잘 연마된 자신만의 언어로 그것을 우리에게 전이轉移한다. 그래서 그의 소설은 차라투스트라가 말한 '황금의 말言'이 된다. 그래서 '장엄莊嚴'이 된다. 언어와 행위가 높은 곳에서 한데 어우러진다. 그것을 통해 그가 취한 것은 '인간의 승리'다. 그래서 또 '연속連續'이 된다. 장엄만이 연속을 불러낸다. 생의 목표는 오직 그것뿐이다. 승리하는 자는 위대하고 아름답다. 그래서 승리를 위해 사는 자들은 인간이든, 고기든 모두 '형제'가 된다. 그들은 서로의 삶을 걸고, 장엄과 연속을 걸고, 승리의 길에 매진한다. 헤밍웨이는 그렇게 인생의 목표를 그려낸다.

말과 행동의 상호텍스트성으로서의 '황금의 말', 인생의 유일한 목표로서의 '승리하는 인간'은 윌리엄 포크너에게도 양보할 수 없는 화두였다. "기계는 오래 견디고 동물은 생존한다. 그러나 오직 인간만이 승리할 수 있다"라고 노벨문학상을 받으며 그는 말한다. '오직 인간만이 승리할 수 있다.' 위대한 작가라면 누구나 그 계시를 따른다. 인간만이 지닌, 자비와 희생과 명예를 위하여 투쟁할 수 있는 영혼과 정신, 그리고 그것을 실어나르는 영원히 지칠 줄 모르는 작은 목소리, '황금의 말'이야말로 위대한 모든 작가들의 삶 그 자체이기 때문이다.

아이가 2박 3일의 휴가를 마치고 부대로 향했다. 기차역까지 배웅했다.

"저는 좀 앉아 쉬다가 시간 되면 귀대하겠습니다."

귀대 시간에 맞춰 기차가 출발할 시각이 많이 남았는데도 아이는 자꾸 먼저 가라고 졸랐다. 늦둥이로 키워서 그런지 그런 장면에서 곧잘 센티멘탈한 면모를 보인다. 등 뒤에서 우리가 자기를 보고 있는 것이 싫단다.

"전투태세 검열 때문에 아마 당분간은 휴가 나오기가 어려울 것 같습니다."

그러면서, 나중에 볼 책이 필요하면 편지로 목록을 적어 보내겠다고 했다. 우선 주말에 볼 책을 몇 권 싸서 가져갔다. 일과시간 이후에는 책 볼 시간도 좀 있다고 하니 다행이라는 생각이 들었다.

아이가 군에 들어가자 다시 '전쟁'이 강박이 된다. 아직도 이 땅에서는 전쟁이 계속되고 있다. 나의 평생은 그것의 그림자를 벗어나지 못하고 있다. 그런 사정이 우리 아이들에게도 유전된다는 것이 참 황당하다. 얼마 전 군에 간 우리 아이들이 바닷물 속에서 떼죽음을 당하고 모든 매스컴에 '전쟁'이라는 단어가 일제히 횡행한 적이 있다. 황당하다 못해 분노가 치밀고 치가 떨렸다. 이런 게 여전히 현실이다. 전쟁은 여전하다. 60년이나 지났는데도 말이다. 그 전쟁을 일으킨 인간들은 모두 사라졌다. 그 전쟁 때문에 큰 희생을 겪어야 했던 당사자들, 부모 세대들도 대부분 세상을 버렸다. 모두 우주의 작고 볼품없는 먼지로 사라졌다. 그런데도 전쟁은 계속되고 있다. 이 무슨 아이러닌가.

아버지와 어머니의 세대. 그 꿈 많던 20대와 30대를 식민지 시대의 대동아 전쟁과 6.25라는 동족상잔의 전쟁 속에서 갈팡질팡하며 살아야 했던 그들의 삶은 도대체 어떤 색깔이었을까? 그들의 환상은 무엇이었을까. 과연 그런 것이나 있었을까? 왜 그들은 그런 고통을 당해야만 했을까? 무표정을 애써 덧씌우고 앉아있는 아이를 두고 역사驛舍를 빠져나오는데 그런 두서없는 생각들이 머릿속을 맴돌았다.

아이를 보내고 와서 인터넷에서 '동복유격장'을 검색했다. 혹시나 싶어서였다. 어렴풋하게 광주보병학교 때의 기억이 되살아났다. 맞았다. 언젠가 '문학집배원'이 배달해준 조용미 시인의 「적벽에 다시」라는 시의 노루목적벽, 창랑적벽, 물염적벽 등속이 거기에서 다시 나타났다. 그랬었구나, 사람의 머리는 늘 이런 식이다. 역사驛舍에 아이를 두고 나오면서 군복을 입고 있는 품새가 꼭 예전의 나를 보는 듯하다는 생각을 했었다. 보병학교에서 16주의 교육과정을 마치고 막 임관해서 입은 하夏근무복이 왠지 어설펐다.

늘 전투복만 입다가 상근 복장이 근무복으로 바뀌었던 것이다. 아이가 꼭 그 모양이었다. 무언가 2% 부족한 모습, 그리고는 돌연 '동복유격장' 생각이 났다. 까맣게 잊고 있었던 단어였다. 생각해 보니, 30년 동안 단 한 번도 그 이름을 상기해 본 적이 없었다. 심지어 데뷔작이었던 「동물과 군기」를 쓸 때도 그 이름을 떠올린 적이 없었다. 그때도 그냥 '유격장'이었다. 광주를 떠나면서 영원히 우주 밖으로 추방당한 단어였다. 나중에 동기생들이 그때를 추억하면서 광주 인근의 지명들을 꾸역꾸역 나열할 때도 나는 바야흐로 '암점화' 상태였다. 모든 것이 그것과 접속되면 순식간에 소멸되었다. 기억의 블랙홀이었다. 광주와 관련된 것은 단 한 마디도 귀에 들어오지 않았다. 5.18의 진상을 알게 된 '목욕탕 사건' 이후로 나는 주말마다 뒤도 돌아다보지 않고 그곳을 떠났다. 동기생들 중에는 다시 이런 기회가 없다며 주말마다 지도를 펴놓고 인근을 답사하는 치들도 있었지만 나는 도저히 그런 생각을 할 수 없었다. 내게는, 광주 인근의 반경 100km는 일종의 블랙홀이었다. 그런데 돌연 떠오른 것이다. 30년이나 흐른 뒤, '동복유격장'이 유령처럼 다시 나타난 것이다. 이것이었구나, 「적벽에 다시」라는 시를 처음 대했을 때 무언가가 저 아래에서 굼틀거린다는 느낌이 얼핏 있었다. 그런데 그게 바로 이거였다.

말로는 100km 행군이라고 엄포를 때렸지만 실제로는 그 절반 정도도 안 되는 거리였다. 아침에 출발해서 하루 낮과 하루 밤을 꼬박 걸었다. 혹시 졸다가 낙오하는 자가 생길지도 모르는 일이라 나는 행렬 좌우까지 살피며 딴에는 고군분투하였다. 그렇게 열심히 훈련에 임했던 적은 없었다. 유격훈련에 들어가기 전 중대장이 좀 보자고 했다. 벌점이 누적되어 한 번만 더 지적을 받으면 퇴교가 될 것이라고, 그는 농반 진반으로 으름장을 놓았다. 나는 웃음으로 대꾸했다. 그가 내 웃음을 보고 따라 웃었다. 마지막 한 달이라도 진정성 있게 훈련에 한 번 임해보라고 했다. 그 동안 당직사관 후보생을 좀 맡으라는 거였다. 마지막 달에 유격훈련이 있는데 그때는 중대장 후보생이 아니라 당직사관 후보생이 부대 통솔을 도맡아야 한다는 것이다. 군종사관 후보생들이 후배 기수로 입교한 터라 특수간부 후보생 부대원은 200명을 넘긴 상태였다. 그러마고 했다. 매일 일과 시간이 끝난 다음에도 야간까지 철모에, 군화에, 탄띠에, 단독군장으로 지내야 한다는 것이 성가신 일이긴 했지만 나는 중대장의 권고를 선선히 받아들였다. 그 친구가 그렇게 권한 이유도, 그것에 내가 순순히 응한 이유도 지금껏 분명하지 않다. 그나 나나 20대의 청춘이었다는 것 빼고는 기억이 남아있지 않았다.

행군이 제일 죽인다더라는 풍문은 사실이었다. 발바닥이고 발뒤꿈치고 성한 곳이 없었다. 비누도 넣고 솔잎도 넣어봤지만 백약이 무효였다. 고문이 따로 없었다. 나중에는 아예 감각 자체가 없어졌다. 감각이 무뎌지니 이제 다리가 천근만근 무거워지기 시작했다. 그것도 견딜만하니 이번에는 졸음이 몰려왔다. 모두 걸으면서 꾸뻑꾸뻑 졸고 있었다. 그렇게 악전고투, 밤을 지새고 날이 밝았다. 갑자기 도적처럼 새벽빛이 내렸다. 그리고 그 앞에 적벽이 있었다. 물론 그때는 그게 지금의 적벽인지 몰랐다. 그냥 하나의 장엄莊嚴만 있었다. 그런 장엄한 풍경이 그런 후미진 곳에 숨어 있다는 것이 신기했다. 그렇게 비인간적인 야간행군의 끝을 알리는 새벽 마중 치고는 제법 격식이 있다는 생각도 들었다. 그러나 더 이상의 감흥을 진전시킬 수는 없었다. 서둘러 배식장소로 이동을 해야 했기 때문이었다.

그 장엄이 비로소 30년 만에 나를 찾아왔다. 아마 의식 없이 보낸 20대 청춘에 대한 위로였던 것 같다. 조용미 시인의 「적벽에 다시」를 읽는데 갑자기 가슴 아래 켠이, 커피에 녹아내리는 비스킷 조각이나 되는 것처럼, 뭉클어졌다.

> 적벽 오고 말았습니다, 물염정 아래 호수의 물은 말라 수면이 여러 겹 물염적벽 아래 떠다닙니다 당신은 흐르는 강물 따라 다녔겠지요 망향정에 와 노루목적벽 마주 보며 흔들리듯 서 있으니 수수만년 전의 당신이 나를 여기 보냈다는 걸 알겠습니다 적벽 와서야 허전한 한 목숨 겨우 이어붙였다는 느낌은
>
> 나는 가장 맑은 눈으로 적벽 보려 합니다 물염적벽, 노루목적벽, 망미적벽, 창랑적벽, 이서적벽…… 적벽의 이름들 안타까이 구슬처럼 입안에서 꿰어봅니다 무덤에 업힌 듯 박혀 있는 부서지고 나뒹구는 석탑이 절터임을 말해주지만 호수의 물과 파헤쳐진 대숲의 어두운 그림자들이 기억을 방해하고 간섭합니다
>
> 당신도 한동안 적벽의 풍경을 몸 안에서 구하였던 것은 아니겠지요

어느 생에선가 미묘란 무엇이냐 물었더니 당신은, 바람이 물소리를 베갯머리에 실어다 주고 달이 산 그림자를 잠자리로 옮겨준다* 말했습니다 여러 생을 통과하면서 혹 미묘가 맑아져 표묘가 되기도 하였는지요

찬연함이 얇아져 처연함이 되는지 나는 이 시간에 오롯이 놓여 적벽에 쓸쓸히 물어봅니다 내 몸을 입고 나온 어떤 이도 적벽 흐르는 강물 바라보며 미묘와 표묘를 아득한 눈빛으로 중얼거리게 될는지요 수수만년 전 적벽을 보았던 게 누구인지 이제는 알 수 없게 되어버렸습니다

어느 생에선가 나는 다시 적벽 와야 하겠지요 흐르는 구름과 적벽에 물드는 단풍을 바라보며 오래 거듭되는 幻의 끝을 물으며 서 있어야겠지요 후생의 어디쯤에서 나는 나를 알 수 있을까요 풍문도 습관도 회환도 아닌 한 사람의 지극한 삶을, 향기와 음악처럼 두루 표묘하여 잡을 수도 알 수도 없는 간결한 한 생을 말입니다

*『벽암록』에서 인용

▶▶▶조영미, 「적벽에 다시」 전문

우리가 장엄에 굴복하는 것은 그것 안에서 삶의 연속連續을 구할 수 있기 때문이다. 인간의 '승리하는 행위'는 오로지 자연의 '장엄한 풍경'에 대한 모방일 뿐이다. 그런 의미에서 우리 인간이 간절히 추구하는 '삶의 연속'은 으레 장엄 안에서 그 자태를 드러낸다. 장엄 안에서 인간과 자연이 하나가 된다. 노래가 된다. 시인은 그걸 노래하고 있었다. 행위와 풍경에서 장엄을 볼 수 없는 삶, 그

연속 없는 삶은 얼마나 '허전한 목숨'인가. 그것이 있어야만 '지극하고 간결한' 삶들이 의미가 되고 가치가 된다는 것을 시인과 함께 이제 우리도 안다.

장졸우교(藏拙于巧) 3

어머니, 옛우물

오른쪽 두부頭部 상단의 통증이 며칠 째 그대로다. 두피 바로 아래서, 간헐적으로, 견디기 힘든 통증이 쇄도한다. 한 번 닥치면 내 머리는 순간 소름끼치는 정전停電 사태를 겪는다. 두어 번 연속으로 때릴 때도 있다. 그럴 땐 정말 죽을 맛이다. 짜증이 밀려오면서 온몸이 무력화된다. 이런 경우는 처음이다. "당신도 머리 아플 때가 있어요?" 속 모르는 아내가 약을 올린다. 아마 이것저것 떠올리기 싫었던 기억들을 반추하느라 남모르게 불면의 밤을 며칠 보낸 것이 사단인 것 같다. 독거獨居 노인을 자처하던 형이 과하게 술을 마시고 아파트 계단에서 굴렀다는 소식을 듣고, 불 속에 던져 넣었던 것들을 다시 불러내는 과정에서 모종의 저항, 스파크가 있었던 모양이다. 그럴 때면, 제발 그냥 나를 좀 내버려두라고 외치고 싶으면서도, 이율배반적으로 그 고통을 전파해서 남과 고루 나누고 싶은 마음이 용솟음친다. 통제가 안 된다. 용심用心일 것이다. 그러면 고통이 감쪽같이 사라질 것이라는 착각마저 든다. 그러나 막상 발설해 놓고서는 그렇지 않다는 걸 어쩔 수 없이 안다. 그 전파된 고통은 떠도는 원귀冤鬼마냥 떠돌 뿐 어디로 사라지는 것이 아니다. 안 좋은 기분으로 며칠을 보내며 잠시 내 안을 들여다보자는 생각을 했다.

어머니에 대한 생각부터 했다. 그레이트 마더great mother. 위대한 어머니. 무의식 한 가운데 자리 잡고 있는 어머니에 대한 강한 집착. 그러니까, 프로이트 식으로는 모성콤플렉스다. 그 콤플렉스를 융 심리학에서는 그레이트 마더와 아들 연인son-lover이라는 말로 서사화한다. 분절된 개념이 아니라 연속적인 행위의 서사로 설명한다. 그 해석학적 코드를 사용해서 황순원 소설의 육질肉質들을 에로티즘으로 일사불란一絲不亂, 포정庖丁이나 되는 양 날래게 발라내면서 덩달아 나도 시원스럽게 해체解體되는 듯한 느낌을 얻었던 적이 있었다. 박사논문을 쓸 때였다. 세탁기로 치면, 세탁, 탈수, 건조까지 완벽하게 그 안에서 해결되는 듯했다. 모든 것이 '위대한 어머니와 아들-연인 사이의 불륜' 안에서 일어나는 것이었다. 「소나기」의 순진무구한 첫사랑도 결국은 작가의 모성 콤플렉스가 만든 인형극에 불과한 것이었다. 누구나 자기 안에 있는 것부터 밖에서 보는 것이다. 그것만 크게 눈에 들어온다. 황순원 소설을 읽으며 다시 확인한 것이었지만, 어머니 그림이 내게 너무 장엄하게(혹은 지나치게 동정적으로) 그려져 있다는 건 오매불망寤寐不忘, 움직일 수 없는 현실이었다. 그 논문 안에서, 알게 모르게 암약暗躍하던 나의 오이디푸스도 완연하게 자신의 진면목을 드러냈다. 보름 만에 황순원 소설이 완전히 다 해체된 것은 결국 내 안의 오이디푸스 덕분이었다. 그가 황순원 소설 속의 오이디푸스와 나눈 대화의 결과가 결국 내 논문이었다.

아침에도, 낮에도, 밤에도 어머니에게 집착하는 자는 누구인가? 내 안의 스핑크스가 물었다. 내 안의 오이디푸스가 답했다. 나다. 그러나 인간이라면 누구나 그럴 수밖에 없는 거다. 그러니, 그것은 사실 별것도 아니다. 인간은, 항상 어떤 '장엄한 존재'를 쫓는다. 작가도 예외는 아니다. 인생에 대한 과장된 느낌이라는 것은 누구든 글을 쓰는 존재인 한 반드시 감수해야 하는 천형이다. 그 모든 것에서 어머니는 선수先受 과목이다. 모든 아들들에게는 어머니가 당연한 '장엄한 존재'다. 그건 어머니도 원하는 거다. 서로 원하는 거다. 그래서 그건 수수께끼가 아니다. 내 안의 스핑크스에게 그렇게 대답했다. 악을 쓰며 대들었다. 그럴까? 스핑크스가 피식 나를 비웃었다. 그러면서 음흉한 표정을 지으며, 오정희 소설 「옛우물」의 한 대목을 불러내었다.

그 여름, 나를 찾아온 그의 전화를 받았을 때 나는 아이에게 젖을 먹이고 있었다. 허둥대는 어미의 기색을 본능적으로 느낀 아이는 필사적으로 젖꼭지를 물고 놓지 않았다. 진저리를 치며 물어뜯었다. 이가 돋기 시작한 아이의 무는 힘은 무서웠다. 아앗, 나도 모르게 비명을 지르며 아이의 뺨을 후려쳤다. 불에 덴 듯 울어대는 아이를 떼어놓자 젖꼭지 잘려 나간 듯한 아픔과 함께 피가 흘러내렸다. 아이의 입에도 피가 묻어 있었다. 브래지어 속에 거즈를 넣어 흐르는 피를 막으며 나는 절박한 불안에 우는 아이를 이웃집에 맡기고 그에게 달려갔다. 그와 함께 강을 건너 깊은 계곡을 타고 오래된 절을 찾아갔다.

여름 한낮, 천 년의 세월로 퇴락한 절 마당에는 영산홍 꽃들이 만개해 있었다. 영산홍 붉은 빛은 지옥까지 가닿는다고, 꽃빛에 눈부셔하며 그가 말했다. 지옥까지 가겠노라고, 빛과 소리와 어둠의 끝까지 가보겠노라고 나는 마음속으로 대답했을 것이다. (…중략…)

나는 더러운 간이화장실에서 오줌을 누고 브래지어 속을 열어 보았다. 피와 젖이 엉겨 달라붙은 거즈를 들추자 날카롭게 박힌 두 개의 잇자국이 선명했다. 나는 돌연 메스꺼움을 느끼며 헛구역질하는 시늉을 하였다.

▶▶▶오정희, 「옛우물」 중에서

굳이 '내 안의 스핑크스' 때문은 아니었다. 제주도는 내게 늘 밀린 숙제와 같았다. 제대로 한 번 답사하겠다고 마음먹은 지가 꽤 오래되었지만 여태 우왕좌왕 시도도 못하고 있다. 철들고, 제주도에는 세 번 다녀왔다. 30대에 한 번, 40대에 한 번, 50대에 한 번이다. 그것도 거의 공무, 아니면 단체 여행이었다. 생각해 보니 제주도행뿐이 아니었다. 여행에는 아주 인색했다. 여행이라고 할 수 있는 것이 지금까지 통틀어서 열 번이 안 된다. 차를 몰고부터는 장기적인 기차나 버스 여행 자체를 해 본 기억이 별로 없다.

어디를 다녀와도 1박(혹은 무박) 2일이 고작이었다. 30대 후반부터 공연히 이런 저런 일에 몸을 꽁꽁 매달아 놓았다. 그런 생활 패턴이 지금의 여행혐오증(?)에 적지 않은 영향을 미쳤던 것 같다. 처음에는 운동을 통해 어떤 '변화'를 만들어보려고 애를 썼다. 한눈 팔지 않고 매진했다. 그 후로는 그 프로그램의 운영자가 되어서 또 자리를 비울 수가 없었다. 당시는 그렇게 하는 것이 하나의 출구를 만드는 것이라 생각했다. 카프카의 말처럼, 그때는 자유가 아니라 오직 하나의 출구만을 찾던 시절이었다. 자유나 해방은 언감생심이었다. 그만큼 급박한 느낌으로 쫓겨 지내던 때였다. 이제 그것이 관성이 되었다. 그런 출구 찾기에서도 어느 정도의 해방이 필요한 때라는 생각이 드는데 몸이 말을 듣지 않는다.

내게 제주도는 관념에 지나지 않는다. 그곳에서의 기억은 전혀 존재하지 않는다. 몇 살 때 뭍으로 나왔는지도 잘 모른다. 짐작으로 서너 살 때일 것으로 여긴다. 그래서 그랬는지, 그 동안의 제주도 여행에서도 출생지를 찾아본다는 생각을 해본 적이 없다. 그러다가 문득 그냥 그렇게 둘 수 없다는 염이 든 것이다. 어떤 그림이든 내 그림으로 한 장 가져야 한다는 생각이 들었다. 그게 내 탯줄을 묻어둔 곳에 대한 최소한의 예의일 것 같았다. 공무 출장 중 하루를 비워 김녕을 찾았던 것은 바로 그런 까닭에서였다.

"갯바위 위에서 빨갛게 익은 얼굴로 하염없이 울고 있더구나. 목소리가 아주 잠겼던 것을 보면 한참을 그러고 있었던 것 같더라."

형에게 업혀 놀던 시절이었던 것 같다. 늦게까지 귀가하지 않는 형과 나를 찾으러 갯가에 나왔다가 본 풍경을 어머니는 그렇게 전했다. 어머니가 들려준 바닷가에서의 그림은 고작 그 정도가 전부다. 그 이야기의 현장으로 갔다. 백사장이 유난히 희었다. 아마 조개껍질이 잘게 부서져서 만들어진 것인 모양이었다. 백사장을 한 바퀴 돌아서 봉화대를 끼고 마을로 들어갔다. 해녀 생활에서 은퇴하고 아들 집에서 살고 있다는 한 할머니를 만났다. 이곳저곳 사진기를 들이대는 이쪽을 보고 먼저 말을 건넸다. 고향이냐고 물었다. 여기서 태어났다고 대답했다. 6.25 때 이야기를 물었다. 자기가 열 서너 살 때 일이란다. 자기 집에서도 솥이랑 이불이랑을 피난민들에게 갖다 주었다고 했다. 내가 태어날 때 산파 역할을 했다는 할머니 이야기를 물었다. 그 할머니일 것으로 짐작되는 분의 아들이 얼마 전 세상을 떴다고 했다. 자손들은 다 대처에 나가 산다고 했다. 주소를 찾아가지고 가지 못해서 태어난 집을 찾는 일은 다음 기회로 미루었다. 어머니는 해녀 수업도 잠시 받았다고 했다. 결국은 숨이 차서 해 내지 못했다고 했다. 그게 다다. 무언가 더 있을 것 같은데 생각이 나지 않는다. 하나 더 있다. 뱀 이야기다. 방 안에 나를 눕히고 부엌일을 보고 다시 들어오니 머리맡에 왠 긴 막대가 하나 놓여 있더란다. 얘가 언제 나가서 이 막대를 주워왔나 하고 가까이 가보니 빛깔도 좋은 청동 빛 구렁이어서 기겁을 한 적이 있다고 했다. 주인집 할머니가 와서 쌀알을 뿌리며 달래서 내보냈다고 한다. 초행길, 제주도행은 그렇게 사진 몇 장으로 일단 갈무리하기로 했다.

형은 이미 한차례 순행을 끝낸 모양이었다. 제주도를 시작으로 서울로 대전으로 대구로 한 바퀴 크게 돌았다고 했다. 여기저기 잠시잠시 머물었던 곳도 일일이 다 체크를 하였고, 우리 집 근처에도 올라와서도 연락 없이 이곳저곳 훑고 다닌 눈치였다. 형수 이야기로는 첫사랑이었던 여고생의 옛날 집 앞까지 순례하고 돌아왔다고 한다. 마음에 있는 일과 드러내고 하는 일이 엄연히 구별이 있는데 도대체가 그러니 아무리 환갑 나이라도 부부싸움을 하지 않고 넘어갈 수 있느냐고 눈을 흘겼다. 좀 웃기지 않느냐는 거였다. 내가 봐도 주책이었다. 형수는 아들이 사법고시에 합격하자마자 연수원 뒷바라지를 핑계로 아예 짐을 싸서 서울로 올라가 버렸다.

형에게는 나보다 훨씬 많은 그림이 있다. 아버지는 물론 어머니에 대한 그림도 월등히 많이 가지고 있다. 그래서, 이런 글쓰기를 할 때면 형의 그림이 탐날 때가 많다. 형이 가지고 있는 그림이 수량 면에서만 우위를 점하고 있는 것이 아니라는 것을 안 것은 내가 대학을 막 졸업했을 때였다. 형의 요청으로 그때까지 내가 가지고 있던 형의 학창시절 사진들을 정리하면서(형은 군입대를 앞두고 나에게 자신의 소지품들을 위탁했고 그때까지 그것들을 내가 가지고 있었다) 문득 그것을 깨달았다. 형의 사진은 명암이 분명했다. 형의 얼굴은 어머니가 돌아가시기 전과 돌아가신 후로 뚜렷하게 구분된다. 형에게는 학창 시절 전성기가 있었다. 내가 '누구의 동생'이라는 명찰을 뗀 것은 거의 최근의 일이다. 주로 형 친구들이지만, 지금도 간혹 그 명찰로 나를 부르는 이들이 있다. 그들에게는 아직 내 이름이 안중에 없다. 그런 형이 어머니와 아버지의 긍지가 되었으리라는 것은 쉽게 짐작할 수 있는 일이다. 형과 함께 한 사진 속에서의 어머니는 내 그림 속의 어머니와는 많이 달랐다. 어머니의 그 자신감 넘치는 표정을 내 앨범 속에서는 어디에서도 찾을 수가 없다. 동정은 될지언정, 나는 어머니의 긍지는 아니었다. 형도 마찬가지였다. 형은 어머니가 돌아가신 뒤로 어떤 사진에서도 웃음을 남기지 않았다. 그 침울한 얼굴은 형의 몰락이 어머니의 죽음과 전혀 무관치는 않을 것이라는 추리를 강요했다.

어머니의 죽음과 형의 몰락이 모종의 친연성이 있을 것이라는 추측은, 내게는 그닥 유쾌한 것이 될 수 없었다. 어머니가 돌아가신 뒤 그 모든 충만했던 에너지들을 다 방전시키고 쓸쓸히 무대의 뒤편으로 사라진 형과, 그 이후로 길바닥을 훑고 다니던 부랑浮浪의 양아치 생활을 청산하고 낮도깨비처럼 학교 공부에 매달리기 시작한 동생의 그 상반된 인생행로가 내겐 단순한 '사실'에만 그치는 것이 아니었기 때문이었다. 그건 일종의 아이러니거나 폭력이었다. 한 사람의 인생이 왜 그런 식으로 갑자기 엉망진창이 되어야 하는지 알 수 없었다. 그 아이러니, 그 폭력이 어떻게 해서 발생한 것인지를 명확하게 짚어낼 수가 없었다. 사람 일을 머리로 헤아린다는 것 자체가 못난 짓인지도 몰랐다. 그러나 어떻게 그렇게 극적으로, 드라마틱하게 사람이 바뀌는가, 그게 이해되지 않았다. 형도 그랬고 나도 그랬다.

지금 와서의 생각이지만, 형은 어머니의 진정한 '아들-연인 son-lover'이 아니었던가 싶다. 형은 아버지가 어머니의 몸속에서 다시 그 정수精髓만으로 부활한 존재였다. 아버지의 태생적인 문약文弱을 극복하고, 총명과 강건함과 사교성으로 공부면 공부, 운동이면 운동, 활동이면 활동에서 두각을 나타낸 형은 어머니로서는 자신이 세계에 내 보낸 최고의 작품이었을 수 있었다. 그에 비하면 나는 일개 연민과 동정의 대상에 불과했다. 단지 어머니의 사랑을 비경제적으로 분산시킬 뿐인 부수적인 존재였을 뿐이었다. 내성적인 성격이라 그저 어머니 치마폭 안에서만 어정거렸고, 공부든 운동이든 그저 그만그만한 아이였다. 나서는 일도 없었거니와 누구를 따라다니는 일도 없었다. 늘 혼자였던 막내아들, '조근놈(제주도 사투리로 막내 아이)'이었다.

"넌 외탁이야, 형하고는 달라."

어머니가 그런 말로 날 위로하려 했던 것도, 그래서 팥쥐의 그 감미로운 세계로, 모든 것으로부터의 도피가 가능한, 그 안일安逸과 자기애의 보호막 안으로, 내가 입장할 수 있도록 안내한 것도 사실은 '못난 아들'에 대한 일종의 위로였던 것이다. 나는 어머니로부터 버림받을까봐 두려움에 치를 떨던, 그래서 "필사적으로 젖꼭지를 물고 놓지 않았던", 불쌍한 조근놈이었을 뿐이었다. 생각이 거기에 미치자 깨질 듯이 아프던 머리가 잠시 소강상태로 접어들었다.

나는 콩쥐 형의 그늘에서 늘 어머니의 주변만을 맴돌던 팥쥐동생이었다. 형과는 모든 면에서 대조적이던 동생을 어머니는 '외탁'이라는 말로 얼버무렸다. 나는 그게 어머니의 끔찍한 거짓말이었다는 것을 최근에 와서야 알았다. 언젠가부터 아버지의 얼굴이 거의 그대로 내게 옮겨와 있었다. 아버지의 모든 것은 내게 유전되어 있었다. 내가 아니었다. 형이야말로 진정한 외탁이었다. 그러니까, 이것도 물론 지금 와서 든 생각이지만, 아버지와 형과의 불화는 역사적이면서 동시에 실존적인 것이었다. 형의 외탁은 어머니의 콤플렉스였다. 형만 업고 오고, 장손인 큰형을 이북에 남기고 온 어머니에게는 형의 성공이, 절실하기만 했던, '절반의 만회'였었는지도 모르는 일이었다.

불쌍한 어머니, 서른에 나를 낳고 마흔에 세상을 버린 어머니. 그 십여 년의 세월 동안 어머니와 나는 기억에 남을만한 행복을 공유한 적이 없었다. 잦은 병치레, 잦은 아버지의 실패, 어머니와 나는 오로지 세상의 불행만을 공유했었다. 물론, 형이 그랬던 것처럼, 내가 어머니의 행복이 된 적은 단 한 번도 없었다. 그렇게 나는 어머니의 팥쥐였다. 살아생전의 팥쥐가 이제 콩쥐 행세를 하고픈 거다. 그래서 제주도를 다시 찾은 거다. 콩쥐 팥쥐 이야기는 좀더 씌어져야 한다. 그런 거다….

두통이 사라졌다. 그리고 잠시 후, 어머니의 목소리가 바로 귓가에서 들려왔다. 생각이 아니었다. 분명 환청이었다.

> …아가야, 내 사랑하는 아가야. 내가 너를 사랑하지 않는다거나 사랑한 적이 없다고 생각하지 마라. 네가 살아있었더라면 지금의 나처럼 될 수 없었을 거야. 그것 하나만 봐도 알 수 있잖니. 아기를 갖고 동시에 이 세계를 경멸한다는 것은 불가능하단다. 왜냐하면, 우리가 너를 내보낸 곳이 바로 이 세계이기 때문이란다….
>
> ▶▶▶밀란 쿤데라, 「정체성」 중에서

장졸우교(藏拙于巧) 4

첫사랑, 통도사 가는 길

「통도사 가는 길」(조성기)을 다시 읽었다. 이십 수 년 만의 재독이다. 재독再讀은 보통 '특별한 내면의 요구'에 부응할 때가 많다. 의식은 포착하지 못하지만, 무의식이 무엇인가를 조회照會할 필요가 있을 때 등장한다. 무의식이 취하는 고전적인 자기표현 방법 중의 하나다. 무의식은 늘 그런 식이다. 자기가 원하면 뜬금없이 여행이나 독서나 가무歌舞의 충동을 일으킨다. 교양 욕구나 심신의 재충전 같은 '무목적의 목적'을 내세워 자신의 '삶'을 슬그머니 의식계에 투입한다. 재독은 그러므로 '무의식으로의 여행'이다. 스스로 재독 리스트를 작성해 보면 자신의 내면에 그려진, 마치 심해深海 지도와 같은, 음영 짙은, 트라우마의 초상과 대면할 수 있다.

재독이 '무의식으로의 여행'이라는 말을 해 놓고 보니, "움직이는 정신의 항구에 한 번 정박했던 배는 언제가는 반드시 그곳으로 다시 돌아온다"라는 말이 생각난다. 어딘가에서 한 번 썼던 말인데, 창작인지 인용인지 잘 기억이 나질 않는다. 인문학 하는 이들이 늘 그러하듯, 보통은 술이부작述而不作, 언제가 어디선가 한 번 본 것들을 옮길 때가 많은데, 써 놓고 보면 남의 것인지 내 것인지가 확실치 않을 때가 가끔씩 있다. 겹칠 때도 물론 있다. 그런 말이 존재했는지 모르는 상태에서 동일한 표현을 쓸 때도 있다. 또, 내가 처음 써놓고도 마치 어디 그럴싸한 전거가 있는 표현인 것처럼 느껴질 때도 있다. 기대감 없이 그저 생각나는 대로 쓴 것인데 기대를 넘어 앞뒤가 통할 때도 있다. 그런 느낌이 자주 들 때 좋은 글이 만들어진다. 언젠가 시인 황지우에게 글쓰는 동료들이 물었다고 한다. 어디서 그런 기막힌 표현을 얻느냐. 그러자 시인이 이렇게 대답했다. 내 안에 활자 물어오는 기계 같은 것이 있는 것 같다. 필요한 단어가 있으면 그것이 어디선가에서 그 단어를 가져와 그 자리에 딱 갖다놓는다. 누구나 '내 안에 있는 그런 기계'가 잘 작동하고 있을 때는 글이 잘 풀린다. 그렇지 않을 경우에는 겨우겨우 끼워맞추기 바쁘다. 써 놓은 걸 봐도 생동감이란 걸 찾아보기 힘들다. 그건 웬만큼 글을 써본 이라면 누구나 다 느끼는 일일 것이다.

책의 진정한 가치는 보통 재독再讀 때 발견된다. 사람 만나는 이치와 같다. 초대면만으로는 사람을 제대로 알 수 없다. 초독初讀은 그저 상대의 얼굴만 알아보는 정도다. 첫인상이 좋다고 꼭 좋은 반려자가 되라는 법은 없다. 살아 봐야 좋고 나쁘고를 알 수 있다. 책 읽기도 마찬가지다. 내용을 겪어봐야 제대로 책을 알 수 있다. 내 콘텍스트, 내 삶의 맥락 안에 독서 텍스트가 들어와야 비로소 저자와의 대화가 성사된다. 그러려면 한 번 읽어서는 부족하다. 오랜 별리의 시간을 거치고 재회再會 때 인연이 맺어지는 경우가 많듯이, 독서도 재독 때 의미가 만발한다.

보통 재독은 겉보기에 우연한 기회에 이루어진다. 그러나 재독이란, 성공적인 연애에 있어서의 모든 재회再會들이 다 그러하듯, 우연의 탈을 쓰고 나타날 뿐, 결코 우연이 아니다. 이미 초독 때 향후 계획이, 그 미래의 일정이, 잡힌 일이다. 물론 그런 계획잡기는 무의식의 관할이다. 나도 모르는 사이에, 순서에 입각해서, 무의식적으로 진행된다. 그 미션은 의식과 무의식의 경계를 넘나들며, 참을성 있게 움직이는 정신의 항구가 활짝 열리는 때를 기다린다. 때를 얻어, 항로가 열리고 배가 돌아올 때는 보통 밤이다. 주위는 캄캄하고 오직 항구만 빛날 뿐이다. 불 밝힌 부두의 화려찬란華麗燦爛이 꽤 볼만하다. 그래서 다시 만난 옛애인(첫사랑)이 더 볼 만하다. 거듭 말하지만 이 세상에 우연한 재독이라는 것은 없다. 재독에 있어서 우연偶然은 항상 모순어법이다.

우연을 가장하고, 내 정신의 항구에 다시 돌아온 「통도사 가는 길」은 예전처럼 큰 배는 아니었다. 거친 파도와 싸우며 많이 지친 모습이기도 했지만 단아한 자태는 여전했다. 차라리 고졸古拙해진 모습이 보기에 훨씬 더 좋았다. 언제부터였는지, 선수船首에는 전에 없던 고집멸도苦集滅道(생로병사의 괴로움苦과 그것의 원인이 되는 번

뇌의 모임集, 번뇌를 없앤 깨달음의 경계滅와 그 깨달음의 경계에 도달한 수행道)라는 선적지도 선명하게 적혀 있었다.

통도사 대웅전 불단에는 부처가 없다. 그 뒤 금강계단 석종부도에 불골佛骨과 불가사佛袈裟가 모셔져 있어 따로 부처의 상을 두지 않는다는 취지다. 「통도사 가는 길」에서 묘사된 그 대목을 인용한다. 버리는 것, 사라지는 것, 견디는 것, 그리고 그 모든 것 위에 있는 생명. 아마 그런 것들을 말하고 있는 대목인 듯싶다. 그 언저리에서 묘사되는 육체적 에로티즘도 볼만했지만, 이 글이 실릴 지면을 고려해서 그 부분은 약略한다.

그것은 허공이었습니다. 허공으로 인한 충격이 나를 내려앉게 만들었습니다. 나는 전혀 예상치도 못했던 광경에 넋을 잃어버렸습니다.

불단은 텅 비어있었습니다. 붉고 푸른 연화문으로 정교하게 장식된 3층 불단은 그 너머 허공으로 통해 있었습니다. 그 허공은 막연한 형태로가 아니라 가로 누운 긴 직사각형으로 반듯한 형태를 취하고 있었습니다. 어떻게 보면 단아한 허공이었습니다. (…중략…)

한 순간, 5층 석탑의 무게로 나를 내리누르고 있던 그녀의 존재가 시선이 머물고 있는 허공 속으로 빨려들어가는 것을 느꼈습니다. 그러자 나마저도 허공 속으로 빨려 들어갔습니다. 그녀도 없고 나도 없었습니다. 다만 텅 빈 삼랑진역 플랫홈에 어머니만 홀로 서 있었습니다. 허공 속에서도 법당 뒤편 금강계단의 석종부도 꼭대기가 마치 선덕여왕의 한쪽 유방처럼 봉긋이 떠 있었습니다. 그 유방의 젖을 먹고 자라는 듯 금강계단 너머로는 신선한 녹색의 숲이 우거져 있었습니다. 나는 그 석종부도 속에 모셔져 있다는 싯달타의 사리마저 허공으로 사라져 버렸기를 바랐습니다.

▶▶▶조성기, 「통도사 가는 길」 중에서

「통도사 가는 길」을 다시 읽고 내가 한 일은, 엉뚱하게도, 삼랑진역을 다시 찾는 노고勞苦였다. 삼랑진역은 몇 개의 각각 분리된, 그러나 하나인 이미지로 내게 저장되어 있었다. 대구에서의 반짝 성공을 오래 간수하지 못한 채 아버지는 또 한 번의 불운을 뒤로 하고 다시 남쪽으로 향했다. 형식은 야반도주夜半逃走였다. 뿔뿔이 흩어져 집을 나와 역에서 만났다. 남행열차를 탔다. 부산행 열차를 타고 가다 삼랑진에서 내렸다. 역사 앞의 중국집에서 늦은 아침을 먹었다. 부산과 마산을 두고 아버지와 어머니가 행선지를 의논했다. 마산으로 결정되었다. 그곳에는 어머니의 작은 할아버지(할아버지의 이복 동생)가 부산지법 마산지원장으로 근무 중이었다. 부산은 아버지의 하나뿐인 여동생이 살고 있었다. 아버지가 부산을 양보했다. 나는 그렇게 쉽게 우리의 미래가 결정되는 것을 그날 비로소 처음 보았다. 제주도에서 올라와 목포에서 서울행 기차를 탔을 때도 아마 그랬을 것이다. 형이 언젠가 말했다. 기차가 한강 철교를 지날 때였다. 모두 지친 표정으로 맥을 놓고 앉아있는데 아버지가 '와, 한강이다!'라고 소리를 지르더라는 거였다. 형은 그때 아버지의 얼굴이 참 낯설었다고 했다. 형은 그 이야기를 전하면서도 왜 아버지가 그런 흥분을 가족들에게 보였는지 알 수 없다는 표정을 지었다. 어쨌든 삼랑진은 그런 식으로, 억울하게도, 내게는 최초의 디아스포라로, 이산의 경험으로, 기억된다. 그때부터 삼랑진역은 내가 세상을 드나드는 출구 중의 하나가 되었다. 그곳을 경계로 내게는 늘 서로 다른 두 세상이 존재했다. 경전선을 벗어나 경부선으로 진입할 때마다 나는 해방의 쾌를 느꼈다. 나이가 들고, 경부선 축에 놓여 살고 있는 지금도 역시 삼랑진은 그때의 '출입구' 역할을 맡고 있다. 다만, 이제 경전선과 경부선이 서로의 역할을 맞바꾸고 있다는 것이 다르다. 언제부턴가 나는 그곳을 통과해 안식의 근거를 찾아다닌다. 몇 년 전까지는 생각도 못했던 일이다. 근자에 부산 쪽이나 진영 쪽으로 다닐 일이 많았다. 아이가 해운대에서 군대생활을 했다. 아이의 면회를 위해 남행길로 접어들다 보면 그쪽으로 가는 길에서 늘 '삼랑진'이라는 기호와 대면한다. 그럴 때마다 그 옛날의 삼랑진이 눈앞에 어른거린다. 그만큼 트라우마가 여태 생생했다는 거였다. 최초의 불안, 의지할 것 없는 세상과의 초대면, 첫사랑과의 재회와 작별, 비굴과 남루의 분기점, 그런 지워지지 않는 얼룩들이 내 삼랑진에 여태 생생하다는 거였다.

다시 찾은 삼랑진에는 아무 것도 없었다. 역사 앞의 중국집도, 덜컹거리는 두 칸짜리 전동차 안에서 헤어진 첫사랑도, 경전선과 경부선을 오고가던 내 비굴과 남루도 그곳에는 없었다. 그저 지루하고 조용한 시골 풍경만 있을 뿐이었다. 어찌할 바를 모르고 망연히 섰다가 역 앞 철물점에서 고무호스를 3m 샀다. 요즘 들어 창가로 떼지어 몰려드는 비둘기들이 골치였다. 오전 내내 창틀에 앉아서 구구거리며 양광陽光을 즐겼다. 창틀에 덕지덕지 앉은 비둘기똥을 물로 씻어내려면 그 정도의 길이는 필요했다. 내 안의 얼룩들도 그 긴 고무호스로 씻어내고 싶었는지도 몰랐다. 수십 년 전, 그 역사 앞 중국집에서 나는, 부산으로 갈 것인지 마산으로 갈 것인지를 어머니에게 묻던 젊은 아버지의 그 끝 모를 무력감에 절망했었다. 그 절망에게서 탈출하기 위해 나는 일찍이 아버지 곁을 떠났다. 요령부득, 그저 삼랑진을 경유해 경전선에서 경부선으로 내 몸을 옮겨 실어야 했다. 그 와중에 첫사랑과의 마지막 이별도 거기서 했다. 그러나, 지금은 그 어느 것도 찾을 수 없었다. 그저 깨끗하게 리모델링한 삼랑진 역사만 있을 뿐이었다. 마치 통도사의 불단처럼 그곳에는 내가 기대했던 그 어떤 그림도 없었다. 그저 텅 비어 있었다. "불단은 텅 비어있었습니다. 붉고 푸른 연화문으로 정교하게 장식된 3층 불단은 그 너머 허공으로 통해 있었습니다." 복층의 현대식 역사는 시원한 유리창으로 통째로 덮여있었다. 그렇게 보였다. 그 어디에서도, 옛날의 그 뾰죽지붕, 그 길게 늘어진 그림자의 흔적은 찾아볼 수가 없었다.

더 이상 삼랑진이 내 어린 날의 통과제의가 되지 않을 무렵, 내게 문학은 운명적으로, 일종의 구원으로 다가온다. 소설을 쓰게 되고, 그것은 불패의 환상으로 나를 위무했다. 나는 그때 문학이야말로 나의 첫사랑이라고 생각했다. 내가 세상에 태어나 세상을 처음 사랑한 방법이었다. 그렇게 나는 첫사랑을 잊었다. 그러면서 한 동안 잊고 지내던 그 옛날의 첫사랑이 다시 나를 찾은 건 『박하사탕』(이창동, 2000)을 보면서였다. 『박하사탕』은 거꾸로 가는 기차 장면으로 막과 막을 잇는다. 그때마다 시간은 과거로 흐른다.

시간을 거꾸로 돌리는 서사기법을 사용해 현재를 만드는 단 하나의 과거만을 생각하라고 권했다. 그게 깊은 인상을 남겼다. 그러나, 그 영화에서 더 인상적이었던 것은 첫사랑에 대한 작가의 오마쥬였다. 어떤 거룩한 것도 첫사랑 앞에서는 무력하다. 영화를 보면서 문득 그런 생각이 들었다. 나도 언젠가 그 영화의 순임처럼, 내 첫사랑을 찾을지도 모르겠다는 예감이 들었다. 그 뒤 10년의 세월이 흐르고 나는 삼랑진역을 찾았다. 사람을 찾는 대신 이별의 장소를 찾았다. 그게 맞는 일인 것 같았다.

고등학교 입학을 앞둔 시점이었다. 소녀가 아버지 홀로 남은 우리집을 찾은 것은 내가 막 집을 나선 후였다. 새벽 기차를 타기 위해 서둘러 집을 나선 지 10여분이나 되었을까, 새벽 예배를 마치고 계단을 내려오던 아버지는 느닷없이, 교회 마당 한 가운데 들어와 있는 소녀를 보고 깜짝 놀랐다. 그 시간에 그 아이가 그 자리에 있을 이유가 없었던 것이다.

"새벽기도 왔었니?"

물론 아니었다. 큰 눈을 멀뚱거리며 말없이 그저 자기를 쳐다보기만 하던 숫기 없는 머슴애, 당신의 아들을 찾아왔노라고 소녀는 말했다. 아버지는 냉정하게 말했다.

"일찍 떠났다. 아주 안 올 모양이다."

당신은 물론 당신과 함께 한 모든 것과의 영원한 작별을 고하고 떠나버린 아들을 생각하며 아버지는 그렇게 씁쓸하게 말했다. 일찍 혼자된 아버지는 하나 남은 아들이 교회 안에서 그렇게, 자기 옆에서 평생, 같이 해 주기를 바랬다. 그러나, 그런 아버지, 그런 교회, 그런 가난, 그런 수모가 나는 싫었다. 무엇보다도 소녀에게 말 한마디 건넬 수 없는 그런 내가, 가난하고 누추한 내가, 지독하게 싫었다. 그것은 최초의 디아스포라가 주던 절망감과는 또 다른 절망감이었다.

내가 그렇게 아버지를 버리고 떠나던 날 소녀가 우리집을 찾았다는 것을 안 것은 한참 뒤의 일이었다. 그동안 아버지는 그 소녀에 대해서는 단 한 마디의 말도 하지 않았다. 대학 졸업을 앞두고 있던 때였다. 다가올 죽음을 예감이나 했던 것처럼 아버지는 생전에 내 혼사를 매듭지어야겠다는 의지를 보였다. 교회 안에서 혼처를 찾자고 했다. 아버지는 당신 마음대로 이미 작정을 해 둔 데가 있었다. 물론 그 소녀는 아니었다. 아버지는 무슨 까닭인지 소녀를, 그녀에 대한 나의 상사相思를 탐탁지 않게 여겼다. 교회 안에서의 인간관계에 대해서는 나는 아무 것도 아는 것이 없었다. 어쨌든 나에게는 아직 결혼할 생각이 없었다. 군대도 갔다와야 했고, 무엇보다도 교회 안에서의 결혼이 싫었다. 당연히, 그럴 생각이 없다고 말하는 나에게 아버지는 갑자기 그때의 그 소녀 이야기를 꺼냈다. 소녀가 두 번, 내가 떠나던 날과 그 해 여름에 한 번 뜬금없이, 우리집으로 나를 찾아왔었다는 이야기를 꺼냈다. 그 순간, 아무것도 보이지도 들리지도 않았다. 그저 멍한 느낌뿐이었다. 근 10년 동안, 안개 속에서 헤매던 목적지 없던 여행, 그 고단한 노정路程이 갑자기 거기서 끝나는 느낌이었다. 아쉽고 허전했다. 그러나, 그것은 이미 떠나간, 다시 못 올, 첫사랑이었다.

그 해 여름, 아버지를 떠나 난생 처음 도회에서의 객지 생활(그러나 나로서는 귀향이었다)을 하던 나는, 마산에 두고 온 그 소녀에 대한 그리움으로 자리에 눕고 말았다. 나를 볼 때마다 홍조를 띠며 수줍은 듯 고개를 돌리던 소녀의 얼굴로만 머릿속이 가득 차 있었다. 상사병에 걸렸던 것이다. 이러다 죽을 수도 있겠구나라는 생각이 들었다. 일주일 동안 물 한 모금 넘기지 못하고 소녀 생각만 하고 누워 있었다. 이 세상의 모든 것은 전혀 나와는 상관없는, 무색무취의 흑백 필름에 불과했다. 식욕은 일찍이 멀리 달아났고 온몸의 힘은 빠지고, 뜬눈으로 지새는 밤이 이어졌다. 정신이 점점 혼미해졌다. 그러다가 어느 날 문득 마치 예정되었던 것처럼, 자리를 털고 일어나 기차역으로 달려갔다. 죽더라도 소녀는 한 번 보고 죽을 심산이었다. 기차를 타고 저녁 무렵 도착한 소녀의 집 앞에는 평상이 놓여있었다. 평상 위에 앉아 있던 소녀의 오빠가 나를 알아보고 반갑게 맞아주었다.

"방학도 아닌데 어떻게 내려왔니? 아버지 뵈러 왔니?"

그러나, 나는 아버지는 만나지 않을 작정이었다. 원하던 고교 입시에 실패한 소녀는 재수 학원에 다니고 있었다. 방금 입시학원에서 돌아왔다고 했다. 샤워 중이니 평상에 앉아서 잠시 기다리라는 오빠의 권유를 뿌리치고 나는 다시 기차역으로 향했다. 그의 환대가 고마울 뿐이었다. 그것만으로도 무엇인가로부터 풀려나는 느낌이었다. 그리고, 기차를 타고, 아무 일도 없었다는 듯이, 다시 돌아왔다. 그리곤 언제 그랬냐는 듯, 1년 2년, 묵묵히 일상을 소화하고 조금씩 소녀의 생각을 지워나갔다. 그 날 저녁, 소녀가 우리 집을 찾았을 것이라고는 생각하지도 못했다. 이미 그 순간 나는 그녀로부터 멀리 떠나 있었다.

소녀를 다시 본 것은 고등학교 졸업을 앞두고, 원하던 대학을 가지 못해 참담한 심정으로 아버지와의 대면을 마친 후 다시 기차를 타고 올라가려던 때였다. 플랫폼이 사람들로 붐볐다. 붐비던 이 사람 저 사람 사이에서 환하게 누가 다가왔다. 그녀였다. 그렇게 세상이 환했던 적은 그 후에는 아마 다시 없었을 것이다. 피아노를 전공한 그녀는 내가 있는 도회에서 열리는 한 콩쿨에 참가하러 가는 길이었다. 그러냐고만 했다. 그러곤 각자의 자리로 헤어졌다. 속이 울렁거렸다. 기차 멀미는 그때가 처음이었다. 그저 혼미 속을 덜컹거리며 가고 있는데 그녀가 나를 찾아왔다. 아마 삼랑진역 근처였을지도 모르겠다. 그녀는 나를 데리고 열차칸 사이로 나갔다. 그러나 아무 말도 할 수 없었다. 만약 그때 그녀가 우리 집을 그렇게 찾았었다는 것을 알았다면 그렇게 서 있지만은 않았을 것이다. 얼마나 시간이 시간이나 흘렀을까, 끝내 입을 열지 않는 나를 물끄러미 쳐다보고만 있던 그녀가 말했다.

"그만 들어가요."

그 이후로 그녀의 소식은 접할 수가 없었다. 마치 유령처럼, 소녀는 자신의 이야기를 한 토막도 남기지 않고 사라졌다. 때론 가슴 아프고 때론 아쉽지만 운명이러니 생각한다. 지금도 그녀에게 들려주고 싶었던, 그러나 끝내 하지 못했던, 그 무엇이 징징거리며 내 안을 맴돌고 있다는 것을 나는 안다. 나는 아직 그것을 쓰지 못했다.

사족 한 마디. 성속聖俗을 막론하고, 결론은 어디서나 '생명'인

것 같다. 생명 앞에서 엄숙할 것. 사라진다는 것에 대해서 아쉬워 말 것. 버릴 것은 버리고 화해할 것과는 화해할 것, 새 생명에게는 언제나 새 마음으로 격려를 보낼 것, 그것이 마지막으로 찾은 삼랑진이 내게 가르친 것이지 싶다. 비둘기 똥에 대해서도 좀더 관대해지기로 했다. 물론 아직도 지켜야 할 윤리를 따지고 구해야 할 성불을 논하고 필승의 일자진一字陣을 꿈꿀 수도 있다. 아직 그만한 나이는 된다고 여기는 친구들도 꽤 있다. 로렌 아이슬리가 죽기 몇 년 전, 70 세가 넘어서야 비로소 자신이 나이가 들었다고 느꼈다고 토로했던 것도 이해가 간다. 그러나, 생명 앞에서는 좀 겸손할 필요가 있을 것 같다. 생명은 그 자체가 신비다. 비어 있는 것, 딱딱한 것, 보이지 않는 것들이 어느 순간 빈틈없이 가득찬 것, 물렁물렁한 것, 시원하거나 따뜻한 것, 보기에 아름다운 것이 되어, 눈과 손과 신체의 즐거움, 그 지극함을 알게 하고, 서로를 황홀한 느낌으로, 가슴 졸이며, 갈구하도록 하는 것은 어쩔 수 없이 신비다. 도저히 이해할 수 없는 아이러니다. 그 생명의 신비가 생명의 끝자락에 가서야 뼈저리게 실감이 된다니 그 또한 아이러니다. 모든 것이 신비고 아이러니다. 첫사랑도.

장졸우교(藏拙于巧) 5

건너가는 자, 줄

대학 1학년 때 차라투스트라를 처음 만났다. 우연히 만났다. 아직은 많이 어리고 미숙한 때였다. 정을 나눌 친구, 사랑을 주고받을 연인, 가르침을 줄 스승이 필요한 때였다. 차라투스트라, 그가 어떤 자격으로 내게 왔었는지는 잘 기억나지 않는다. 나는 그때까지 책에서 무엇을 배운다고는 한 번도 생각해 본 적이 없었다. 스승다운 스승도 없었다. 학교에서는 늘 아는 것만 가르치거나 배워도 알 수 없는 것들만 가르쳤다(그런 소회는 졸작 『칼과 그림자』에서 자세히 적었다). 차라투스트라를 만나긴 했지만, 그는 종내 내게 아무런 말도 하지 않았다. 마치, 내가 마음에 들지 않는 미팅 상대나 되는 것처럼, 아니면 가소로운 어린 사기꾼을 앞에 둔 노련한 장

물애비나 되는 것처럼, 그는 말이 없었다. 아마 전자였을 것 같다. 누구의 소개였는지는 모르겠지만, 그 사람의 체면 때문에, 의무감 정도에서 그렇게 그냥 마주 앉아 있었던 것 같다. 나는 무슨 말인지도 모르면서 혼자 중얼거렸다. 아마 그랬던 것 같다. 혼잣말이 대화일 리는 없다. 그와 나는 어떠한 대화도 나누지 못한 채 그냥 헤어졌다. 그 이후로 그의 소식이 간간이 전해오긴 했었다. 알게 모르게 그저 바람처럼 왔다가 사라지곤 했다. 그런데 어느 날 그가 나타났다. 온다는 말도 없이 그냥 왔다. 세월이 흐르고, 우연히 그렇게 우리는 다시 만났다. 이번에는 그가 먼저 말을 건넸다.

> 인간은 짐승과 초인 사이에 놓인 밧줄이다. 심연 위에 걸쳐진 밧줄이다. 저쪽으로 건너가는 것도 위험하고 줄 가운데 있는 것도 위험하며 뒤돌아보는 것도 벌벌 떨고 있는 것도 멈춰 서는 것도 위험하다. 인간의 위대함은 그가 다리(橋)일 뿐 목적이 아니라는 데 있다. 인간이 사랑스러울 수 있는 것은 그가 건너가는 존재이며 몰락하는 존재라는 데 있다. 나는 사랑한다. 몰락하는 자로서 살 뿐 그 밖의 삶은 모르는 자를. 왜냐하면 그는 건너가는 자이기 때문이다.
>
> ▶▶▶니체, 『차라투스트라는 이렇게 말하였다』 중에서

낮은 어조로, 그렇게 알아듣기 쉽게, 그는 말했다. 그래서 나도 헤밍웨이의 『노인과 바다』를 이야기했다. 윌리엄 포크너가 말한 '인간의 승리'에 대해서도 말했다. 그러자 그가 미소를 지으며 물었다. 이제 머리가 허옇게 세어버린 나에게, 옛친구에게. 그러냐

고, 갈 길이 아직도 머냐고, 아직도 '승리하는 인간'이 되고 싶으냐고, 물었다. 꼭 그런 건 아니었다. 뒷머리를 긁으며 나는 이청준의 「줄」로 대답했다.

『아버지 저도 이젠 사람들 앞에서 줄을 탔으면 합니다.』

허노인은 그때 얼굴색이 조금 변했으나 온화하게 물었다.

『그래…… 그럼 줄을 탈 때 끝이 가까워 보이느냐?』

『네, 바로 눈앞에 있는 것 같습니다.』

『그럼, 가는 줄이 넓게 보이겠구나…….』

『그 위에서 뛰어 놀 수 있을 것 같습니다.』

그러자 허노인은 단호하게 말했다.

『안 되겠다!』

운은 까닭을 몰랐으나 더 대꾸하지 못했다. 18세가 되었다. 운은 허노인에게 같은 청을 들였다.

『어때, 줄이 넓어 보이더냐?』

『줄이 보이질 않습니다.』

운은 불안했으나 사실대로 말했다.

『그래, 줄을 타고 있을 때 아무것도 보이지 않는단 말이지?』

『예.』

『귀도 들리지 않고?』

『예.』

그것도 사실대로 대답했다.

『흠, 아직도 객기가 있어…….』

허노인은 턱으로 줄을 가리켰다. 운은 또 아무 대꾸도 못하고 줄로 올라갔다. 사실 운은 자신이 허노인과 같이 줄을 잘 탈 수 있으리라고 생각하지는 않았다. 허노인이 줄을 타는 모습은 정말 아름다웠다. 천정 포장을 걷어 젖히고, 넓은 밤하늘을 배경으로 허노인은 흰옷에 조명을 받으며 줄을 건너는 것이었는데, 발을 움직이는 것 같지도 않게 그냥 흘러가듯 조용히 줄을 건너가는 노인의 모습은 유령 같기도 하고, 어떤 때는 그냥 땅위에서 하품을 하고 있는 것 같기도 했다.

▶▶▶이청준, 「줄」 중에서

이청준이라는 기호記號가 없었다면 질곡의 70년대를 어떻게 보냈을까, 어느 시인의 표현을 빌리자면, 그저 '십리 안이 오리무중(도광의)'이었을 것이다. 길을 가는 인간에게는 어디서든, 그것이 줄 위의 길이든 '갑골길'(도광의, 「甲骨길」)이든, 반드시 사표師表가 필요하다. 인생 전부를 건 모험의 길이든, 삶의 의미를 찾아 침잠을 꾀하는 내성內省의 길이든 혼자서 걷는 길은 늘 위태하다. '길 없는 길'일수록 더하다. 남들이 쉬이 가지 않는 길일수록 더하다. 이청준은, 암흑의 시대를 살았던 스무살의 청춘들에게는 하나의 뚜렷한 사표였다. 참을성 있게 죽지 않고 사는 법을 그는 가르쳤다. 그가 우리에게 보여준 것은 관념이었다. 장엄한 것, 오래 견디는 것, 살아남는 것, 그리고 '아버지'였다. 장인이나 예술가로 위장한 아버지의 진면목이었다. 「줄」은 그의 '아버지 소설'을 대표하는 작품이다. 「줄」의 허노인은 나중에 영화 「서편제」의 유봉이로 다시 우리 곁으로 온다. 그들은 모두 우리 세대의 '못난 아버지들'

이고, '미친 아버지들'이다. 그러나 그들은 기예技藝를 빌미로 자기를 버리고, 자기를 죽이고, 당당하게 길을 연다. 관념(장엄한 父性)에 굶주린 아들을 위해서다. 일제를 견디고, 동란動亂의 틈새를 헤집고 겨우 살아남은, 비겁하고 소심한 아버지를 가졌던 우리 세대에게는 아버지가 언제나 콤플렉스다. 퇴치되어야 할 내 안의 스핑크스다. 그래서 우리는 '형제여, 자, 와서 나를 죽여라. 누가 누구를 죽이든 그건 내 알 바 아니다.'라고 외치는 아버지(『노인과 바다』)에 열광하고, 예술에 대한 집착으로 딸의 눈에 청강수를 붓는, 가진 것 하나 없이 미쳐 버린 아버지(「서편제」) 앞에서 속절없이 전율하며 눈물을 흘린다. 허노인이 자신의 삶을 하늘(줄) 위에서 마감할 수밖에 없었던 것도 그러한 맥락 안에서 이해되어야 한다. 이청준 소설의 장인이나 예술가는, 아버지 없이 자란 세대의 진정한 아버지, 그것을 극한에서 보여주는 기표, 그저 이야기로만 떠도는, 텅 빈 시니피앙이면서, 동시에 우리 세대가 꿈에서나 만날 수 있었던, 당당하게 운명 앞에 자신을 던지는 아버지, 그 장엄한 대상 이미지 이외에는 아무 것도 아니었던 것이다. 이청준은 그렇게 스스로 관념이 되기를 자처한 작가였다.

소설가는 누구나, 차라투스트라가 말한 '황금의 말言'을 원한다. 그러나, 그것을 살아생전에 성취한 작가는 아주 없다. 인간은 육체를 가지고 있는 존재이기에 늘 불완전할 수밖에 없다. 그래서 우리는 그저 포크너가 말한 바대로 "인간만이 지닌, 자비와 희생과 명예를 위하여 투쟁할 수 있는 영혼과 정신, 그리고 그것을 실어 나르는 영원히 지칠 줄 모르는 작은 목소리"만을 바랄 수 있는 것인지도 모른다. 어쩌면 그것이 우리가 볼 수 있는 유일한 '황금의 말'일 수도 있다는 생각이다. 작가 이청준을 볼 때, 여전히 '아버지'를 떠나지 못하고 있는 나를 볼 때, 그런 생각이 든다.

친하게 지내는 후배 교수가 묻는다. 인문학을 하면서 드물게 베스트셀러도 몇 권 낸 장래가 촉망되는 친구다. 앞으로 10년은 뭘 하시면서 지내실 건데요? 무슨 뜻? 되물으니, 10년은 소설가로 10년은 검도사범으로 사셨으니 앞으로 10년은 뭘 할 거냐는 거다. 내가 노는 모습이 그렇게 보였나 보다. 그래서 그냥 '앞으로 10년은 작은 가게를 하나 열고 싶다'고 대답했다. 무슨 가게요? 대뜸 되받아 묻길래, 커피도 팔고, 고로케도 튀기고, 수제품 빵도 굽고, 떡볶기도 좀 맛있게 지지고, 필요한 사람들에게는 논술 같은 것도 좀 가르치고, 주부들에게 시도 좀 가르치고, 그러면서 살고 싶다고 말했다. 물론, 그냥 나오는 대로 답한 것이었다. 그런데, 며칠 전 TV에서 작가 황석영 선생이 그런 말씀을 하시는 걸 들었다. '부러우면 지는 건데', 황선생님은 어떤 레스토랑에 가서 맛있는 음식을 먹게 되면 그냥 기분이 나빠진다는 거였다. 자기가 할 일을 딴 사람이 하고 있다는 생각이 들어서란다. 옆에 있던 사람들은 웃었지만 나로서는 무슨 이서裏書나 받은 기분이었다. 그것으로, 못쓰던 딱지 어음이 당당하게 시중에서 유통되는 듯한 기분이 들었다. 나이 들면서 그런 기분을 시시때때로 꽤나 느끼는 편이었기 때문이다. 왜 그런 기분이 드는지 모르겠다. 어쨌든 이제는 그런 말을 좀 하고 다녀도 누가 흉보는 일이 적을 거라는 생각이 든다. 말이 나온 김에 연전에 발표한 「적두병」이라는 소설의 마지막 구절을 소개한다.

이제 이 글을 그만 쓸 때가 온 것 같다. 나의 적두병赤豆餠(팥떡)이 적두병赤豆病(팥에 얽힌 병), 혹은 적두병赤頭病(어릴 때 생긴 병)이었다는 것이 남김없이 다 드러난 이상 '적두병'이라는 제목을 내걸고 중언부언 더 쓸 것이 어디 있겠는가. 다만, 아쉬운 점 한 가지는 여전히 남아 있다. 아버지가 노상路上의 적두병 장사로 돈을 모아 공원상회를 차린 것은 당연한 성공이었다. 아버지의 적두병은 공원 앞에서는 호가 난 명품 간식거리였다. 가격도 주변의 다른 풀빵들과는 비할 수 없이 고가高價였다. 그 앞에서 돌아서는 가난한 엄마들도 많았고 그런 엄마 앞에서 떼를 쓰며 울던 내 또래의 아이들도 많이 보았다(가출 사건 이후로 나는 리어카에 실려 동반 출퇴근 할 수 있었다. 그리고 그제서야 나는 겉과 속이 완벽하게 조화를 이룬, 거의 환상적인, 꿈에도 잊지 못할, 아버지의 적두병을 비로소 맛볼 수 있었다). 아버지는 그럴 때면 으레 맛보기로 하나씩 아이들에게 적두병 하나씩을 통으로 거저 주곤 했다. 그것을 받아든 아이들의 그 환한 얼굴들, 어쩌면 그래서 더 장사가 잘된 것인지도 몰랐다.

아버지가 주류도매업으로 업종을 바꾸지 않고 지금의 '빵쟁이님'처럼 버젓이 '적두병'이라는 간판을 달고 달성공원 앞의 명소로 자리잡을 빵가게를 하나 열었다면 얼마나 좋았을까. 그러면 아마 그 업을 물려받은 나는 지금 그 가게 안에서 느긋한 표정으로 "굽는 데 20분, 식히는 데 10분"이라며 줄서서 보채는 손님들을 달래고 있을지도 모르는데.

▶▶▶졸작, 「적두병」 중에서

장졸우교(藏拙于巧) 6

허무를 건너는 법, 유자약전(劉子略傳)

컴퓨터가 전공인 동료가 언젠가 내 차를 같이 타고 가던 중에 이렇게 말했다. "조용필 노래를 듣고 있으면, 인생을 아무렇게나, 막 살고 싶다는 충동이 엄습해요. 왜 그런지 모르겠다니깐…." 본인도 조용필을 꽤나 좋아하는 편인데, 내 차에서 처음 듣는 노래들이 있다고, 신기하다고 말한 다음에 그렇게 이야기했다. 〈무정유정〉, 〈바람과 갈대〉, 〈눈물로 보이는 그대〉 같은 노래였지 싶다. 그런 노래는 노래방에도 편재되어 있지 않아 우정 찾아서 듣지 않으면 잘 들을 수 없었다. 언젠가 조용필의 노래를 후배 가수들이 기량껏(작심하고) 부르는 TV 프로가 있었다. 내로라하는 가수들이 제 스타일에 맞게 이리저리 편곡을 해서 나름 열창들을 했다.

그걸 보면서 생각했다. '조용필만한 가수가 잘 없구나, 그 역시 500년에 하나 나올까 말까한 예술가다(진정한 예술가들은 500년에 걸쳐 사는 이다라고 화가 김종학이 말했다).' 젊어서 그의 노래를 처음 들었을 때가 대학 2학년 올라갈 무렵이었다. 다방에서 〈돌아와요 부산항에〉를 들었다. 보조 DJ 경력 서너 달을 가진 스무살의 풋내기 인생은 그의 처연한 음색音色이 지닌 모종의 여성성을 낯설게 느꼈다. 그 비루鄙陋함을 탓하며 우정 그의 노래를 얕잡아 보려고도 했었다. 그러나 이내 굴복했다. 〈돌아와요 부산항에〉 하나로 충분했다. 그가 다시 〈창밖의 여자〉로 돌아왔을 때에는 이미 그것이 타고난 '하나 살아남는 음색'임을 깨닫고 그의 노래에 심취하기 시작했다. 타고난 자는 시속時俗을 타고 넘는다. 그래야 '하나 살아남는' 예술가가 된다. 그렇게 설명을 하고, '막 살고 싶은 충동'에 대해서도 한 마디 했다. 그런 게 바로 예술의 효용이라고.

인간이 허무虛無에 대적하는 방법 중, 취하는 것 중, 그래도 좀 건전한 것이 예술이다. 술이니 마약이니 도박이니, 온갖 세상 유혹에 넘어가지 않고 용케 버틴 세월의 끝자락에서, 마지막 남은 사랑도 가고, 다시 못 올 혁명도 가고, 이것저것 다 떠나고 나면, 남는 것은 종교와 예술이다. 구원의 약속은 언제나 향기롭고 달콤하지만, 평생을 불경不敬과 신성모독으로 살아온 자의 죄 값을 한꺼번에 다 물어내려면, 종교는 아무래도 체모體貌가 좀 상한다. 모든 걸 아낌없이 다 받쳐야 한다. 그렇지 않으면 하나마나다. 그런 상태라면 세속이나 종교나 오십보백보다. 그게 돌아온 탕자들에게는 좀 거북할 수가 있다. 때론 비위에 안 맞을 수도 있다. 그래서 결국 예술이다. 손쉬운 것은 아니지만, 인간으로 죽을 수 있는 마지막 기회다.

나에게도 한 '하나 살아남는' 예술이 '막 살고 싶다는 충동'을 억세게 권했던 적이 있었다. 대학 3학년에서 4학년 올라갈 무렵이었지 싶다. 2학기 들어 우리와 합류한 제대 복학생 선배가 뜬금없이 이제하의 「유자약전」이라는 소설을 한 번 읽어보라고 권했다. 공부가 많이 될 거라고 했다. 경남 밀양(수산)이 고향인(그는 발령도 부산으로 받았다), 사람 좋았던, 시 공부를 하던 선배였다. 그 전에도 한 번, 그는 내게 '공부가 될 만한' 책을 권했던 적이 있었다. 김현의 『상상력과 인간』을 권했다.

"정말 글 잘 쓴다 아이가? 본문 중에 나오는 시들은 와 그리 다 좋노. 혼자 읽을 때와는 영 달라."

나는 그 책을 빌려보고 난 뒤 『사회와 윤리』라는 김현의 책을 사서 읽었다. 그때부터 웬지 시보다는 소설 쪽으로 더 관심이 갔다. 그 선배의 말은 과연 사실이었다. 작품을 읽는 장엄한 시범들이 책 속에서 속출했다. 좋은 공부가 되었다. 그런 선례가 있었기 때문에 그 선배의 권유가 있자마자 「유자약전」도 냉큼 읽었다. 그런데 아니었다. 「유자약전」은 좀 달랐다. 『사회와 윤리』와 같은 친절한 책이 아니었다. 뭐랄까, 고등학교 2학년 때 조숙한 친구를 따라 방석집에 처음 들어갔을 때의 느낌이었다고나 할까, 그 소설을 읽고 나서 나는 생각지도 못했던 아노미를 겪어야 했다. 그야말로, 세상을 '막 살고 싶은 충동'이 물밀 듯 쳐들어왔던 것이다. 커튼 하나만 젖히면 바로 저쪽에, 오직 쾌락원칙만이 지배하는,

달콤하기만 한, 그야말로 한 세상 떠메고 갈, 누구도 간섭할 수 없는 예술가의 인생이 있을 것 같았다. 누군가가 당장 그쪽에서 이리 오라고, 나를 향해 손짓을 하고 있는 것 같았다. 그러나, 막상 그 소설을 읽어내려 가는 동안은 몹시 힘이 쓰였다. 솔직하게 말하면, 소설 읽는 재미와는 별개로 좀 괴로웠다. 아직 어리고 미숙했던 내 상상력은 그 소설이 요구하는 '삶의 비극적인 요소들에 대한 포괄적인 추인追認'에 대해 쉽게 동의할 수가 없었다. 아직도 세상은 내게 미지의, 낙관적인 곳이었다. 그러나 「유자약전」은 그렇지 않다고 가르쳤다. 세상은 '상처' 그 자체고, 예술이라면 그것을 야멸차게 그려내야 한다고 가르쳤다. 나도 모르게 그렇게 주장하는, 그 작품의 텍스트 무의식에 대해서 강한 반발심이 솟구쳤다. 내게는 아직 해피엔딩이 유효했다. 그것을 비웃는 작가의 미소에는 기꺼이 승복하기가 어려웠다. 그런 곳이 만약 예술의 세계라면, 내 두 발을 다 들여놓기가 감히, 두려웠다. 그래서 다음과 같은 달콤한 유혹에 쉬이 넘어간 것이 후회가 되기도 했다.

유자가 내 아틀리에에 온 것은 1967년 7월, 그러니까 그녀 생애의 마지막 일년간을 나는 그녀 곁에서 보낸 셈이다. 그녀를 보내며 N형은 편지에서 적고 있다.

……내가 중학교 때 포기했던 꿈을 대신 이어줄 아이를 보내네. 자네가 맡아주어야겠어. 나로서는 그 아이를 감당할 도리가 없다. 굴뚝에서 노란 연기가 나온다고 스물여섯 살이나 먹은 애가 하루 종일 울어대는가 하면 쿠테타가 일어났다는 소식을 듣고 달리는 차에서 공연히 뛰

어내려 뇌수술까지 받은 적이 있다네. 그 후로는 죽은 사람이 보인다고 큰소리만 뻥뻥 치지. 그 애 목을 좀 봐. 상처가 있어. 모짜르튼가 뭔가 하는 원반을 한 장 사주었더니 그게 너무 좋다고 목을 매달고 그 소동을 피웠어. 좌우간 지긋지긋한 괴짜야. 나로서는 이 이상 더……

이건 거짓이고 협박이고 협잡이다. 그런 지긋지긋한 아이를 N형이 하필 내게 떠맡길 하등의 이유가 없다. 역정이 치밀어오르는 것을 깨달으며 지정된 시간에 나는 역(驛)으로 나갔다.

……황갈색 준마의 등가죽 위에서 좁고 흰 발바닥과 오그라붙은 앙징스런 발톱들을 내 쪽으로 발딱 뒤집은 채, 유자가 긴 잠을 자고 있다. 말이 준마의 가죽이지 그것이 개가죽인지 오리가죽인지 무슨 비닐천인지 뭔지도 모를 그런 소파다. 고물상에서 사온 이래 삼년간은 침대 삼아, 일년 동안은 유식한 선배들이 거기다 엉덩이를 붙이고 현대미술을 떠드느라 그리고 그들을 쫓기 위해 랜시시드유(油)로 노랑 물감 범벅을 비벼대버린 뒤로는 브러시 씻개로 사용하다 작품을 중단하고부터는 말라붙고 비틀어져서 찔러도 피도 안 날 그런 의잔데, 그 위에다 의외에도 뿌옇게 살이 찐 한쪽 허벅지를 척 올려 꼬고 그녀는 태연히 코를 골고 있는 것이다. 길지도 짧지도 않은 목이 옆으로 쑥 빠져서 턱 밑으로 연주창(連珠瘡)을 앓은 상처가 엿보이고, 팔은 둘 다 소파 등 너머로 내던져져 있다. 코는 장난감처럼 열렸다 닫혔다 하고 입은 보기 좋게 미소를 띤 채 약간 헤벌어져 있다. 열네 시간째의 수면이다. 아침 일곱시부터 자기 시작해서 밤 아홉시가 넘은 지금까지 깨지 않는다. 하는 일 없이 그 소파에 멍청히 앉아서 그녀는 꼬박 이틀 밤을 새운 것이다. 예상했던 대로 N형의 편지는 거개가 과장이었다.

"이것은요"하고 목의 상처에 대해서 그녀는 이렇게 설명하고 있다. "연주창을 앓았어요. 전생의 내가 목을 매단 끔찍한 죄를 지었거든요."

차에서 뛰어내려 수술을 받았다는 대목에 대해서는,

"뛰어내릴 수만 있으면 뛰어내리는 게 낫죠. 그러면 뇌수술도 무섭지 않고, 죽은 사람도 볼 수 있는 거지 뭐."

대개가 이런 식이다.

"오빠 담배 피는 입을 보고 있으면 연기가 퐁퐁 우는 듯해요"라든가 "하루 종일 울고 있으면 애 밴 것처럼 배가 산(山)만해질 걸, 아마?" 하고는 진지한 눈초리로 의기양양하게 코를 추켜들고 있다. 나는 편지를 접었다.

모차르트에 대해서만은 물어보지도 않았는데 그녀는 벌에 쐰 듯이 자리에서 벌떡 일어나며 단호하게 외쳤다. "그 사람이야! 세상을 구원할 사람은 그 사람밖에 없어요!"

그러고는 그녀는 오래도록 입을 다물었다.

▶▶▶이제하, 「유자약전」 중에서

지금 생각해 보면, 「유자약전」은 마치, 기초 없이 처음 대면하는 어려운 '수학' 문제처럼, 내게는 꽤나 어려운 숙제였던 것 같다. 피하고 싶은 마음과 풀고 싶은 마음이 한데 엉켜서 뒤죽박죽이었지만 결국 나는 '예술이라는 쾌락원칙'을 수용했다. 「유자약전」의 호된 가르침이 큰 도움을 주었다. 도대체 너는 예술이란 무엇이라고 생각하느냐고, 정면에서 나를 다그쳤던 「유자약전」이 없었다면 나와 같은 둔재가 감히 예술을 넘볼 수는 결코 없었을 것이다.

명색이 소설가가 되고나서도, 나이 사십이 되고나서도, '허무를 건너는 법'에 답하는 수준이 고작 다음과 같았던 나였으니 언감생심, 「유자약전」이 없었다면 어떻게 '소설에의 입문'이 가능하였을까 싶다. 그러니 세상 모르던 스무살의 문청 수준에서는, 「유자약전」은 도저히 감당할 수 없었던 고문이었고 무참한 도발이 아닐 수 없었다. 예술이 추구해야 할 '묘사의 의무'에 대해서 겨우 이제 막 눈을 뜨기 시작했던 시절이었던지라 「유자약전」의 '현실'은 차라리 가혹한 형벌이었던 것이다.

태평소에 대해선 좀 알고 계신가?"

이런 걸 두고 점입가경이라고 했던가, 태평소야 농악에 쓰는 악기가 아닌가, 농악인들 내가 알 리가 없었다.

"노군(老君)이야 음악에 조예가 깊으시니까…. 나야 뭐 아는 게 있나?"

꼭 〈뭘 아시는가〉를 가지고 말문을 여는 그의 행투가 성가시기도 했고 얄밉기도 했다. 자기야 전공도 문학이겠다, 한때 글께나 썼던 처지니 이것저것 관심이 많았겠지만 이쪽의 처지는 그렇지가 못했다는 것쯤은 그도 알고 있을 터였다. 그런데도 자기 기준에서, 잡스러운 것들을 무슨 교양의 척도나 되는 것처럼 치부하는 태도가 못마땅했다.

"그럼, 처용무에 대해서도 아는 게 없으시겠구만?"

노군(老君)도 내 마음을 읽었나 보다. 실소를 머금으며 이번에는 처용무를 들고 나왔다. 나로서는 맥이 닿지 않는 말들을 늘어놓는 걸 보니 또 노군(老君)식의 무슨 체계가 있는 모양이었다. 또 우면산 아니면 우배산이겠지, 나는 좀 냉소적일 필요가 있겠다 싶었다.

"보나마나 또 우면산 아니면 우배산 같은 것 아뇨? "

"결국은 그 길로 통하겠지…."

노군(老君)이 고개를 끄덕였다. 그렇다면 재즈도 태평소도 처용무도 별것 아닌 셈이었다. 기껏해야 노군(老君)식 유토피아 지향성 정도가 해석의 척도가 되는 것 아니겠는가. 그러면서도 한편으론 궁금증이 일었다. 재즈야 잘 모르는 것이었지만, 우리의 태평소와 처용무가 그것과 어떻게 나란히 설 수 있다는 것인가?

"재즈와 태평소에는 다같이 죽음을 안고 넘어서려는 어떤 몸부림 같은 것이 있지요. 일견 쾌활한 곡조인 것 같지만, 체념, 달관, 비장(悲壯), 냉소, 허무 같은 것들이 그 속에 녹아 들어가 있지요. 그러면서도 그것들을 묶어내는 건 충만한 에로스라는 느낌이 들어요. 아이러니 그 자체예요. 아주 질긴 어떤 끈이 그것들을 칭칭 감고 있지요. 그건 큰 위안이라고 할 수 있습니다."

체념과 달관이라…. 재즈가 흑인 음악에서 비롯된 것이라면 충분히 그럴 수 있는 것이었다. 태평소는 어떨까, 그 높낮이가 뚜렷한, 그리고 끝없이 이어지는 간절함 같은 것이 그런 해석을 가능케 할 수도 있을 것 같았다. 그러나, '죽음을 안고 넘어서려는 몸부림'을 그것들에서 읽어낸다는 것은 좀 과한 것이 아니냐는 생각도 들었다. 이를테면 노군(老君)식 확대해석일 수도 있었다. 이미 우면산의 경우에서도 그는 자기식대로 그런 우를 범하지 않았던가?(노군은 우면산이 서울에 있는 산이라는 걸 모르고, 광주 가는 길가에 있는, 제법 우쭐한 산에다 제멋대로 그 이름을 붙여 놓았었다. 그 이름은 무슨 〈동방불패〉라나, 시덥잖은 홍콩 영화에 나오는 우배산을 본떠 붙였다고 했다.)

"예술이란 게 뭐 별건가? 깊이 들어가면 결국은 한 가지 길로 가는 거 아뇨? 삶과 죽음…. 유한한 삶과 영원한 아름다움…. 그런 거야 일반적인 문제고…."

구태여 이것저것 견강부회할 필요가 있느냐는 생각이었다. 그러자 노군(老君)이 바로 반응을 보였다.

"그런 차원은 아니고…. 나도 재즈에 대해서는 잘 몰라요. 들은 이야긴데, 뉴올리언즈에서는요, 거기가 재즈의 발상지라고 알려져 있는데, 흑인 남자가 죽으면 브라스 밴드가 고용되어서 장례행렬을 선도한답니다. 물론 장송곡을 연주하지요. 관이 묻히고 여기저기서 애도의 울음소리가 들리고, 늙은 목사의 기도가 시작되고, 작은 북 주자는 드럼 속에서 손수건을 꺼내 가족들의 눈물을 한 사람씩 닦아줍니다. 그리고 묘지에서 돌아오는 길에 재즈를, 〈Oh,Didn't He Ramble〉을 이 브라스 밴드가 연주하지요. 쾌활하게요…. 그건 태도의 문제이지요."

태도의 문제라…. 그 말 속에 무언가 아이러니가 숨어있는 듯했다. 그가 말한 '차원'이라는 것도 이해가 될 수 있을 것 같았다. 이를테면, 죽음에 직접 닿아있는 것과 멀리 우회하고 있는 것과는 차별지는 것이 아니겠는가. 재즈와 태평소는 죽음에 직접 닿아있는 양식이다가 아니겠는가. 그렇다면 처용무는 무엇인가? 노군(老君)의 설명이 기다려졌다.

"그건 그렇다 치고, 처용무는 왜 재즈와 연결된다는 거지요? 처용무도 죽음에 직접 닿아있다는 겁니까?"

"죽음에 닿아있다…. 그 표현이 마음에 드는군요. 우리가 흔히 처용무를 남성적이라고들 하지요. 장중하고, 힘이 있고…. 그런데, 그 속에서 죽음을 읽는 사람은 거의 없더군요. 아내를 역신(疫神)에게 빼앗긴 처용이 춤을 추어서 역신의 굴복을 받아내었다는 것이 처용가의 내용인데, 춤까지도 에로티시즘의 차원에서만 읽는다는 건 지나친 문자주의(文字主義)라는 생각이 듭니다. 역신은 에로스의 표상일진대 그것을 넘어서는 처용의 춤이 타나토스를, 일종의 절대자유를 내포하고 있으리라는 가정은 왜 하지 못하는 걸까요? ”

절대자유를 지향하는 죽음에의 충동이 삶에의 충동을 제압한다? 요설 같기도 하고, 무언가 속 알맹이가 있는 것 같기도 하였다. 그러나, 논리를 떠나서, 노군(老君)의 말을 듣고 생각해 보니 아닌 게 아니라 처용무의 동작들이 마치 죽음과 삶의 경계를 구획 짓는 몸짓인 것 같기도 하였다. 나도 모르는 사이에 노군(老君)식 사고에 전염이 되고 있는 것은 아닌가? 전염된다고 해서 무슨 큰일이 나는 것은 아니었다. 그러나, 문제는 균형감각 아니겠는가. 노군(老君)에게 대놓고 말한 적은 없지만, 나는 가급적이면 객관이 존중되는 세계를 유지하고 싶은 것이다. 노군(老君)은 가끔씩 나의 객관을 흔들려고 시도한다. 내가 느끼기에는 그의 그러한 시도는 아주 집요하다. 내가 묵묵부답이자 노군(老君)이 계속 말을 이었다.

“재즈를 통해서요…. 백인들은 흑인에게서 아름다움을 발견하게 되지요. 물론 그건 역사상 처음 있는 일이지요. 그런데 재미있는 건요…. ‘니그로 르네상스’라고 하던 그 시절에 흑인 특유의 리듬 감각을 가장 좋아하고 흥겨워했던 계층이 백인 상류 사회였다는 거예요. 그 까닭이 무엇이었을까요? 그건 처용무에서도 마찬가지 의문으로 남지요. 재즈의 기본 비트가 8비트랍니다. 이 8박 리듬이라는 것은 원래 백인의 댄스 감각에는 없었던 거죠. 19세기 유럽의 부드럽고 유연한 댄스 스텝이 원래 백인 고유의 리듬 감각이었죠. 처용무가 바로 이 8박 리듬이에요. 재미있지 않아요? 1마디의 8분할이라는 건 흔한 리듬이 아니거든요? 3박자에 익숙한 사람이 이 처용무를 배우려면 힘이 많이 든답니다. 중간에 없던 용수철을 하나 더 넣어야 된다고 하더군요. 처용무 역시 궁중음악으로 전수가 되지요."

▶▶▶졸고 「설검」 중에서

예술은 묘사다. 음악이든, 미술이든, 문학이든, 궁극적인 예술의 표현 수단은 묘사다. 설명이나 주장은 예술의 적통이 아니다. 예술이 무엇과 사통私通하든, 그 결과는 늘 묘사를 억압하는 것일 뿐이다. 묘사는 있는 그대로의 것들을 그릴 뿐 다른 무엇의 사주를 받아 있는 것 이상을 이해하거나 설명하려 들지 않는다. 고정관념이든 선입견이든 이념이든 이해利害든, 세상이 요구하는 편파偏頗에 대항해서 자기를 지키는 것이 묘사다. 그래서 묘사에는 늘 '긴장과 대치'가 요구된다. 한 일간지에 실린 이제하 선생의 「유자약전」 자작 해설도 내겐 그렇게 이해되었다.

"긴장하고 대치하지 않으면 이 세계는 파악이 되지 않는다. 가령 희멀건 캔버스를 앞에 놓고 서구인들은 무엇을 가지고 어떻게 그 공백을 메울 것이냐는 문제를 제기하고 대치하면서 이 세계를 파악한다. 동양에서는 무엇으로 생각을 줄이고 어떻게 그걸 비울 것이냐는 명제로 그 긴장관계를 대신한다. 둘 다 결국은 같은 소리다. 시에서 말하는 '깨어 있는 시' '자유를 행사하는 시'라는 소리도 그 뜻과 다르지 않은 것으로 알고 있다. 그런데 그런 긴장과 대치에서 이루어지는 조화와 화해는 이상일 뿐이지 실제로 세상에서 실천되는 법이란 없다.

'유자약전'은 그런 절망에서 출발하면서 씌어진 소설이다. 간단한 남녀관계를 설정하고 그들이 어느 정도나 서로 긴장하고 대치할 수 있느냐를 따지고 그래서 '자아'라는 자신들 영역 밖의 세계에 대한 인식을 얼마나 확장해갈 수 있을 것인가…. 돌이켜 보면 소설이 씌어진 몇몇 동기 중에서도 가장 중심부분에 이 모티브가 놓여있었던 것 같다. 아마도 1960년대 말의 그 암울한 사회적 현실과 분위기가 한 몫 거들었을지 모른다."

▶▶▶이제하, 「내 소설속의 사랑」, ≪경향신문≫

얼마 전에 한 잡지에서 가수 장사익에 관한 기사를 읽었다. 그의 인생 역정에 대해 소개하고 있었다. 그가 25년 동안 14번의 직장을 옮겨 다니다가 어느 날 문득 세상살이의 헛됨에 눈을 떴다. 그런 게 돈오頓悟지 싶다. 그래서 안착한 곳이 바로 예술, 음악이었다. 그 직전 3년간은 친척이 운영하는 카센터에서 조수로 일했다고 하니 가히 입전수수入廛垂手가 따로 있는 것이 아니다. 그의 음악에서 그 숱한 중생들이 얻은 열락悅樂들을 생각하면 그 정도의 치사가 지나친 과장은 아닐 것이다. 그런데, 그가 처음 예술 세계로 들어온 문이 태평소였다. 태평소를 배워 그 악기 연주자로 활약하다가 비로소 가객으로 전향, 득음의 경지를 얻어 현재에 이르고 있단다. 그런 일이 그에게 일어난 것이 그의 나이 45세 때였다. 생업에 몰두하다가 한 순간 예술로 전향했다. 박완서 선생의 40세보다 물경 5년이나 더 늦었다. 그러고서도 일가를 이루었다. 고흐나 고갱도 그랬다. 그런 것이 바로 예술의 세계일 것이라는 생각이 들었다. 생업을 빈 깡통처럼 걷어찰 수 있어야 '경이의 문'이 열린다. 문꼬리만 붙들고 문지방만 밟고 서 있어서는 아무 것도 이룰 수 없는 게 예술이다. 또 있었다. 하필 왜 태평소였을까? 그가 그 악기로 예술의 문을 두드린 것이 내게는 남의 일 같지만은 않았다. 앞의 「설검」 인용에서도 잠깐 나왔지만, 나이 사십에 나도 그 악기에 까닭없이 동動했었다. 물론 그 의문에 대한 해답은 지금 내게는 없다.

이제하 선생의 「유자약전」이 나를 소설가로 입문케 한 결정적인 동인 중의 하나라는 것은 확실하다. 쾌락에 절어 살면서도 남들의 질시에서 벗어나는 일은 예술가가 되는 길밖에 없다고, 나는 「유자약전」을 보고 굳게 결심했다. 그 한 가지 결심으로 남몰래 칼을 갈았다. 내가 소설가로 입신한 뒤에 그 사실을 안 선후배 동기들이 모두 놀랐다. 그들은 나 같은 룸팬(정치적 인간?)이 소설을 쓰고 있을 것이라고는 전혀 예측하지 못했다고 했다. 한 선배는 "복병이 아니라 복장교다"라고 평하기도 했다. 당시 내가 사관학교 교관으로 근무하고 있었던 것을 빗대어서 한 말이었다. 그러나, 그 길로 들어서고도 나는 종내 지지부진하였다. 룸팬 신세를 벗어나지 못했다. 여태 「유자약전」 같은 소설은 단 한 편도 써보지 못했다. 쾌락원칙이 현실원칙을 압도하는 인생도 전혀 살아보지 못했다. 오히려 정반대로만 살아온 느낌이다. 생각해 보면 아쉬운 점이 많지만 어쩔 수 없는 일이다. 다 팔자 소관이다. 그래서 더 이상 「유자약전」에 대해 왈가왈부하는 것은 예술에 대한 예의가 아닐 것 같다. 근처에 가 보지도 못한 자가 무슨 할 말이 있겠는가. 문을 열어준 은사에 감사의 염만 가지고 있는 것이 도리일 것 같다.

장졸우교(藏拙于巧) 7

예술과 구원, 달과 6펜스

누구나 어려움에 처하면 스스로를 과장하거나 축소하는 경향이 있다. 나이가 든다는 것은 기본적으로 '어려움에 처하는 일'이다. 그 탓이지 싶다. 늙으면 노여움이 많아지고(나를 무시하는 자들이 갑자기 많아진다), 물질에 대한 집착이 강해지고(믿을 건 돈밖에 없다!), 감투 욕심이 나서 밤잠을 설친다(선거란 선거에는 죄다 기웃거린다). 늙으면 일찍 죽어야 한다는 말이 그래서 나온 건지도 모르겠다(오늘도 아내와 함께 장 보러 갔다가 비슷한 또래의 장사치에게서 '어르신' 소리를 듣고 기분을 잡쳤다).

어렵다 싶으면 보통 밖에서 불멸不滅하는 어떤 것을 찾아서 그것이 마치 내 것인 양 위안을 삼는다. 그것은 오래된 인류의 습성이다. 따지고 보면, 문학이나 예술의 가치도 궁극적으로는 그런 '위안의 효용 안'에서 찾아야 하는 것인지도 모르겠다. 젊어서는 추구할 쾌가 많아서 또 모르겠지만, 나이가 들면 불멸不滅 이외의 삶의 목표를 두기가 어렵다. 인간답게 살기 위해, 혹은 인간답게 죽기 위해, 밖에서든 안에서든, 불멸하는 그 무엇을 찾아서 길을 떠난다. 살아보면 누구나 알 일이겠지만 어쩔 수 없이 부실不實한 것이 우리네 인생이다. 그 부실함에 매달려(6펜스?) 아등바등 사느니 저 멀리 있는 달(예술?)에다 내 거처를 옮겨두는 편이 훨씬 인간다운 일이 되는 것도 바로 그 때문일 것 같다.

서머싯 몸의 「레드Red(돌아온 연인)」가 생각난다. 30여 년 전, 대학 1학년 때 교양 영어 시간에 강독으로 공부했던 소설이다. 그 소설과 함께 옆자리의, 유난히 뺨이 붉던 소녀도 생각이 난다(그러니까 그녀도 '레드'였던 셈이다). 그 소녀와 함께 학교 앞 서점에서 「레드Red(돌아온 연인)」 해적판 번역본을 사서 같이 본 것도 기억이 난다. 그녀와의 기억 중에는 좀 나이브한 것이 있다. 하루는 영어 수업 시간 중에 그 소녀와 함께 번역본과 교수님의 해석이 상충하는 부분을 두고 이런저런 이야기를 나누고 있었는데 갑자기 우리 머리 위로 후드드득 책이 통째로 날아들었다. 갑자기 강의실 안이 꽁꽁 얼어붙었다. 강독 중이시던 교수님이 우리쪽으로 자기 책을 냅다 집어던진 것이다. 40대 초반의 여자 선생님이셨는데 얼굴이 벌겋게 달아오른 상태로 우리를 째려보고 계셨다(그때는 교수님도 '레드'였다). 말씀인즉슨, 타의 모범이 되어야 할 학생회장이 수업 시간 중에 여학생하고 딱 달라붙어서 꼴사납게 웬 연애질이냐는 거였다(그때는 교양과정부 학생회라는 게 있었고 내가 학생회장을 맡고 있었다). 그 소녀와 나는 전혀 그런 감정이 아니었기 때문에 그 상황 자체가 좀 생뚱맞았다. 그래서 실소가 터져 나왔다. 그 때문에 또 야단을 맞았다. 태도가 불량하다고 했다. 유독 나한테만 과민하게 반응하시는 것 같았다. 그 이후로 한 학기 내내 그 선생님과는 불편하게 지냈다. 나중에 안 사실이었는데, 그 선생님 부군이 내가 가입해 있었던 동문 서클의 지도교수님이셨다. 앙앙불락怏怏不樂, 그 지도교수님도 참 대단한 분이셨는데 부창부수夫唱婦隨, 사모님도 꽤나 까칠하셨다. 어쨌든 영어 선생님은 사전에 이쪽의 정보를 좀 가지고 계셨던 터라 기대에 가까운 약간의 선입견을 가지고 계셨던 모양이었다. 그런데 기대에 부응하기는커녕 천방지축, 매일같이 여학생하고 키득거리고 앉았으니 밉상이지 않을 수 없었다. 모진 꾸지람을 들어도 쌌다. 지금 생각해 보니 그 상황이 좀 재미있는 상황이었던 것 같다. 괜히 나 때문에 희생양이 된 그 소녀에게 꽤나 미안했었는데 오히려 그 소녀는 '그게 뭐 어떻냐'는 식으로 더 당당했었던 것 같다. 그 일로 둘 사이가 좀 돈독해졌던 것 같았는데 학기가 끝나고 같이 수업들을 일이 없어지는 바람에 더 이상의 관계(?) 진척은 없었다. 그렇게 까칠하시던 선생님도 지금은 팔순에 접어드셨을 것 같은데 잘 계시나 모르겠다(그때 서클 지도교수님은 그 얼마 후 지금 직장의 총장으로 봉직하셨다. 재직 시절 교수들 공부시키는 것으로 악명(?)을 떨치셨다고 한다).

어쨌든 그 '사건' 때문에 「레드Red(돌아온 연인)」는 영원히 잊혀지지 않을 대학 초년 시절의 '원초적 장면'이 되고 말았다. 물론 그 소녀에게도 마찬가지였을 것이다. 몇 년 전에 누군가에게서 그때 그 이야기를 그 소녀(이제는 할머니다)가 하는 것을 들었다는 말을 들었다. 집들이 행사였는지, 계모임이었는지, 몇 집 모인 자리였다는 것 같았는데, 그 자리에서 그 이야길를 하더라는 것이다. 그 이야기를 전하는 분이 꽤나 재미지다는 표정을 잔뜩 지었다. 까닭없이 내 얼굴이 화끈 달아올랐다(그때는 내가 '레드'였다). 내겐 영원히 재미없는(그 무렵 긴급조치 9호(맞나?)가 떨어지고 학도호국단이라는 게 생겨서 나의 황금 시절도 끝났다), 그때 그 이야기를 제대로 전했는지 모르겠다. 지금 내 이야기도 그렇겠지만, 인간의 기억은 절대 믿을 것이 못된다. 「레드Red(돌아온 연인)」도 그렇다. 무슨 까닭인지 모르겠다. 나는 지금 그 이야기를 푸른 수염Blue Beard 이야기와 섞어서 기억한다. 기억은 언제나 오해와 편견, 그리고 현재의 감성을 통로로 삼는다. 왜 붉은색과 푸른색이 뒤섞이는지 알 수 없다. '신부를 잡아먹는 괴물 신랑'의 푸른 이미지가 늘 '레드'와 겹쳐 떠오른다. 30년 뒤, 그렇게 아름답던 미소년 '레드'가 배불뚝이 대머리에, 뺨에 붉은 핏줄 자국이 선명한, 난봉꾼처럼 생긴 술꾼 선장으로 나타난 것과 무슨 연관이 있는 걸까? 아니면 다른 이유가 또 있는 걸까? 이를테면 '신부를 잡아먹는 괴물 신랑'과도 같은 자의식이 무의식의 파편 같은 것으로 나도 모르는 사이에 깊숙하게 침전되어 있다는 말인가? 어쨌든 그 때는 그의 변신이 이해가 되지 않았다. 포경선에 의해 납치된 지 30년이 흐른 뒤였고, 누구나 타락할 수는 있는 일이었다. 그러나 '레드', 그 아름다운 붉은 머리카락, 어두운 색의 푸른 눈, 길고 검은 눈썹을 가진, 아폴로 상을 닮아 모든 이들의 가슴을 설레게 했던, 그 꽃미남 청년이 그렇게 추한 모습으로 귀환할 수 있었다는 것이 도무지 납득하기 어려웠다. 그건 반전反轉이 아니었다. 다만 억지였다. 그렇게 뜨겁게 사랑했던 샐리Sally도 그를 알아보지 못한다는 것은 차라리 코미디였다. 모든 것이 변해도 눈빛은 변하지 않을 텐데, 어떻게 그렇게 감쪽같이 그녀를 속일 수 있다는 말인가? 어떻게 삼십년을 기다려 온 사람을 몰라볼 수 있는가? 다른 사람은 몰라도 샐리는 그럴 수 없는 일이었다. 그녀의 남편이자 이 소설의 화자인 닐슨Neilson도 이해하기 어려웠다. 레드를 만나고, 그를 알게 된 닐슨은 그의 모습에 실망해 지금 샐리와 어떻게 하면 헤어질 수 있을까를 궁리하고 있다. 마치 샐리가 아니라, 그녀가 그렇게 못 잊어 하던 레드와 30년 동안 사랑을 했었다는 투였다. 레드가 어떻게 변했든 그게 자기와 무슨 상관이란 말인가?

그러나, 시간이 모든 것을 앗아가기만 하는 것은 아니다. 남기고 가는 것도 있고 이것저것 실어다 주는 것도 있다. 남긴 것인지 실어다 준 것인지는 잘 모르겠다. 그 때는 몰랐지만, 지금은 그 모두를 알 것 같다. 서머싯 몸도, 레드도, 샐리도, 닐슨도, 모두 다 내 안에 있는 것 같다. 30여년의 세월이 흐르는 동안 그들은 일렬종대, 한 줄로 서서 모두 내 안으로 들어오고 말았다. 그러나 있다는 것만 알 뿐, 그들이 어떻게 입장권을 구해 내 안에 들어올 수 있었는지는 여전히 오리무중五里霧中이다. 달리 말로 표현할 수가 없다. 한 가지, 내가 늙고 추해졌다는 자각 때문만은 아닌 것 같다. 내가 꼭 늙은 레드여서만은 아닌 것 같다. 서머싯 몸도 그랬을 것이다. 그가 늙은 레드, 돌아온 연인이었기 때문에 「레드Red(돌아온 연인)」를 쓴 것은 아닐 것이다. 인간은 자기 일이 아니더라도 자기 일처럼 알 수 있는 유추와 직관의 힘이 있다. 그래서일 것 같다. '불멸'에의 동경, 그런 것들이 우리 인간들을 하나로 묶어내고 있는 것 같다. 「레드Red(돌아온 연인)」의 출연진들은 모두 '불멸하는 그 무엇'에 사로잡힌 영혼들이다. 딱히 사랑이라고, 사랑이라는 관념이라고 꼬집어서 말하지 않는 편이 오히려 나을 것 같다. 그들은 무엇인가 영원한 것이 이 세상에 존재하기를 원했다. 레드가 돌아온 것도 그 이유에서고, 말없이 오랜 세월 기다린 사람들도 그 이유에서다. 물론 서머싯 몸이나 나도 마찬가지다. 그렇지 않으면 「레드Red(돌아온 연인)」도, 이런 글도, 쓰고 있을 이유도 없다. 서머싯 몸은 인간의 그런 부분에 대한 묘사에 특별히 탁월한 재능을 보였던 작가였다. 지금 생각해 보니 그렇다. 그 당시의 한 풍습이기도 했지만, 고등학교 1학년 때 형의 권유로(형은 늘 나를 과대평가했다) 그의 자전적 회상록인 『서밍 업The Summing Up』 영문판을 무턱대고 몇 줄 읽었던 기억도 다시 떠오른다. 내용은 물론 거진 다 탈색되고 없다. 그가 어려서 고아가 되었다는 것, 그런 그의 신세가 내게는 부담스러웠다는 것, 그가 자기 주변의 사건을 설명하고 사물을 관찰하고 인간들의 삶을 전달하는 것이 나로서는 감당하기 어려울 정도의 무게였다는 것 정도만 생각해 낼 수 있었다. 다만, 느낌상으로, 그때도 서머싯 몸은 그런 불멸하는 것들에 대해 이야기하고 있었던 것 같다.

서머싯 몸의 대표작은 『달과 6펜스』다. 이 소설의 성공으로 그는 인정받는 작가가 될 수 있었다. 그것을 계기로 묻혀있던 자전적 소설 『인간의 굴레에서』도 재평가되면서 그는 작가로서의 황금기를 맞이하게 된다. 이 작품에 대한 일반적인 평가를 요약하면 다음과 같다. 그의 작품 중 가장 유명한 이 소설은 프랑스의 후기 인상파 화가 폴 고갱의 생애에서 소재를 얻어서 쓴 것이다. 〈솔직히 말해서 찰스 스트릭랜드를 처음 만났을 때 나는 그에게서 보통 사람과 다른 점을 조금도 발견하지 못했다. 그렇지만 이제 와서 그의 위대성을 부인하는 사람은 별로 없을 것이다.〉로 시작하는 이 소설은, 런던의 증권회사 사원인 스트릭랜드라는 한 중년남자가 갑자기 가족을 버리고 파리에 가서 화가가 되고, 다시 타히티 섬으로 건너가 토인 여자 아타와 동거하면서 대작을 남기고 문둥병으로 죽기까지의 생애를 그리고 있다. 인간이 삶의 유한성을 예술을 통해 넘어서고자 하는 치열한 의지, 혹은 예술에 매혹된 한 남자의 도저한 이기주의를 서머싯 몸 특유의 절제된 문체로 냉정하게 묘사해 내고 있다. 제목의 '달'은 예술에 대한 주인공 스트릭랜드의 광적인 열의를 나타내고 '6펜스'는 그가 과감히 던져버린 세속적인 그 무엇을 상징한다. 주인공 스트릭랜드가 어떻게 '불멸'을 추구하는지를 요약적으로 보여주는 장면 하나를 소개한다.

> 런던에서 가지고 온, 얼마 안 되는 돈이 다 떨어졌을 때도 그는 조금도 당황하지 않았다. (…중략…) 그러는 동안에도 그가 그림 그리기를

한 번도 중단한 일이 없었다. 하지만 화실에 나가는 일엔 금방 싫증을 내서 결국에는 전적으로 혼자서 그렸다. 캔버스와 물감을 사지 못할 만큼 궁해 본 적은 없었고, 사실은 그 밖의 것은 별로 필요를 느끼지 못했다. 내가 이해하기로는, 그가 그림을 그리는데 퍽 애를 먹었던 것 같다. 워낙 남의 도움을 받기 싫어하는 성미라, 앞선 세대들이 이미 하나씩 하나씩 발견해놓은 기법적인 문제의 해결책을 죄다 혼자 힘으로 발견해 내느라고 많은 시간을 허비해야 했다. 무엇인가를 목표삼고 있긴 했지만, 나로서는 도무지 알 수 없었고 자기 자신도 모르는 것 같았다. 그가 무엇인가에 홀린 사람 같다는 인상을 이번에는 더 강하게 받았다. 제 정신이 아닌 것 같았다. 그림을 보여주지 않으려는 것은 자기 그림에 별 관심이 없기 때문인 것처럼 느껴졌다. 그는 꿈속에서 살고 있었고, 현실은 그에게 아무런 의미도 없었다. 오직 마음의 눈에 보이는 것만을 붙잡으려는 일념에 다른 것은 다 잊고, 온 힘을 다해 자신의 격렬한 개성을 캔버스에 쏟아붓고 있다는 느낌이 들었다. 그러고 나서 그림 그리기를 마치면, 아니, 그리기를 마친다기보다 - 그림을 완성시키는 일은 좀처럼 드물었으니까 - 자신을 불태운 열정을 소진시키고 나면, 그것에 관해서는 깡그리 잊어버리고 말았다. 마음을 끊임없이 괴롭히는 환상에 비하면 일의 결과는 아무 것도 아니었기 때문이다.

"왜 작품을 전람회에 출품해 보시지 않습니까?" 내가 물었다. "남들의 생각을 듣고 싶어 하실 줄 알았는데요."

"당신은 그렇소?"

그가 이 두 마디 말에 담았던 그 측량할 수 없는 경멸감을 나는 지금도 다 표현할 길이 없다.

"명성을 바라지 않나요? 명성이야말로 대개의 예술가들이 무관심할 수 없는 거 아닙니까?"

"어린애 같은 짓이지. 전문가라는 치들의 의견에도 아랑곳하지 않는데 어찌 속된 무리들의 의견에 신경을 쓴단 말이오?"

"우리가 다 합리적인 존재는 아니지요." 나는 웃었다.

"명성은 누가 만드오? 비평가, 문인, 주식 중개인, 여자들 아니오?"

"생면부지의 사람들이 당신의 작품을 보고 감동을 받는다고 생각해 보십시오. 미묘하면서도 격렬한 감동을 말예요. 기분이 좋을 것 아니에요? 누구든 영향력 있는 존재가 되고 싶지요. 사람의 혼을 움직여 연민이나 공포의 감정을 불러일으키는 건 아무나 할 수 있는 일이 아니지요."

"멜로드라마 같은 소리지."

"그럼, 왜 그림의 완성도에 신경을 쓰시죠?"

"난 신경 안 써요. 보이는 대로 그리고 싶을 뿐이지."

"전 이런 생각을 합니다. 무인도에서는 글을 쓸 수 없을 것 같아요. 제가 쓴 글을 저밖에는 읽을 사람이 없다는 게 확실하다면 말입니다."

스트릭랜드는 오랫동안 말이 없었다. 하지만 두 눈이 야릇하게 빛났다. 그의 영혼이 마치 뭔가를 보고 황홀경에 빠진 것처럼.

"나도 때로 생각해 보았소. 망망대해 한가운데 떠 있는 외로운 섬, 그 절해고도의 아무도 모르는 골짜기로 들어가서 신비로운 나무들에 둘러싸여 조용히 살아볼 수 없을까 하고. 거기에서는 내가 바라던 것을 찾을 수가 있을 것 같거든."

그가 꼭 그런 식으로 표현한 것은 아니었다. 적당한 형용사가 떠오르지 않으면 몸짓으로 대신했고, 가다가 말이 막히기도 하였다. 그가 말하고 싶었다고 생각되는 것을 나의 말로 표현해 본 것뿐이다.

▶▶▶서머싯 몸, 송무 옮김, 『달과 6펜스』 중에서. 일부 표현 인용자 수정

글쓰기에 비견하자면 스트릭랜드는 하이퍼그라피아(글쓰기 중독증)임에 틀림없다. 합리적으로 생각하는 것을 거부하고 오로지 자신의 내면적인 욕구를 겉으로 드러내는 일에만 몰두한다. 그 행위가 주는 쾌快가 다른 모든 유혹들을 압도하기 때문에 그는 계속적으로 그것만을 추구할 뿐이다. 그것이 자신을 '불멸'의 존재로 이끄는 유일한 통로라는 것을 그 자신도 알고 있다. 그 내용을 대화 장면을 통해 서머싯 몸은 우리에게 보여준다. 어쩌면 그건 서머싯 몸의 생각일는지 모른다. 관계없는 일이다. 모든 예술가들이 만약 그런 동기와 방식으로 예술 작품을 생산해 낸다면, 예술은 일차적으로 예술가들에게나 필요한 것이다. 예술을 옹호하는 대중들은 그러므로, 그들이 자신을 위한 술을 빚어낸 뒤 홀연히 떠난 곳에서 고작 버려진 술 찌꺼기나 주워담는 존재들이다. 그들이 돈을 주고 사는 것이 작가의 영혼이 담긴, 농밀한 증류주와 같은 것이라고 생각하는 것 역시, 일종의 사기극에 엑스트러로 참여하는 일과 같은 것이다. 그러나 만약, 모든 예술가들이 다 하이퍼그라피아일 필요가 없는 것이라면? 그래도 만약 '작품'이 나올 수 있는 것이라면? 하이퍼그라피아는 고작 하나의 미친 증세일 뿐이다. 예술 비슷한 것을 하는 미친놈일 뿐이다. 그렇다면 이 글을 쓰고 있는 나는? 그리고 이 글을 읽고 있는 당신은?

장졸우교(藏拙于巧) 8

황금기, 자전거 도둑

누구의 인생이든 황금기黃金期는 있는 법이다. 돌이켜 보면, 내 인생의 황금기는 서른 전후였다. 결혼을 하고, 작가가 되고, 아이를 낳고, 직장을 가지고, 집을 사고, 차를 샀다. 서른 살 무렵, 나는 세상의 한 가운데에 있었다. 각광脚光이라는 말의 진정한 의미, 무대의 중심에 선 자의 우쭐대는 기분, 선택받은 자의 낙관樂觀, 아마 그런 것들이 나와 함께 있었던 것 같다. 그런 것들이 한꺼번에 나의 인생 목록에 등재登載될 것이라고는 일찍이 상상한 적이 없었다. 다만 지금보다는 나아질 것이라는 생각은 늘 하고 있었다. 결혼을 하고, 상상한 적도 없던 것들이, 도적처럼, 내 곁으로 다가왔다. 돈과 명예와 안정감이 내 수중에 들어왔다. 더 이상의 꿈을 찾기도 어려웠다. 그러고도 나는 더 좋은 날이 앞으로도 많이 있을 것이라고 확신했다. 나는 나름 성실하게 살아왔고, 잔돈 몇푼에 영혼을 판 일도 없었고, 부당하게 남의 것을 탐낸 적도 없었고, 은혜를 원수로 갚은 적도 없었고, 친구나 애인을 배신한 적도 없었다. 천벌을 받을 일도, 인정상이나 도리상으로 배상할 일도, 보복당할 일도 없었다. 하늘은 스스로 돕는 자를 돕고, 관성의 법칙은 어디서고 진리다, 그렇게만 굴뚝같이 믿고 있었다. 그러나 세상은 그렇지 않았다. 천도무친天道無親, 그 뒤로는, 아쉽게도, 그때만큼 좋은 날이 다시는 오지 않았다. 내 인생에 '쨍하고 해뜰 날'은 더 이상 없었다. 나에게도 없었고 아내나 아이들에게도 없었다. 아내가 그때를 이렇게 회고했다. "사람이 이렇게 행복하게 살아도 되는 건가, 누가 알면 빼앗아 갈까 봐 두려웠다."

서른 살 언저리에 대학 교수가 되었다. 그때는 박사학위 없이도 교수가 될 수 있었다. 학위가 다는 아니지만, 나는 아무 것도 정리된 것도 없이, 제대로 아는 것도 없이, 그저 책에 있는 대로, 문자 그대로, 학생들을 가르쳤다. 이책 저책을 불나방처럼 옮겨다니며 횡설수설했다. 세상은 넓고 저자도 책도 많았다. 지금 생각해 보면 도대체 뭘 가르쳤는지 모르겠다. 지금껏 기억에 남는 화두話頭 하나가 없다. 그럴듯한 아포리즘 하나에 세상의 진리가 몽땅 다 들어가 있는 것처럼 선동되기 일쑤였다. 누구는 '서른, 잔치는 끝났다'고 선언할 때 나는 잔치집 음식에 눈이 멀어서 연신 이집저집 기웃대고 있었다. 덩달아 글쓰기도 허공에 붕 뜨는 느낌이었다. 내 안에서 무엇 하나 펴 올리지도 못한 상태에서, 더 이상 창작의 열정이 내게 깃들지 않았다. 하이퍼그라피아가 찾아오지 않았다. 창작의 열정은 사그러지고 공연한 죄책감과 몹쓸 포만감 같은 것들이 교대로 날 괴롭혔다. 쓸 것이 없다는 막연한 공허감이 내 주위를 감싸면서 무엇 하나 절실한 것이 없는 무중력 상태의 생활이 지속되었다. 그런 날에 대한 준비는 전혀 없었다. 조급하게 무대에 오른 자는 한 번 무대 아래로 내려오면 다시는 올라갈 수가 없었다. 글은 몇 마디 문장을 만들 수 있디고 함부로, 아무나, 쓰는 게 아니었다. 그런 시간이 쌓이면서 자비감, 자괴감마저 들기 시작했다. 황금기인가 싶었는데, 황천에 떨어진 느낌이었다.

그것만이 아니었다. 인간에 대한 절망도 그때 비로소 제대로 할 수 있었다. 그동안 내가 머물던 곳들이 얼마나 갈등 요소가 없었던 곳이었는지, 그리고 거의 '혈연적인 유대'로 뭉쳐진 1차 집단이었는지를 비로소 알게 되었다. 학교생활도 군대생활도 직장생활도, 나는 그런 울타리가 튼튼한 '위-그룹We-Group' 안에서 보낼 수 있었다. 스스로 갈등만 유발하지 않으면 누구도 내 행위와 태도를 두고 시비를 걸지 않았다. 그런데 인생의 황금기를 맞이하면서 나는 세상이 본디 그런 곳이 아니라는 것을 알게 되었다. 체면도 반성도 연민도 없이, 그저 단단한 각질角質 안에 자신을 위리안치圍籬安置하고, 틈만 나면 타인들에게 상처만 입히는 존재도 있다는 것을 처음 알게 되었다. 누구나 부러워하는 직장이었지만 거기서 만난 세상은 생각 밖으로 상처투성이였다. 대학은 지성의 산실만은 아니었다. 오도 갈 데도 없는 하품下品 인간, 인간의 탈을 쓴 괴물들이, 제도와 학문을 빙자해, 지옥에서 내려와, 역逆 시은市隱하고 있는 곳이기도 했다. 직장이나 직위나 명성이 인간을 평가하는 기준이 아니라는 걸 그때 비로소 알았다. 상처를 서로 옮기는 하수구에 내가 처박혔다는 느낌을 받은 건 그때가 처음이었다. 상처를 옮기는 자들은 '상처 없는 영혼'을 용납하지 않는다. 그들에게는, 상처 없는 것들은 정직한, 정상적인, 인간적인, 인간이 아니었다. 한 번 자신의 얼굴을 보여준 세상의 상처는 어디를 가나 따라 다녔다. 대학에서의 첫 직장에서 30대를 다 보내고 대구로 다시 내려와 보니 상황은 훨씬 더 심각했다. 마치 조셉 콘래드가 쓴 소설의 제목인 '암흑의 핵심'에 들어온 느낌이었다. 그때까지의 내 평생에서 그렇게 하품 인간들이 주류를 이루고 있는 공간은 처음이었다. 초등학교, 중학교, 고등학교, 대학교의 학창 시절은 물론이었고, 두 군데의 고등학교, 두 군데의 사관학교, 두 군데의 입시학원에서의 직장생활에서도 그런 하품 인간들을 그렇게 집단적으로 목도한 적은 없었다. 내가 처음 '인간에 대한 절망'을 했다고 여겼던 첫 대학에서의 직장생활은 그야말로 '양반'이었다. 명색이 대학이라면서 '학문'에 대한 공공연한 경멸감을 내비치고, 군사독재 시절의 유습인 억압적 질서의식을 고수하고, 끝간데 없이 비뚤어진 지역감정을 노골적으로 드러내고, 스스로 자존감을 갖지 못하는 자들 특유의 눈치질과 허둥거리는 작태가 속출하고, 파벌 싸움에 목숨을 걸고, 돈에 죽고 사는 약육강식의 후안무치한 속물근성이 정당한 조직논리로 인정받고 있는 곳이었다. 도저히 지성의 전당이라고는 말할 수 없는 분위기였다. 어떻게 그렇게 깔때기로 하품인간들만을 모아놓았는지 아무리 생각해 봐도 이해가 되지 않았다. 그런 건 '이상한 나라의 앨리스'에서나 있을 법한 일이었다. 졸지에 나는 '이상한 나라'에 떨어진 앨리스가 되고만 것이었다. 그러니, 이제 남은 건 나와의 대화, 내 몸과의 교섭交涉뿐이라는 생각만 들었다. 그러나 무엇을 하든, 참기 어려운 쓸쓸한 기운이 나의 주위를 맴돌고 있다는 것을 인정하지 않을 수 없었다. 고향이라고 돌아왔건만 이미 고향은 사라지고 없었다. 열심이던 한 주말 부부테니스 모임마저 어이없게 깨지고, 직장은 여전히 암흑의 핵심이었고, 몸과의 교섭도 생각보다 악전고투였다. 그 흔한 종교마저 없던 나는 주일마다 '걸레조각 같은 적막으로 몸을 닦지' 않을 수 없었다.

꿈이 없는 빈 집에는

꿈이 없는 빈 집에는
비스켓 하나라도 바스락거리면
너무 외롭다. 너무 황홀한 꿈이 비스켓 속에
타기 때문. 바스락거리는 비닐 껍질을 까고
가는 철삿줄 같은 내 아이의 손이 발라내는 비스켓
어찌나 아득하게 소란한 그 소리를
우리의 귀는 잠결에서도 흘려버릴 수가 없다.
어쩌면 우리의 손이 더 우그러져 비스켓 공장을 만든다면
이 세상이 다 소란할 비스켓 공장을 만든다면
아내와 나는 이렇게 어지러운 외로움에

걸레조각 같은 적막으로 몸을 닦지 않아도 될 것이다.
장미꽃이 핀 집에는 장미는 더욱 아름답고
우그러진 철삿줄은 우그러져서 더욱 아름다울 것이다.
그렇지만 오래오래, 꿈이 없는 빈 집에는
비스켓 하나라도 바스락거리면
너무 황홀한 꿈이, 거기 불탄다.

▶▶▶이승욱, 「꿈이 없는 빈 집에는」 전문

자주 말하는 것이지만, '만 명 중의 하나, 500년에 걸쳐 사는 이'가 시인이다. 시인 이승욱은 정말 그런 사람이다. 그래서 귀하다. 그의 시가 내 황금기 중 많은 위안이 되었다. 그 무렵 또 하나, 김소진이라는 젊은 작가의 등장이 많은 위안이 되었다. 그러나 그는 곧 우리 곁을 떠나고 말았다. 인생의 황금기를 여는 순간 그의 여행은 끝나고 말았다. '길이 시작되자 여행은 끝났다.' 김소진(1963~1997)이 우리 곁을 떠난 지도 15년이 다 되어 간다. 그는 내게 각별했다. 3.8 따라지, 피난민의 아들이라는 비슷한 처지로, 어렵게 자라서 소설가가 되었다는 것, 그리고 '부자유친' 쪽으로 비슷한 글을 많이 썼다는 것, 내가 못쓴 것을 그가 써내었다는 것이 늘 대견스러웠다. 그런데 하늘이 너무 일찍 그를 불렀다. 그게 너무 가슴이 아팠다. 일면식도 없었지만, 그의 부음을 조간신문을 통해 전해 들었던 나는 그날 종일토록 속이 메스꺼워 아무 것도 먹을 수가 없었다. 과연 천도무친天道無親이고, 천지불인天地不仁이었다. 하루 종일 기분이 몹시 가라앉는 느낌을 받았다. 그런 경험은 처음이었다. 나도 의식하지 못한 사이에 그가 깊숙하게 내 안으로 들어와 있었다. 그의 소설 중 「쥐잡기」, 「자전거 도둑」, 「개흘레꾼」, 「춘하 돌아오다」 같은 작품들은 내게 데자뷰의 착각마저 들게한 것들이었다. 마치 언젠가 내가 어디엔가 써놓고 깜빡 잊어버렸던 작품인 듯했다. 오래된 서랍 속에서, 옛날의 그리운 얼굴들이 담긴 사진을 다시 찾아낸 듯한 반가움마저 들게 했다. 그만큼 정답고 낯익은 것들이었다.

김소진 소설은 한국근대소설의 큰 숙제였던 '부성(부권) 부재 콤플렉스' 릴레이 게임의 마지막 주자였다. 누군가가 전쟁 체험 세대, 유년기 체험 세대, 미체험 세대 등으로 분단소설 작가층을 나누어 본 일이 있지만, 한국현대소설사에서 분단(극복)문학을 제외하고는 사적史的으로 이야기할 거리가 별로 없는 것도 사실이다. 역사(사회)가 실존을 구속한다는 것을 말하지 않는 것들은 이미 문학사의 대상이 아니기 때문이다. 그렇지 않은 것들은 '실존의 위안'으로 만족해야 한다. 분단의 역사 안에서는 분단소설이 적자嫡子가 되어야 한다는 것을 김소진은 잘 보여주었다. 분단의 상처와 연관되지 않는 현대사의 비극, 왜곡, 상처, 주제, 의지, 극복이란 것들은 아예 없는 것이다. 4.3도 자유당도 4.19도 5.16도 유신도 10.26도 12.12도 5.18도 그것 없이는 없는 것이다. 김소진은 그걸 알고 있었다. 그러나 88 올림픽이 우리 곁을 스쳐 지나가고 점차로, 마치 약속이나 한 듯이, 누구도 그 주제에 대해서는 언급하기를 꺼리기 시작했다. 모르긴 해도, 그냥 우리끼리 잘 살아보자라는 풍조가 만연되기 시작한 것 같았다. 그럴 때, 김소진은 혼자서

외롭게 그 릴레이 게임의 마지막 주자를 감당했다. 아니, 그 바통을 들고, 관중도 없이, 자기 생애에 다시 오지 않을 결승점을 향해, 묵묵하게 질주했다. 나는 그게 아팠다. 마치 어린 동생에게 식솔들을 먹여 살려야 하는 무거운 짐을 떠맡기고 실속 없이 밖으로만 떠돌던 못난 형의 심사처럼, 그의 부음을 접하며 회한과 자책이 앞섰다. 물론 그런 자의식마저 내게 허용될 수 있는 것인지도 알 수 없는 일이었다. 그렇게 그의 죽음은 내게는 상처였다.

이미 시대는 가 버렸어도 김소진의 '못난 아버지'는 여전히 할 말이 많았다. 한국 소설의 많은 아버지들이 이런 저런 이유로(봉건과 반봉건, 일제강점과 분단, 산업화와 전통사회의 붕괴 등) 아버지 노릇을 제대로 못하지만, 김소진 소설에서처럼 그렇게 제대로 된 '못난 아버지'는, 적어도 우리가 가진 지필묵 위에서는, 없었다. 그가 보여준, 「쥐잡기」, 「자전거 도둑」, 「개흘레꾼」, 「춘하 돌아오다」에서 보여주는 아버지의 '못난 짓'은 거의 만행蠻行에 가깝다. 비이성적인 행위(헛것(쥐)을 보고 가족을 버리는 이남행을 결정하는), 비굴하기 짝이 없는 야비한 행위(자기 대신 아들을 도둑으로 몰아 뺨을 때리는), 부끄럽기 짝이 없는 허접한 행동(할 일 없이 개흘레나 붙이고 다니는), 도저히 용납될 수 없는 무책임하고 비윤리적인 행동(중학교에 들어갈 아들 입학등록금으로 여자를 사는)들을 총망라한다. 그야말로 '못난 아버지' 종합선물세트다. 그의 소설은 그런 아버지를 꼼꼼하게 세필細筆로 그려낸다. 우선은 그게 소설이다. 그런 아버지를 아들이 이해하고 인정하는 과정은 그 다음이다. 그 둘의 조화가 꼭 소설의 성패를 좌우하는 것은 아니지만(김소진 소설은 특유의 '세필'만으로도 이미 소설로 성립한다), 작품의 완성도를 높이는 데에는 어쩔 수 없는 관건이 된다. 그래서 완성도 측면에서는 「쥐잡기」, 「춘하 돌아오다」보다는 「자전거 도둑」, 「개흘레꾼」이 한 층 더 윗길이다. 왜 그런 차이가 지는 것일까? 내 생각에는, 후자들 쪽에서 현재의 이야기가 좀더 많이, 본격적으로, 여자 파트너도 함께, 개입하고 있는 것이 그 이유라면 이유인 것 같다. 아무래도 '이해와 인정'에는, 아들도 아버지처럼 복잡한(?) 성인이 되고 난 후의 후일담 쪽이 유리할 것 같다는 생각이다.

잘난 아들이 못난 아버지를 이해하고 인정하는 가장 손쉬운 방법은 아버지를 '역사의 희생물'로 만드는 것이다. 『난세일기』에서 내가 그 방법을 썼다. 분단과 전쟁, 이념 대립과 계급 갈등, 그 와중에 본의 아니게 뿌리를 뽑히고 부유浮游하는 삶을 사는 것으로, 일단 '아버지'의 좌표를 설정한다. 그렇게 기본적인 좌표를 설정한 후, 아버지의 사회적 좌절, 부자 갈등, 형제 갈등 같은 것으로 디테일을 채우고, 각성覺醒의 화자 후일담으로 말미를 장식한다. 그러기 위해서는 원칙적으로, 어린 시절의 화자 주인공이 그렸던 '잘못된 그림'이 나이 든 화자에 의해 말끔히 지워지고 '새 그림'이 그려지는 과정이 이유 있게, 그럴 듯하게, 묘사되어야 한다. 몰랐던 아버지의 일면이나 역사적 사실관계가 새로 발견되거나, 갈등의 원인이 무지나 미숙, 오해에서 비롯되었다는 확실한 증거를 대야 한다. 그 모든 변화가 독자가 납득할 수 있을 만큼 구체적으로 그려져야 한다. 그 대목을 능숙하게 처리할 수만 있다면 얼마든지 '못난 아버지 소설'은 양산될 수 있는 거였다. 그런데 나는 그게 잘 되지 않았다. 우선 '못난 아버지 그림'을 그려내는 것부터가 어려운 일이었다. 소설을 쓴다는 것은, 있는 것만으로는 항상 부족함을 느끼는 작업이다. 그러나 상상력은 또, 역설적으로, 있는 것 위에서만 가능하다. 있는 것 자체부터가 너무 소략하면 이리 굴리고 저리 불리고 할 소지도 없다. 애초부터 상상력이 개입할 여지가 안 생긴다. 만약 그런 이야기에 섣부른 과장을 섞었다가는 큰 낭패를 겪는다. 이야기가 갑자기 유치에 빠져든다. 그래서 바닥이 약하면 애초에 그 위에 허구를 쌓지 않는 것이 관례다. 그런 조심성이 오히려 실패를 모면하게 해준다. 그런 사정이었는데 어느 세월에 그렸다가 지우고 또 새 그림을 그린다는 말인가? 내 글쓰기가 그런 복잡한 과정을 용납하지 않았다. 그래서 거의 우격다짐으로 '우리 아버지는 원래 못난 자가 아니었다. 모든 것은 역사 탓이다. 비극은 역사가 빚어낸 것이지 아버지의 책임은 아니다'는 강변만, 관념만, 내세우는 데서 그칠 수밖에 없었다. 그런 식의 관념적 주장은, 원하든 원하지 않았든, 결국 한국근대소설사의 '부성 부재 콤플렉스' 릴레이 게임의 결승점이 되는 것이기도 했었다.

그러나, 김소진은 달랐다. 그는 단축 마라톤의 결승점을 지나치고서도 바통을 놓지 않았다. 그는 완전한 코스를 원했다. 연암이 「소단적치인」에서 강조했듯이 '끝까지 싸워서 남김없이 죽이기를' 원했다. 그가 뛰어넘은 것은 부박한 90년대의 '참을 수 없는 글쓰기의 가벼움'만은 아니었다. 선배 작가들이 모두, 계산이나 타협으로 받아들였던 결승점, '못난 아버지의 비극은 역사가 빚어낸 것이지 아버지의 책임은 아니다'라는 관념적 차원에서의 '아버지의 복권'마저도 그는 단숨에 뛰어넘었다. 그런 건 '계산하는 것이 아니라 극복하는 것'이라고 김소진은 말했다. 현존하는 모든 비극에는 반드시 역사의 책임이 뒤따른다는 것을 그가 부정한 것은 아니었다. 그러나 그는 선배들이 취했던 '아버지는 원래 못난 자가 아니었다'와 같은 맥 빠진 테제를 취하지 않았다. 그 대신, 그는 '아버지는 못난 자였다'를 끝까지, 죽을 때까지, 밀고 나갔다. 다만 분단과 전쟁이 그런 자를 더 확실하고 더 분명하고 더 억울하게 불행케 했을 뿐, 아버지의 불행이 역사의 탓만은 아니라는 거였다. 그에 따르면 꼭 아버지가 잘난 자라야 될 이유도 없었다. 왜 잘난 자들만 복권되어야 하는가? 그들만이 사람 대접을 받을 이유가 어디 있는가? 못난 자들은 인간이, 동포가, 아버지가 아닌가? 김소진이 우리에게 던진 질문은 그런 '당연한' 말들이었다. 김소진 소설은 작지만 분명한 목소리로 아버지의 못난 짓들을, 그 원인과 결과를, 또박또박 전달한다. 그러면서 '우리 아버지는 못났다. 그게 왜?'라고 끊임없이 반문한다. 그렇게 그가 그려내는 '못난 아버지 그림'은 꽤나 볼만하다.

한 닷새쯤 지났을까, 아버지와 나는 다시 그 수도상회로 물건을 떼러 갔다. 아버지는 또 고만고만한 물건들로 구색을 맞춰 골랐고 혹부리영감은 일일이 헤아린 다음 우리 부자가 가져온 정부미 자루에 집어넣으라고 손짓을 했다. 아버지와 나는 허겁지겁 물건들을 자루에 휩쓸어 담았다. 평소와 달리 아버지의 손은 약간 떨려서 헛손질을 많이 해 일부러 나한테 훼방질을 놓는 사람 같았다.

내가 그 이유를 모를 리가 있겠는가. 아버지는 그 혹부리영감의 눈을 속여 미리 진로소주 두 병을 은밀히 자루에 더 넣어두었던 것이다. 셈을 치르고 문턱을 가까스로 나서려는 순간, 이게 무슨 운명의 조화런가, 혹부리영감이 우리를 불러세우는 것이었다.

거 영감, 이보우다. 그 포대 좀 풀어 다시 한번 헤아려봅세. 계산이래 안 맞아.

나는 그때 겁에 질린 송아지처럼 눈에 흰자위가 유난히 많아진 아버지의 눈동자를 지금도 똑똑히 기억한다. 아버지는 어린 아들인 내가 무슨 구세주라도 돼주었으면 하는 간절한 눈으로 내 얼굴을 쳐다봤던 것 같았다. 그러나 난들 달리 뾰족한 수가 있을 턱이 없지 않은가. (…중략…)

쯔쯧, 이녁도 함경도 아바이 출신이믄 부랄값도 못 하는 자식이 잘못을 저질렀을 때 어드러케 다루는지는 알 만하잖소? 그걸 왜 내게 묻소으응? 아 안 그렇소?

야! 간나야, 니 다시는 이런 민한 짓이래, 하겠니, 안 하겠니? 어서 말 좀 해보라우.

짐짓 호령을 하는 아버지의 손이 부들부들 떨며 허공 높이 허우적거렸다. 단 한 대에 내 뺨은 무섭게 부풀어오르며 감각을 잃어갔다.

길티…… 기게 바로 진짜 교육이야

혹부리영감의 격려를 받은 아버지는 고개를 돌려 그에게 굽신거린 다음 또 한 차례 내 뺨을 기세 좋게 올려붙였다. 그러나 이 지독한 연극을 지켜보면서 나는 아픔을 거의 느끼지 못했던 것 같다. 머릿속에서 뭔가가 맑아지는 느낌뿐이었다. 그리곤 투시해버리고 말았다. 어린 나이에도 아버지의 눈 속에 흐르지도 못하고 괴어 있는 눈물을. 차라리 죽는 한이 있어도 애비라는 존재는 되지 말자. 아마도 나는 그때 그런 끔직한 다짐을 했는지도 모른다.

▶▶▶김소진, 「자전거도둑」 중에서

김소진을 생각할 때마다, 젊어서 내가 어느 지면에 썼던 '불패의 환상과 짐 진 자의 운명' 운운云云이라는 말이 같이 떠오른다. 아마 그가 세상을 버릴 때쯤의 나이였을 것이다. 작가로서의 삶이 어떠해야 한다는 주제넘은 변설辨說이었다. 정말이지 황망하고 부끄럽다. 그를 생각하면 아직도 여전히, 내겐 짐이 없다.

장졸우교(藏拙于巧) 9

부자유친, 금시조

젊을 때의 일이다. 이문열 소설 『레테의 연가』의 모델이 되었다는 분(본인 생각이 그렇다)이 내게 불평을 털어놓았던 적이 있다. 모델료를 지급하는 것도 아니고, 꼭 오해 사기 좋을 내용만 갖다 쓴다는 거였다. 왜 남의 사생활을 그런 식으로 도용하는지 모르겠다고 했다. 물론 당사자의 자체 평가 결과가 그렇다는 것인데, 자기를 좀 아는 이들이 봤을 때는 오해하기 십상이라는 거였다(사실은 누구도 남의 일에 관심 없다). 그래서 옛날부터 작가와는 이웃해서 살지 말라는 말이 있는 모양이다. 작가들은 백일천하百日天下, 자기를 온통 드러내놓고 사는 사람들이기 때문에 남들의 사소한 일상이나 배경을 끌어다 쓰는 것쯤은 대수롭지 않게 여긴다. 적극적 의미에서, 명예훼손만 되지 않는다면 자신의 이야기 파티에 누구라도 초빙할 만반의 준비가 다 되어 있는 이들이 작가다. 그렇게 이해해야 한다. 죽어 한갓 우주의 먼지로 사라질 인생인데, 그렇게 글자 등속으로라도 한 번 붙들어 매어 주는 것을 고맙게 여겨야 한다고 생각하는 것이 작가들이다. 그래서 작가들의 친인척은 그야말로 '파리 목숨'이다. 소설 속의 자기 역할에 대해서 만족하는 '작가들의 친인척'이 있다면 그 작가는 3류 작가일 공산이 크다.

각설하고, 한때 소설가 이문열의 작품과 정치적 입장이 좋지 않게 인구人口에 회자膾炙되던 때가 있었다. 작가의 사회적 책무를 망각하고 역사의 발전에 대해서 지나치게 냉담한 입장을 견지한다는 거였다. 작가는 흔히 '부유浮游하는 인텔리겐챠'로 치부된다. 일정 계급의 이익을 대변하는 것이 아니라 늘 비판적 이성으로 중무장(?)하고, 세파 속의 참호塹壕를 따라, 이 계급 저 계급을 숨가쁘게 넘나들어야 한다는 것이다. 그러나 현실적으로는, 보통의 의식 있는 작가라면 다소 강약의 차이는 있더라도, 늘 힘 있는 쪽의 반대편으로, 거의 자동적으로, 움직인다(미끄러진다?), 물론 그때 '힘'의 개념은 작가 스스로 정한다. 어쨌든 반골反骨로서의 작가는 늘 부유한다. 그것은 작가가 세상을 견디는 힘이기도 하다. 큰 선거를 앞두고, 작가 이문열이 정치권으로부터의 영입 의사를 전해 듣고 "현세에서는 작가로 남고 싶다"고 말했다 한다. 그의 말대로 현세에서는 '작가 이문열' 이상의 작위爵位가 없지 싶다. 그 정도의 무게감이라면 당연한 결과다. 그러나, 권력이 전혀 작가에게 의미 없는 장식품인 것만은 아니다. 돈 안 되는 작품, 보상 없는 고통,

이름뿐인 구원, 허울 좋은 예술로는 부족할 때가 있다. 작가도 때로는 세상의 위로를 구한다. 자신이 세상에게 해 주는 것만큼 자신도 위로받기를 원할 때가 있다.

만약, 작가가 명성과 권력(문화적 권력도 포함한다)과 돈을 모두 가지게 되면 어떻게 될까? 당연히 반골도 없다. 그런데 반골 없이는 작가도 없다. 그래서 모순어법이다. 그것 없이는 누구도 작가라 자칭할 수 없다. 만약 권력과 돈을 가지고도 반골을 참칭僭稱한다면 그건 역모다. 쿠테타다. 그는 이미 작가가 아니다. 정치가거나 혁명가다. 어디 작가만 그러한가? 과학자거나 종교가거나 사정은 매 한가지다. 진리에 만족하지 못하고 권력과 돈을 얻고서도 스스로 반골을 자칭自稱하면 동일한 전철을 밟는다. 세상이 그를 그렇게 몰고 간다. 그게 부담스럽거나 싫으면 은둔이나 잠적, 관조나 달관을 택하면 된다. 그것도 싫을 때, 마지막으로 택할 수 있는 것이 친위親衛다. 간혹 그런 선택도 있다. 그렇게 해서 역사의 뒤안길로 쓸쓸히 퇴장한다.

한 때 작가 이문열은 친위를 택했다는 항간의 오해를 받았다. 심지어는 작품들이 '분서焚書'의 대상이 되는 일까지 벌어졌다. 존경하는 고향 선배가 그런 일을 당하는 것을 보는 후배 마음이 꽤나 짠했지만, 어쩔 수 없는 일이었다. 작가는 원래 세상의 말(찬사와 증오)로부터 자유로울 수 없고, 천재가 하는 일에는 본디 원인이 없지만 대중은 반드시 그것을 자신의 이익과 결부짓기 때문에 부박스런 세간의 타박을 면할 수도 없는 법이다. 그로부터 작가 이문열은 지식대중의 관심으로부터 점차 멀어지게 되었다. 나도 살기에 바빠 선생을 직간접적으로 볼 기회를 거의 얻지 못했다. 얼마 전 선생의 고향(석보면 두들마을)에서 『음식디미방』과 관련된 군郡 행사가 있어서 그곳에 놀러갔다온 친구가 그 자리에서 작가를 친견했다는 소식을 전했다. 그 행차에는 나도 함께 할 뻔했었다. 선생과 인척관계인 한 다리 건너는 친구네도 있어서 대접도 소홀치 않고 재미도 있을 거라며 부부동반으로 같이 가자고 친구가 졸랐었다. 나는 가고 싶었는데 안식구 행사가 겹쳐서 가지 못했다. 친구로부터 오랜만에 선생의 근황을 접하니 객기가 발동했다.

"나 안다고 하고 책 한 권 달라고 하지?"

내가 그렇게 말하니까, 친구가 순간 생뚱맞다는 표정을 지었다. '니가 뭔데?'라는 표정이었다.

"내가 작가잖냐, 오늘의 작가, 그것도 작가 이문열의 직계 후배."

그러자, 친구가 '아, 그랬었지'라는 투로 얼굴을 풀었다. 친구들은 내가 작가라는 걸 알려고 하지 않는다.

"책 달라고 해도 잘 주지는 않을 거야, 나도 한 권 받은 게 없으니까." 그러고 말았다.

이문열 선생과는 다섯 번 만났다. 출판사에서 한 번, 자택에서 한 번, 문학 세미나에서 강연자와 사회자(패널?)로 한 번, 입시 학원 교무실에서 한 번(조카의 보호자로 선생이 내방했다), 어떤 술자리에서 한 번, 그렇게 다섯 번 만났다. 현재의 기억으로 그렇다. 시간 순서는 지금 좀 헷갈린다. 수 년 동안에 동시다발적으로 이루어진 일이라 잘 정리가 안 된다. 이런저런 이야기를 길게 나눈 적은 딱 한 번이다. 30년쯤 전이다. 민음사 사장실에서 초면 인사를 했는데. 그 뒤 집으로 한 번 놀러 오라고 해서 연락을 받고 자택으로 한 번 찾아뵈었다. 우리 집에서 걸어서 10분 거리에 선생의 자택이 있었다. 그때 서너 시간 이런저런 이야기를 나누었다(사실은 거의 일방적으로 들었다).

작가 이문열을 나는 존경한다. 특별히 존경할 만한 기억에 남을 사적인 은사恩赦가 있다거나, 그의 소설에서 까무러칠 만큼의 감동을 받아서가 아니다. 다만, 그가 30년 전 소박하기만 했던 자신의 서재에서 내게 해 준 이야기, 앞으로 쓸 소설이라든지, 전개하고 싶은 사업이라든지, 어떻게 보면 당시로는 황당하기까지 했던, 그 모든 미래가 단 한 치의 오차도 없이 모두 다 실현이 되어 있기에 나는 그를 믿는다. 그가 이룬 것은 당시의 내 상상을 완전히 압도한다. 생각보다 오히려 더 장엄하다. 그래서 나는 그에게서 '승리'를 본다. 그게 존경의 이유다. 아무 것도 없는 개천 바닥에서 수많은 새우들의 조롱과 멸시를 견디며 스스로 그는 자신이 용龍이라는 것을 증명했다. 그날 작가 이문열이 내게 했던 이야기는 글로 정리하면(약간의 주석을 단다면) 책 한 권은 족히 될 분량이다(선생은 다변이고 달변이다). 오늘은 한 마디만 소개한다. 헤어지기 직전에 서로 나눈 말이다. 선생은 독자나 비평가들이 자신을 제대로 이해하지 못하는 것 같다고 했다. 만약 본격적인 학문의 길로 들어서게 되면 반드시 세간의 오해를 바로잡을 이문열론을 한 편 써달라고 부탁했다. 나는 그러마라고 대답했다. 다음 글은 그 약속을 한 지 10여년 뒤에 쓴 두어 편의 이문열론 중에 나오는 말들이다.

정체성 서사에서 늘 문제가 되는 것은 아버지다. 작가가 문제시하는 그 서사(플롯)의 원原주인이 아버지이기 때문이다. 부자유친父子有親, 오륜五倫의 앞자리에 들어가 있는 그 말이 왜 힘든 도덕적 실천인지를 깨닫는 일이 정체성 서사가 이루어지는 첫걸음이다. 우리 소설사에서는 이문열만큼 '부자유친'의 문제를 깊이 있게 다룬 작가가 없다. 이문열 소설의 주된 코드 중의 하나가 '의리義理 담론'인데(그만큼 삼국지적 의리 서사를 감동적으로 그려내는 작가도 드물다) 그 발생론적 동기가 '의리 없이 월북해 버린 아버지'이기 때문이다. 그 '의리 없는 아버지'에 대한 아들의 고군분투하는 도덕적 실천이 바로 그의 소설이 지닌 심층적 서사구조다. 그래서 일견 통속성마저 엿보이는 그의 의리담론은 오직 '부자유친'의 문제에 한해서만 그 깊이를 드러낸다. 「금시조」나 『시인』에서 보여준 유려한 심리적 통찰은 그 방면에서의 그의 작가적 능력을 유감없이 보여준 예가 된다. 그 이외의 문제에서는 그는 자기 이야기를 하지 않는다. 이것저것, 그저 표나지 않게 『삼국지연의』만, 의리담론만, 반복할 뿐이다. 그래서 혹자는 그의 소설에서는 '바닥을 치는 소리'가 들리지 않는다고 폄하하기도 한다. 그러나, 그것은 그만큼 '부자유친'의 문제가 그에게는 불가항력의 트라우마로 남아 있다는 뜻이기도 하다. 그 점은 작가 이문열의 문학적 상상력이 어쩔 수 없이 그로 인한 한계를 지닐 수밖에 없다는 말이면서 동시에, 정련된 관념성으로, 누구도 하지 못했던 바, 그것이 미학美學의 경지를 넘볼 수 있는 경지를 개척할 수 있었던 계기가 되는 것이기도 하다는 것을 의미한다. 그의 힘든 도덕적 실천이 공적公

的 애비라는 관념성에 매달리지 않을 수 없었고, 그것으로(그것이 지닌 시대착오성의 의미와 함께) 그의 글쓰기가 사회적으로 인정을 받았다는 것은 어쩌면 그와 우리의 불운이자 행운이었다. 조금 더 그의 소설에 담겨 있는 '관념'들에 대해서 살펴보자.

'부자유친父子有親'이, 주제론적 층위에서, 동아시아 소설론에서 차지하는 위상은 매우 높다(여기서 '부자유친(父子有親)'이라는 말은, 동아시아의 유교적 전통 하에서 형성된 그와 관련된 모든 사회적 코드를 지칭하는 것으로 사용된다). 서양의 오이디푸스 신화에 비견되는 동아시아의 부자유친 모티프는 서사의 탄생(출발점)과 밀접한 관련을 지니는 것으로 평가된다. 기본적으로 소설은 '정체성 서사'를 지향하는데, 아버지의 삶은 나의 삶을 해석하는 기준(플롯)이 된다. 근대소설의 발생은 사적인 아버지와 공적인 아버지(사회적 규범)를 명확히 구분해 플롯을 삼았다는 데 의의가 있다(유태영, 『현대소설론』 참조). 자세한 설명을 빌리지 않아도, 제도와 관습, 권력과 소유에 관한 모든 이야기는, 그 시초에 있어서, 아버지와 아들의 불화에서 비롯된다는 것을 부정할 사람은 아무도 없다. 불화의 내용은 주로 지배권(계승권)이나 성적 소유권을 사이에 둔 다툼이지만 그 이외에도 아버지(부성)의 부재나 왜곡에서 비롯된 다양한 이야기들이 존재한다. 그런 이야기들을 제외하면, 극적 긴장을 선사하는 신화나 설화가 존재하지 않는다고 해도 과언이 아니다. 역사 시대로 진입하여서도 부자 갈등은 이야기의 주된 소재가 되고 있다. 많이 알려진 것으로 몇 개만 들어 보더라도, 가령 중국 순舜 임금의 고사(아버지 고수는 아들 순을 수차례 죽이려 하였음)나 고구려 호동

왕자의 죽음과 관련된 설화를 비롯해 조선 시대 영조와 사도세자에 얽힌 역사적 사실들과 방랑시인 김삿갓의 행적과 관련된 여러 가지 이야기들이 그러한 사실을 뒷받침하고 있다고 할 것이다.

결과적으로, 동아시아의 '부자유친'과 유럽의 '오이디푸스'는 근본적으로 상반되는 서사미학을 보여준다. 다음의 인용문은 그 차이가 무엇인지를 지적하고 있다.

> 이와 같은 한국 서사 문학사에서 아버지의 부재는 아버지 죽이기와 아버지 찾기가 중첩된 양상으로 드러난다. 서구의 서사 문학들이 살부의식(殺父意識)으로부터 연원하는 아버지 죽이기의 모티프를 강하게 표출하는 반면, 한국 서사 문학들은 자기 정체성을 정립하는데 필요한 자기 동일시의 대상으로서의 아버지에 대한 존경과 부정의 양가의식이 아버지 찾기와 죽이기의 모티프로 병치되어 제시되고 있다. 그러므로 한국 현대 성장소설들은 서구 서사문학의 오이디푸스 콤플렉스에서 찾아볼 수 있는 것과 같은 아버지와의 극단적 갈등이 서사구조의 핵으로 기능하면서 동시에 그러한 갈등을 넘어선 아버지와의 화해를 모색하는 이중적 서사 양상을 보여주고 있는 것이다.
>
> ▶▶▶최현주, 『한국 현대 성장소설의 세계』 중에서

서구의 서사문학은 살부의식이 전경화되어 있고, 우리의 것은 그것에 부자유친이 하나 더 첨가된다는 이야기다. 그러한 정체성 서사의 방향성은 결국 유교적 이념의 영향력 아래에 놓인 영역(지역과 문화공동체) 안에서는 모두 동일한 모습을 지닐 수밖에 없을

것으로 판단된다.

그러한 부권 부재나 부자 갈등의 서사적 상황을 부자유친의 관점에서 탁월하게 소설적으로 재구성하는 작가가 이문열이라는 것은 이미 앞에서 말한 적이 있다. 이문열은 그것을 하나의 소설미학으로 승화시키려는 강한 의욕을 보인다. 그의 소설은 성장소설에 그치는 것을 거부한다. 작가의 정체성 서사가 소설의 전부가 된다는 것을 이문열은 인정하지 않으려 하는 것이다. 이문열은 보다 일반화된 소설미학으로 자신의 부자유친 모티프가 편입되기를 바란다. 그래서, 부자유친이 단순하게 부자 갈등이나 부권 부재의 상황을 지칭하는 데 그치는 것이 아님을 그의 소설은 강조한다. 그의 소설론을 이해하기 위해서는 부자유친의 내포가 무엇인지 그것부터 자세히 살펴볼 필요가 있는 것도 바로 그런 까닭에서이다.

부자유친이 오륜의 필두를 차지하며 문적에 처음 등장하는 것은 『맹자孟子』, 「등문공장구」 상上에서이다. 맹자는 요임금이 설楔로 하여금 백성들에게 인륜으로 부자유친, 군신유의, 부부유별, 장유유서, 붕우유신을 가르치도록 했다고 말한 뒤, 공손추의 물음에 다음과 같이 답한다. 부자유친의 맥脈이 어디에 있는지를 알려주는 대목이다.

公孫丑曰 君子之不教子 何也

공손추가 말하였다. 군자가 (직접) 아들을 가르치지 않음은 어째서입니까?

孟子曰 勢不行也니라 敎子는 必以正이니 以正不行이어든 繼之以怒하고 繼之以怒면 則反夷矣니 夫子敎我以正하시되 夫子도 未出於正也 則是父子相夷也니 父子相夷면 則惡矣니라

맹자께서 말씀하셨다. “세가 행해지지 않기 때문이다. 가르치는 자는 반드시 올바른 길로써 가르쳐 행해지지 않으면 노함이 뒤따르고 노함이 뒤따르면 도리어 자식의 마음을 상하게 된다. 자식이 생각하기를 아버지께서 나를 바른 길로써 가르치시지만 아버지도 행실이 바른 길에서 나오지 못하신다고 한다면 이는 부자간에 서로 의를 상하는 것이니, 부자간에 서로 상함은 나쁜 것이다.

古者에 易子而敎之하니라

옛날에는 아들을 서로 바꾸어 가르쳤다.

父子之間은 不責善이니 責善則離하나니 離則不祥이 莫大焉이니라

부자간에는 선으로 책하지 않는 것이니, 선으로 책하면 정이 떨어지게 된다. 정이 떨어지면 불상(나쁨)함이 이보다 더 큼이 없는 것이다.

위의 인용에서 알 수 있듯이, 동아시아의 부자유친이 유럽의 오이디푸스 신화와 다른 점은 부자 갈등의 해소 책임이 우선적으로 아버지에게 있다고 강조하는 부분에 있다. 갈등이 아들에게서 발원할 정황이 먼저 가정되지 않는 것은 유교 이념이 그것을 허용하지 않고 있기 때문이다. 물론, 아버지의 책임이 우선이지만 부자유친은 부자 간 쌍방의 노력이 요구되는 행위 규범이다. 아들이

해야 할 일은 그 뒤를 이어 다음과 같이 적시되고 있다.

孟子曰 事孰爲大오 事親이 爲大하니라 守孰爲大오 守身이 爲大하니라 不失其身而能事其親者를 吾聞之矣요 失其身而能事其親者를 吾未之聞也로라

맹자께서 말씀하셨다. "섬기는 일 중에 무엇이 가장 큼이 되는가? 어버이를 섬김이 큼이 된다. 지키는 일 중에 무엇이 가장 큼이 되는가? 몸(몸의 지조)을 지킴이 큼이 된다. 몸의 지조를 잃지 않고서 그 어버이를 잘 섬긴 자는 내가 들었고, 몸을 잃고서 그 어버이를 잘 섬긴 자는 들어보지 못했다.

孰不爲事리오마는 事親이 事之本也요 孰不爲守리오마는 守身이 守之本也니라

(섬기는 일 중에) 무엇인들 섬김이 되지 않겠는가마는 어버이를 섬김이 섬김의 근본이요, (지키는 일 중에) 무엇인들 지킴이 되지 않겠는가마는 몸을 지킴이 지킴의 근본이다.

▶▶▶성백효, 『맹자집주』 중에서

오로지 아들은 효孝로써 부모를 섬기고事親, 자신을 지키는 일守身에 힘쓸 뿐이니 부자간의 갈등이 아들로부터 비롯될 일이 가정될 수는 애초에 없는 일이었다. 맹자는 무엇보다도 '몸을 지킬 것'을 강조한다. 그 연후에 어버이를 섬기는 일이 가능하다는 것이다. 그러나, 오이디푸스는 자신의 의지, 의도와 관계없이 '징벌 받

는 아들'이 된다. 결국은 아들에게 책임이 전가되는 서사구조다. 그 점에서 동서양이 갈라선다. 적어도 동중서에 의해 삼강오륜이라는 이데올로기가 정립되기 이전의 부자유친에서는 그렇지 않다(부위자강(父爲子綱)은 아비가 아들의 벼리가 된다는 뜻으로, 아들이 아비를 근본으로 삼아야 한다는 지배 복종의 서열 개념이 침입되어 있다).

모든 정체성 서사에 아비의 스토리가 플롯으로 작용한다는 것은 주지의 사실이지만, 아버지 쪽에서의 친화 노력이 선행되어야 한다는 것을 의식적으로 강조하는 것이 바로 '부자유친 모티프'의 핵심이라 할 수 있는 것인데, 그런 유친의 주체가 아들(가족)을 버리고 떠난 상황에서의 부자유친은 어떻게 실행되어야 하는가? 이문열의 「금시조」는 〈아버지에 대한 존경과 부정의 양가의식, 혹은 아버지 찾기와 죽이기의 병치〉를 유려하게, 성공적으로, 잘 보여주는 작품이다. 성공적인 예술가 소설이면서 동시에 부자유친의 미학적 형상화라는 측면에서도 그 역사적 의의가 인정될 수 있는 작품이라고 할 것이다. 다음 부분은 그러한 작가의식이 집약적으로 드러나 있는 부분이다.

> 남들이 한두 해면 읽고 지나갈 소학을 몇 년씩이나 거듭 읽도록 버려둔 것하며, 열셋이나 된 그를 소학교 사학년에 집어넣어 굳이 자신의 학문과는 거리가 먼 곳으로 밀어낸 것도 석담선생의 그런 태도와 연관을 가지는 것이었다.
>
> 그런데 거기 못지않게 이해할 수 없는 것은 그런 석담선생에 대한 그 자신의 감정이었다. 스승의 생전 내내, 그는 스승에 대한 형언할 수

없는 사모와 그에 못지않은 격렬한 미움으로 뒤얽혀 보내었다. 가만히 돌이켜 보면, 그런 그의 감정 역시 어떤 필연적인 논리와는 멀었지만, 그것이 뚜렷이 자리잡기 시작한 시기만은 대강 짐작이 갔다. 열여섯에 소학교를 졸업하고 석담선생의 집안에 남은 후부터 열여덟에 정식으로 입문할 때까지였다. 그동안 그는 학비를 도와주겠다는 당숙 한 분의 호의도 거절하고, 또 나날이 달라지는 세상과 거기에 상응하는 신학문에 대한 동경도 외면한 채, 가망 없는 석담선생의 살림을 꾸려 나갔다. 이미 문인들이 가져오는 쌀섬으로는 부족하게 된 양식은 소작 내준 몇 뙈기 논밭을 스스로 부쳐 충당했고, 한 짐의 땔감을 위해서는 이십 리 삼십 리 길도 마다하지 않았다.

사람들은 그런 그를 갸륵하게 여겼지만 실은 그때부터 그의 가슴에는 석담선생을 향한 치열한 애증의 불꽃이 타오르고 있었다.

▶▶▶이문열, 「금시조」 중에서

李文烈 소설(혹은 등장인물)이 이차적 나르시시즘의 화두인 '장엄한 대상 이미지'에 특히 집착한다는 것은 주지의 사실이다. 「금시조」의 주인공, 아비없이 스승에게 위탁된 가짜 아들, 고죽古竹에게 석담石潭은 유일무이한 '장엄한 대상 이미지'였다. 아버지 이상의 아버지였다. 그는 '자신의 자아상과 합치되는 전능한 아버지'를 자신의 그 가짜 아버지, 그 환상 속에서 번듯하게 창조해냄으로써 이제는 폐허가 되어버린 자신의 '전능의 세계'를 다시 온전히 구축하려 한다. 그 '구체화' 작업의 시단이 바로, 자신의 불운을 답습하지 않도록 석담石潭이 배려한, 그런 아들 아닌 아들을 내치려고

보내준, 학교 공부를 고죽이 소학교만 마치고 그만둔 일이었다. 그 대목에서 작가는, 마치 아무렇지도 않은 일이었던 것처럼 가벼운 어조로 고죽古竹의 생각을 담담하게 옮겨적고 있다. 그러나 그가 시치미를 떼면 뗄수록 우리에게는 그의 트라우마가 울부짖는 소리가 더 크게 들린다. 아마, 공명共鳴의 이치라는 것이 있기 때문인 것 같다.

장졸우교(藏拙于巧) 10

수선화, 풍금이 있던 자리

재미있는 이야기를 하나 들었다. 근 30년 만에 만난 시 쓰는 친구에게 들은 이야기다. 서로 사는 방향이 달라서 그동안 통 만나지 못했다. 오랜만에 자리가 만들어져 이런저런 이야기, 특히 격조했던 친구들 이야기를 많이 주고받았다. 그 친구가 말했다. S 있잖아? 그 친구가 명언을 하나 남겼어. 뭔데? 내가 물었다. 우리가 그때 멤버가 열 명이었잖아? 그때 멤버라는 것은 고3 때 미당 선생에게 '봉산蓬蒜'이라는 휘호를 받아서 그걸 내걸고 YMCA 본관 복도에서 시화전을 열 당시의 친구들을 말했다. 미당 선생을 떠받들고 시화전을 열었지만, 막상 그 중에서 언필칭 미당의 제자가 된 것은 어제 본 그 친구 하나였다. 그가 계속 말했다. 서른 살 때쯤이었나? 자네 빼고 시 쓰는 친구들 거의 다 모인 자리에서 S가 이러더라구. 지금은 아홉 명이지만 10년 20년 뒤에는 결국 한 명만 남을 거라고. 나머지 여덟 명은 그 한 명을 위해 지금 여기 있는 거라고. 불쑥 그런 이야기를 하는 거였어. 그랬어? S가 그런 말을 해? 과연 재미있는 말이었다. 결국 자기 빼고는 쓸 만한 놈 한 놈 없다는 말이었다. 그래서, 그 친구 말대로 되었나? 내가 그렇게 물었다. S가 과연 하나 살아남은 시인이 되었는지, 또 친구들은 S의 그런 망발(?)을 어떻게 받아들였었는지가 궁금했다. 그런데 대답이 의외로 시원했다. 응. 딱 그 말대로야. 지금 남은 건 S밖에 없어. 답이 너무 쉬웠다. 그게 그렇게 되나? 그러고 보니 그럴 수도 있겠다 싶었다. 얼마 전에 그가 무슨 문학상을 받는다는 걸 신문 지상에서 본 일이 있었다. 신문에도 난 걸 보니 제법 큰 상인 것 같았다. 친구의 말로는, 한두 번도 아니고, 00시 문화상 같은 것도 아니고, 이런저런 굴지의 문학상들을 그렇게 우리 나이에 받는다는 건 자타가 공인하는 '다 죽고 혼자 살아남은 시인'이라는 거였다. 친구의 말을 듣고 보니, 시 쓰는 일에서만 그런 것이 아니었다. 세상살이가 다 그런 것 같기도 했다. 10년 20년 30년이 지나고 보니 결국 남는 사람은 한두 사람이었다. 정치든 경제든 종교든 문학이든 학문이든 다 그랬다. 그런 생각에 미치자 문득, "그럼 나는?"이라는 자문自問이 내 안 어디에선가 튀어나왔다. 당연히 실소가 터져나왔다. 그런 생각은 아무나 하는 게 아니다. 적어도 작가 신경숙 정도는 되어야 할 수 있는 생각이다.

"어느 동물원에서 있었던 일이다. 한 마리의 수컷 공작새가 아주 어려서부터 코끼리 거북과 철망 담을 사이에 두고 살고 있었다. 그들은 서로 주고받는 언어가 다르고 몸집과 생김새들도 너무 다르기 때문에 쉽게 친해질 수 있는 사이가 아니었다. 어느덧 수공작새는 다 자라 짝짓기를 할만큼 되었다. 암컷의 마음을 사로잡기 위해서는 그 멋진 날개를 펼쳐 보여야만 하는데 이 공작새는 암컷 앞에서 전혀 반응을 보이지 않았다. 그러고는 엉뚱하게도 코끼리 거북 앞에서 그 우아한 날갯짓을 했다. 이 수공작새는 한평생 코끼리 거북을 상대로 이루어질 수 없는 사랑을 했다….

마을로 들어오는 길은, 막 봄이 와서, 여기저기 참 아름다웠습니다. 산은 푸르고 …… 푸름 사이로 분홍 진달래가 …… 그 사이 …… 또 …… 때때로 노랑 물감을 뭉개 놓은 듯, 개나리가 막 섞여서는 …… 환하디 환했습니다. 그런 경치를 자주 보게 돼서 기분이 좋아졌다가도 곧 처연해지곤 했어요. 아름다운 걸 보면 늘 슬프다고 하시더니 당신의 그 기운이 제게 뻗쳤던가 봅니다. 연푸른 봄산에 마른버짐처럼 퍼진 산 벚꽃을 보고 곧 화장이 얼룩덜룩해졌으니.

저, 저만큼, 집이 보이는데,

저는, 집으로 바로 들어가질 못하고, 송두리째 텅 빈 것 같은 마을을 한바퀴 돌고도 …… 또 들어가질 못하고 …… 서성대다가 시끄러운 새소리를 들었어요. 미루나무를 올려다보니 부부일까? 두 마리의 까치가, 참으로 부지런히 둥지를 …… 둥지를 틀고 있었어요. 오래 바라보았습니다, 둘이 서로 번갈아 가며 부지런히 나뭇잎이며 가지들을 물어 나르는 것을.

▶▶▶신경숙, 「풍금이 있던 자리」 중에서

「풍금이 있던 자리」(1993) 이래로, 작가 신경숙은, 일취월장日就月將, 누가 뭐래도, '하나 남은 작가'로 진입하는 데 성공한다. 작단作壇에도 세대라는 것이 있어서 작가들이 한 무더기씩 도매금으로 오고 간다. 신경숙은 60년대 초반 태생으로 90년대 작단에 본격적으로 첫 발을 내디딘, 이를테면 문단의 386 세대에 속한다. 우리가 475 세대니 나이 차는 좀 있어도 세대로 보면 바로 우리 아래 세대다. 느낌 차원이지만, 그 중간은 좀 비어있다. 이제 그들 386 세대도 50줄에 접어든다. 어디서든 선생님 소리를 듣는 것도 그리 어색하지가 않다. 흐르는 것이 어디 강물뿐이겠느냐는 공자님 말씀이 아니더라도 정말이지 세월이 유수와 같다. 앞에서도 말했지만, 인생 50이면, 그만큼 살았으면, 어디서든 '하나 살아남는' 자들이 생기기 마련이다. 소설가 신경숙이 그런 사람이다. 그녀의 작가적 역량이 본격적으로 과시되기 시작한 것은 「풍금이 있던 자리」부터였다. '풍금'은 그 이전의 작품들과 상당한 질적 차이를 보여주는 작품이다. 그 점에 대해서는 자타가 공인한다.

신경숙의 두 번째 창작집인 『풍금이 있던 자리』에 실린 작품들은 일단 첫 창작집보다 그 소재의 폭이 다양해지고, 소설 기술 방법을 새롭게 변화시켜보려는 의욕적인 시도가 엿보일 뿐만 아니라, 작중인물의 내면 묘사에서도 그 정태성과 폐쇄성이 상당히 극복된 모습을 보여주는 것이다. 그와 동시에 신경숙 특유의 시적인 문체가 지닌 아름다움을 비롯해서 작품 전체의 정서적 환기력 또한 이전보다 더 풍부해진 듯하다. 『풍금이 있던 자리』의 표제작인 「풍금이 있던 자리」는 신경숙 특유의 문체의 아름다움이 가장 탁월하게 발휘된 작품 가운데 하나로 손꼽을 수 있을 것이다. '사랑하는 당신'에게 보내는 편지 형식으로 되어 있지만, 사실은 작중화자의 독백에 가까운 진술 형태를 보여주고 있는 이 작품에서, 사랑의 선택 앞에서 하염없이 주저하고 망설이는 작중화자의 내면 상황은 다음에서와 같이 문장 그 자체의 호흡으로 녹아들어 보다 직접적인 문체적 감각으로 전달된다.

▶▶▶박혜경, '추억, 끝없이 바스라지는 무늬의 삶' 중에서

신경숙 소설에 대한 일반적인 통념을 잘 대변하고 있는 해설이지 싶다. 『풍금이 있던 자리』에 실린 작품들은 그 전 작품들보다 '작중 인물의 내면 묘사'에 있어서도 발전적인 모습이 발견되고, 문체에서도 '정서적 환기력'이 더 돋보인다고 말하고 있다. 주제와 문체, 그 두 가지 측면에서 한 단계 올라선 모습을 보인다는 것이다. 위의 해설을 좀 보강해 보자. 먼저 주제다. 한 마디로 말하자면, '주제에 사로잡힌(지는) 작가'에서 '주제를 다루는(이기는) 작가'로 발전했다는 것이다. '주제(제목)을 이기는 것'의 중요성("제목이라는 것은 적국(敵國)이다")에 대해서는 연암이 「소단적치인騷壇赤幟引」에서도 밝혀놓았던 것처럼 글의 성패成敗와 직결된 것이다. 그것을 깨고 다시 얽어매는 능수능란함이 있을 때 비로소 명작이 탄생한다. 말(관점)을 바꾸면, 신경숙은 「풍금이 있던 자리」에서 비로소 자신에게 만만한 주제를 만났다. 자신 있게 쓸 수 있는 글감을 찾았다는 말이기도 하다. 작가가 자신의 작품 속에서 무엇을 만나는가? 이 문제는 한 작가가 문학적 '득음得音'의 경지를, 자신

의 견고한 내면성의 구축이라는 차원에서, 제대로 획득하였는가의 여부를 가늠하는 일이기도 하다. 한 작품을 두고, 주제의 형상화 수준이 예술적 성과에 값하는가를 판단하는 데에는 무엇보다도 주제가 무엇인지를, 적장敵將이 누구인지를, 알아내는 일이 급선무다. 실제로 뒤에 숨어서 병사를 움직이는 자가 누구인지를 알아내야 한다. 그것 이외의 목적에 정열과 시간을 낭비하는 것은 패장이 되는 지름길로 접어드는 꼴이다. 강적을 앞에 두고 전열을 흩트리는 것은 자칫, 정열과 시간의 낭비를 넘어 오독을 범할 수도 있게 한다. 읽는 자의 콘텍스트가, 사심私心이, 제대로 된 승부를 망치게 할 공산이 크다. 요점만 보는 것이 중요할 때가 있는 것이다.

내가 보기에는, 적어도 「풍금이 있던 자리」의 작가로서의 신경숙은 그 이전의 작가 신경숙과는 다른 사람이다. 그 핵심에 나르시시즘의 족쇄 하나를 푼 아름다운 얼굴이 있다. 나르시시즘의 양면성을 타고 넘어선 성숙한 자아만이 도달할 수 있는 견고한 내면성의 구축, 그게 바로 신경숙이 하나 남은 작가가 된 첫 번째 이유이다. 그의 소설의 주제는 그러므로 '나르시시즘'이라고 할 수 있다. 그 '나르시시즘' 안에서 「풍금이 있던 자리」의 '불륜'은 하나의 아름다움으로 전화轉化한다. 그의 소설을 지배하는 '나르시시즘 미학'에 대해서는 좀더 자세한 고찰이 요구된다(이문열이 '시대착오성'으로 자신의 나르시시즘 미학을 추구했던 것처럼, 신경숙은 '에로티즘'으로 자신의 나르시시즘 미학을 추구한다. 이는 황순원 소설의 '에로티즘을 통한 내면성 구축' 지향성과 일맥상통하는 것이다).

둘째는, 문체 문제다. 문체를 하나의 표피적인 '소설 기술 방법'으로 이해하는 것은 소설을 모르는 사람들의 전형적인 오해다. 숙련된 언어의 장인匠人이 되기 위해서는 뼈를 깎는 탁마의 시간이 있어야 한다는 말은, 사전을 통째로 외운다던가, 그저 이런저런 문장을 본떠 글짓기 연습만 반복한다는 뜻이 결코 아니다. 그 이상의 의미가 있다. 내 안의 무엇과 직통으로 통하는 것, 그것을 풀어내는 데 필요한, 심지어 열쇠 노릇까지 하는, 소위 '직접 언어直接 言語'와 만나는 것, 그게 관건이다. 신경숙의 문체가, '풍금'에서 획득한 문체가, 그런 이치를 보여준다. 그러니까 다음 부분(작품 해설에서 '사랑의 선택 앞에서 하염없이 주저하고 망설이는 작중화자의 내면 상황은 다음에서와 같이 문장 그 자체의 호흡으로 녹아들어 보다 직접적인 문체적 감각으로 전달된다'고 말한 부분)은 그 '직접 언어'가 나올 수 있도록 길을 여는 일종의 '간접 언어'라고 할 수 있다.

> 강물은…… 강물은, 늘…… 늘, 흐르지만, 그 흐름은 자연스러운 것이지만, 어찌된 셈인지 제게는 그 강과 함께 흐르기로 마음먹는 일이 제 심연의 물을 퍼주고야 생긴 일임을, 아니예요, 이런 소릴 하는 게 아니지요, 다만, 어떻게 하더라도 제게 어찌할 수 없는 아픔이 남는다는 걸 알아주시…… 아니예요, 아닙니다.
>
> ▶▶▶신경숙, 「풍금이 있던 자리」 중에서

위의 인용 부분은 말없음표와 쉼표, 그리고 끊임없는 자기부정으로 대변되는 눌변의 통사 구조를 지니고 있다. 당연히 '주저하고 망설이는 작중화자의 내면'이 '직접적'으로 드러날 수밖에 없는 문장이라고 할 것이다. 여기서의 말없음표와 쉼표는 자기부정의 언어적 기호에 다름 아니기 때문이다. 이 부분은 이를테면, '행위를 규정하는 언어'가 '성격을 규정하는 행위'의 층위에 삽입되고 있는 상황이라고 할 수 있다. 서사전략의 차원에서 '행위'를 보완할 수 있는 '언어'가 요구되고 있기 때문이다(분위기 조성이 필요하기 때문이다). 비유하자면, 이 부분은 김소월의 「진달래꽃」과 같은 층위의 시적 언어라는 것이다. 서사적인 메시지를 전달하기보다는, 자기 앞의 현실(사건)을 감당해내는 주관적인 태도의 표출인 것이다. 그것은 앞으로 전개될 서사를 준비하기 위한 예비적 진술로서, 앞으로 전개될 서사가 어떠한 심적 태도의 바탕 위에서 읽혀져야 한다는 것을 작가가 미리 주문하고 있는 형국이다. 그러므로 위의 부분은 본진本陣이 아니다. 척후병이라고 할 수 있는 부분이다. 척후병을 보고 신경숙 소설의 문체 전반에 대해서 말하는 것은 부득불 오해를 살 수도 있는 일이다. 바로 그 뒤를 이어서 나오는 본진의 첫머리는 '사랑의 선택 앞에서 하염없이 주저하고 망설이는 작중화자의 내면 상황' 운운이 이 소설과 본음本音이 아니라는 것을 잘 보여주고 있다. 화자는 '망설임'이 아니라 '단호함'으로 자기 안의 그 무엇에 대해서 말한다.

그 여자…… 그 여자 얘길 당신에게 해야겠어요.

그토록 서성였는데 들어와보니 집은, 텅…… 텅, 비어 있었습니다. 텅 빈 집 마루에 앉아 대문을 바라다본 적이 있으신가요? 누군가 열린 그 대문을 통해 마당으로 성큼 들어서주기를 바라면서 말이에요. 마당엔 봄볕이 가득차 있었습니다. 대문 옆 포도나무 덩굴 감김새 위에 메추라기 한 마리가 포르르 내려와 앉더군요. 메추라기는 잠시 어리둥절한 폼을 취하더니 다시 포르르 허공에 금을 긋고 날아갔습니다. 이상한 일이지요. 메추라기를 쫓아가던 시선을 다시 대문에 고정시켰을 때, 제 속에서 매우 친숙한 느낌이 어떤 두꺼움을 뚫고 새어나왔어요. 저는 파란 페인트칠이 벗겨진 대문을 눈을 반짝 뜨고 바라다봤습니다. 언젠가 이와 똑같은 풍경이 제 삶을 뚫고 지나간 적이 있음을, 저는 기억해 낸 것입니다. 시누대가 있던 자리에 아스팔트를 깔았는데, 몇 년이 지난 어느 봄에 그 아스팔트를 뚫고 죽순이 솟았다더니, 제 마음에도 바로 그런 요동이 일었어요. 여섯 살이었을까, 아니면 일곱 살? 막내동생이 막 태어나던 해였으니, 일곱 살이 맞겠습니다. 저는 마루 끝에 엉덩이를 붙이고 앉아 누군가 열린 대문을 통해 들어와주기를 바라고 있었습니다. 그토록 간절히 바란 것으로 보면 어쩌면 어머니를 기다렸던 건지도 모릅니다. 바로 그때 그 여자가 나타났던 것입니다. 그 여자가 열린 대문으로 들어섰을 때 제 발 끝에 매달려 있던 검정 고무신이 툭, 떨어졌습니다.

▶▶▶신경숙, 「풍금이 있던 자리」 중에서

「풍금이 있던 자리」의 스토리 라인은 '그 여자'의 이야기와 '나'의 이야기를 하나로 겹쳐놓는 것으로 형식을 삼는다. 두 가닥의 실을 하나로 꼬아서, 더 튼튼하고, 더 가치 있는 용도에 부응할 수 있는, 단지 두 가닥의 산술적 합이 아니라 그 이상의 게슈탈트로 기능하는, 새 실을 만든다는 것이 드러난 작가의 의도다. 그러므로 위에 인용된 부분은 이 소설의 알파요 오메가다. 이야기의 실제적인 출발점이자 도달점이다. 뫼비우스의 띠처럼, 이야기는 안과 밖을 거쳐서 결국 출발점으로 돌아온다. 굳이 원초적 장면과 반복적 장면의 관계라고 말할 필요도 없을 만큼, '그 여자'의 삶과 '나'의 삶은 한 치의 오차도 없는 동심원을 그려내고 있다. 그리고 이 동심원의 삶을 공유하고 있는 두 여자의 만남은 새로운 우주의 탄생만큼이나 극적이다. 일곱 살 난 아이가 집밖에서 서성이다 들어온 집은 텅 비어 있었다. 어떤 예감이 찾아들고 그것은 아이에게 '아스팔트를 뚫고 죽순이 솟'는 것처럼 강렬한 약동으로 느껴진다. 그 예감은 현실로 다가오고, '그 여자'가 찾아온다. 간단한 이야기지만 화자는 그것을 범속하게 진술하지 않는다. 아이의 외로움을 나타내기 위해서, 거두절미하고, '그토록 서성였는데 들어와보니 집은 텅…… 텅, 비어 있었'다고 말한다. 그 아이의 상황을 두고 이 이상의 심리묘사가 가능할 지 의문일 정도로 이 대목은 가히 인상적이다. 그 진술에 의해 알려진 아이의 행위를 통해 독자는 인물의 성격을 짐작한다. 외로운 아이, 혹은 사랑에 굶주린 아이를 감지한다. 이처럼 '성격을 규정하는 행위'의 요소가 첫줄에서부터, 단도직입으로, 제시되고 있는 것이다. 그 다음에는 아이의 시선이 마당으로, 메추라기로, 다시 대문으로 이동하는 과정을 자연스럽게 그리고 아이의 내면이 간절한 기다림으로 가득차 있음을 알려주고, 때를 기다려 '그 여자'를 등장시키는 것이다. '그 여자가 열린 대문으로 들어섰을 때 제 발 끝에 매달려 있던 검정 고무신이 툭, 떨어졌습니다' 라는 경험의 구체성을 동반한 묘사도 가히 압권이다. 「풍금이 있던 자리」 전체를 통틀어 가장 뛰어난 '행위를 통한 심리묘사'라 할 수 있을 것이다. 문제는 '그토록 서성였는데'부터 '툭, 떨어졌습니다'까지가, 즉 '그 여자'와 '나'의 운명적 만남이라는 서사적 전개의 출발점이, 어떤 지적 조작이나 감정의 과잉된 누출이 없이 자연스럽게, 혹은 유창하게 이어지고 있다는 점이다. 이러한 유창함의 미학이 이른바 '신경숙 특유의 아름답고도 서정어린 문체'라는 애매하고 피상적인 말로 해명될 수 있는 것일까? 신경숙 소설의 참 주제가 '회상'이라는 것을 모른다는 말인가? 그것은 본디 창조적 기억이라 일반적으로 성장소설의 플롯 위에서 기능하지만, 신경숙은 그것을 이중으로 배반하고, 나르시시즘의 한 겹 화장을 벗겨내고, 그것의 맨 얼굴과 직접 마주치려고 한다는 것을 정말이지 모른다는 말인가?

추가로, 신경숙 소설의 이른바 '원형질 문제'를 들 수 있다. 이는 신경숙 소설의 '나르시시즘 미학'을 이해하는 하나의 관건이 되는 것일 수도 있다. 일단, '상처와 상실의 체험'을 안기는 가족家族, 아버지, 오빠(가짜 아버지), 어머니, 동생(가짜 어머니) 등과 어린 여자 오이디푸스가 겪는 신화적 갈등으로 그것의 성격을 유추해 볼 수 있다. 가족은 신경숙 소설의 인물들이 영혼의 안식을 구할 수 있는 '외딴 방'이 아니다. 신경숙 소설은 그 반대쪽 이야기를 한다. 인간이 '가족 내적 타자'들과의 관계에서 얼마나 큰 트라우마 trauma를 얻는지를 전해준다. 그의 소설은 인간이, 다른 인간이 가진 원초적 상처를 어떻게 쓰다듬어야 하는지를 보여준다. 비단 신경숙만이 아니다. 누구의 소설이든, 서사의 균형을 깰 수도 있음에도 불구하고, '가족 내적 타자'에 대한 관심이, 집중적으로 혹은 돌발적으로 환기되고 있을 때는, 무언가 꼭 상처에 대해서 이야기하고 싶은 것이 있다는 말이다. 텍스트 무의식이 그렇게 말한다. 그것은 작가도 모르는 사이에, 견디기 힘든 고통을 그 누군가가, 트라우마가, 질러대는 비명인 것이다. 그것을 무시하고는 신경숙 소설이 주는 감동의 근원에 대해서 그 어떤 것도 이야기할 수 없다(『엄마를 부탁해』도 마찬가지다). 그것 없이 이루어지는 지상의 모든 신경숙론은 그저 변죽이거나, 낭설이거나, 독설에 그칠 뿐이다. '가족'을 통해서 신경숙 소설의 무의식을 탐색하는 일은 신경숙 소설을 이해하는 관건이자 첩경이다. 그의 소설에 빈번히 등장하는 부성 이미지의 소설적 변용이나 라캉적 '남근男根'의 존재에 대해서 반드시 한 번은 짚고 넘어가야 한다. 당연히, 그것 없이는 신경숙 특유의 '불륜不倫의 미학美學'도 제대로 읽어낼 수가 없다. '가족'을 떠나서 신경숙 소설을 읽는다는 것은 그야말로 어불성설이다.

그러나, 소설은 설명을 위해 존재하지 않는다. 그것은 세상의 그 모든 설명 위에 존재한다. 그렇게 지향한다. 신경숙의 소설은 아름답다. 그것은 오정희 소설의 '섬뜩한 아름다움'에서 '섬뜩함'을 공제하고 '처연함'을 부가하면 될 만큼의 아름다움이다. '섬뜩함'이 공제된다는 것은 무슨 뜻인가. 오정희 소설의 공격적인 자기파괴의 미학이 없다는 뜻이다. '처연함'이 부가된다는 것은 또 무엇인가. 희생양의 자기극복, 우리 식으로 말하자면 한恨의 미학이 있다는 뜻이다. 그러므로, 그의 '불륜의 미학'이 작가의 오이디푸스적 욕망을 대리한다는 따위의 설명은 별로 중요하지 않다. 그녀의 남근男根이 무엇인가에 대한 세세 콜콜한 논의도 굳이 중요한 것은 아니다. 신경숙 소설에서의 동성애적 성향이나, 부성 이미지로서의 '아버지'나 '큰오빠'를 제외하고는 그의 소설이 '완전한 이성異性'을 결코 용인하지 않는다는 점 등을 한 여성 예술가의 아니무스와 관련지어 설명하는 것도 별로 중요한 일이 아니다. 그의 실존과 연관짓는 것은 더 큰 결례다. 그러므로, '타자의 욕망'으로 삶을 채웠던 지난날을 배제하고, '나의 욕망'으로 서고자 할 때 필요한 '나의 남근男根'에 대한 동경이라고 신경숙 소설의 불륜을 자리매김하는 것 따위는 더더욱 필요치 않다. 그런 짓들은 그저, 『달과 6펜스』에서 스트릭랜드가 말했듯이, "명성에 집착하는 자들의 어린아이들 짓거리거나 멜로드라마"일 뿐이다. 신경숙 소설에게나 우리에게나 전혀 의미없는 일이다. 중요한 건 오직 하나, 그 모든 것으로, 그 '처연한 아름다움'으로, 그녀가 하나 남은 작가가 되어 있다는 것, 그것뿐이다. 그것만 중요할 뿐이다.

장졸우교(藏拙于巧) 11

패자부활전, 달밤

나이가 들면 용모가 변한다. 노화 현상으로 피부에 탄력이 떨어지고, 여기저기 주름이 잡히면서, 볼품이 떨어진다. 표정도 보통은 어두워진다. 내면도 외면처럼 탄력을 잃는다. 사람살이가 그런 것 같다. 꼭 나이 들 때만 그런 것은 아니다. 포장이 좋을 때는 사람이 의젓하다. 포장이 다 뜯겨져 나가고 맨살이 드러나면 볼품들이 없어진다. 벼슬께나 하던 치들은 다 그렇다. 갓끈 떨어지고 나면 그렇게 허전해 보일 수가 없다. 초라한 행색이 꼭 반푼이처럼 보인다. 모양만 그런 게 아니다. 하는 언행도 어눌하다. 그래서 그런지 사람 만나는 일에도 소극적으로 임한다. 젊음이든 권세든, 가지고 있을 때 충분히 즐겨야 한다는 게 세상 이치인 것 같다.

그런데 간혹, 나이 드니까 오히려 얼굴이 더 보기 좋아졌다는 말을 듣는 이들도 있다. 멀리서 찾을 필요도 없이, 우리 집 식구들이 그렇다. 나는 금방 답이 나온다. 젊을 때 워낙 사납게 살았던 터라 머리털 희게 센 것 하나만으로도 점수를 많이 딴다. 오랜만에 만나는 이들마다, 어 부드러워졌네, 오히려 지금이 훨 낫다, 그런 말을 자주 한다. 얼마 전에는 난생 처음, 오랜만에 만난 시인 친구에게 춘원 이광수를 닮았다는 말까지 들었다. 사람이 늙으면 얼굴에서 각(엣찌?)이 사라진다. 예전의 각진 얼굴이 보여주던 공격성이 많이 제거되었다는 말로 이해되었다. 그래서 한술 더 떴다. 수염을 조금 길렀다. 예상대로, '아주 그냥 죽여줘요'라는 반응이다. "여자들은 보통 콧수염 기른 남자 싫어하거든요? 그런데 선생님은 기르시는 게 훨 나아요." 허튼 소리 안 하기로 유명한 동료 젊은 여교수마저 그렇게 격려한다. 그래서 요즘은 수염을 깎고 싶어도 못 깎는다. 제 2의 전성기다. 내 경우는 그렇다치고, 집사람과 집아이는 아무리 생각해도 불가사의다. 점입가경漸入佳境, 예측불허豫測不許, 난공불락難攻不落이다. 자타공인, 일신우일신日新又日新, 외모가 세련되어 가는데 도무지 그 까닭을 알 수가 없다. 세월이 갈수록 환골탈태換骨奪胎다. 오랜만에 만난 고교 동창이 '너무 예뻐져서 못 알아봤다'고도 하고, '완전 압구정동 아줌마 삘이 난다'고 극찬을 하는 경우도 있다(보험하는 후배). 어제는 신혼 때 옆집에 살던 새댁을 길에서 만났는데 한참을 몰라보더니, '너무 고상하게 변해서 전혀 몰라보겠다'라고 하더란다. 물론, 모두 집사람이 전하는 내용이라 그 진위를 100% 다 확인할 수는 없는 일이지만 전혀 낭설은 아닌 것 같다.

집아이는 더 가관可觀이다. 애비 얼굴을 닮아서 코가 어떻고 상하 비율이 어떻고 하며 불평불만이 그치지 않던 것이 바로 엊그제 일인데, 누가 자기 얼굴을 찬찬히 뜯어보면서 '어떻게 이렇게 이목구비가 빚어내는 구도와 비율이 딱이냐'고 말하더라는 것이다(결국 그 친구와 결혼을 했다). 전 같으면 진담이면 자아도취고 농담이면 원망(돈 안 들여서 그렇다고)과 조롱일 터인데(아빠 닮아서 이 모양이라고), 모든 정황을 고려해 볼 때, 내가 봐도 사실인 것 같다. 영락없이 그런 것 같다(팔불출?). 어쩔 수 없는 일이다. 이건 명백한 패자부활전이다. 인생에는 언제나 패자부활전이 있다는 걸 다시 한 번 인정하지 않을 수 없도록 하는 우리 가족에게 닥친 '역사적 사건'이다.

패자부활전, 말이 나와서 그쪽에서 한 번 생각을 해 보면, 소설이 다루는 것들도 역시 패자부활전이다. 좋은 말로는 문제적 개인問題的 個人의 문제적 행동을 다룬다. 타락한 세계에 대해 타락한 방법으로 해결을 시도하는, 문제를 일으키는 사람들에 관한 이야기다. 소설의 주인공들은 항상 문제를 일으킨다. 인간 실존에 대한 도전이든, 역사와 사회에 대한 문제 제기든, 그들은 가만히 있지 않고 튀어나온다. 그들 중에는 소설 안에서 일생을 마치는 이도 있고, 잠깐 소설 속으로 나들이를 나와서 활약을 하다가 돌아가는 이도 있다. 전자는 장편소설의 주인공이고, 후자는 단편 소설의 주인공이다. 보통 그들은, 좋은 소설이라면, 소설 속에서 한 번 변한다. 입체적 인물(둥근 인물)이 되는 것이다. 두 번 세 번은 시간 관계 상 좀 어렵다. 물론 안 변하고 그냥 제 모습으로 나대는 이들도 있다. 속칭 평면적 인물(납작한 놈들)인데 성격이 특별히 유별나면 모르되, 크게 재미를 주는 타입은 아니다. 스테레오 타입은 그 중에서도 가장 게으른 축에 속한다.

주인공이 소설 속에서 변한다는 것은 무언가 작가 쪽에서 독자 쪽으로 보낼 메시지가 있다는 것이다. 쉽게 말해 등장인물처럼 '너도 좀 변해라'라는 주문이다. 물론 뒷북을 치는 경우도 왕왕 있다. 그래서 실패하는 소설도 꽤 있다. 독자들은 이미 다 변해 있는데, 작가가 그제야 변화의 조짐을 읽고 '나는 변했다(변한다)'를 남발해 봐야 별 이득이나 재미를 볼 수 없는 것은 당연한 이치다. 그래서 작가들은 항상 독자보다 조금 일찍 변한다. 젊을 때 재미있게 읽은 소설 중 「달밤」(김주영)이라는 소설이 있다. 그 소설이 그랬다. 먼저 변화의 선편先鞭을 잡은 작가가 독자들에게 '너도 좀 변해라'고 강조하는 소설이다. 훗날, 나도 「외로이 수박등」이라는 작품을 쓰면서 그 비슷한 느낌을 가졌었다. 내 소설부터 먼저 소개한다.

> 그러나, 나에게는 그 시절의 여러 경험이 아주 값진 것이었다. 비록 마음에 차는 대학에 들어가지는 못 했지만, 남 앞에 나서는 자로서의 인생을 처음으로 실감할 수 있었던 것도 그때였고, 또 한편으로는 세상의 깊고 어두운 심연을 볼 수 있는 최초의 시간을 가지게 된 것도 그때였다. 형의 몰락이 최초로 가시적인 그 어떤 것으로 내 눈 앞에 드러나기 시작한 것도 그때였다. 나의 학생회장 당선 소식(형의 후광에 힘입어 쉽게 선거를 치를 수 있었다)과 형의 입대 영장을 들고 물어물어 찾아간 형의 거소는, 나에게 너무 많은 것을 한꺼번에 보여준 성인식이

었다. 궤도반(軌道班), 형은 그 이름도 생소한 곳에서 열 살은 더 먹은 얼굴로 나를 맞았다.

철로 수선을 담당하는 사람들이 따로 모여서 천막을 치고 집단생활을 하고 있었다. 정식 명칭은 물론 따로 있었다. 그러나 단순 노동에 종사하는 팀만을 따로 관리하면서 통상 '궤도반'이라고 지칭했다. 형은 용산역 한 귀퉁이에 있는 검은 천막 안에 자신의 거소를 두고 있었다. 역 구내라고는 하지만 역사의 끝자락에 자리잡고 있어 시가지와도 골목길 하나로 이내 통할 수 있는 곳이었다. 어디든 경계는 어수선했다. 역구내를 불법적으로 통과해서 지름길로 이용하려는 사람들로 주위가 늘 산만했다. 여기도 세상의 끝이구나, 아마 나는 그런 느낌이었을 것이다. 천막은 두 개였다. 하나는 침소였고 다른 하나는 식당이었다. 형은 야간작업조라 낮 근무를 쉬고 침소에서 휴식을 취하고 있던 중이었다. 입대영장을 가지고 온 동생을 데리고 식당으로 가서는 뜨거운 국밥을 한 그릇 안겼다. 얼큰한 소고기 국에 강낭콩을 넣어 지은 쌀밥이 입맛을 양껏 돋우었다. 형은 입대 영장을 물끄러미 쳐다보더니 두 번 접어 상의 주머니에 질러넣으며 말했다.

"한 시간 뒤에 104호 열차가 떠난다. 그거 타고 내려가거라."

그러마라고 했다. 아버지가 걱정이 많으시다고 전했다. 형은 고개를 끄덕였다.

"여기서 바로 군에 입대할 거라고 말씀드려라. 내 걱정은 마시고, 아버지 건강에나 유의하시라고…"

형은 끝내 아버지와 화해하지 않을 모양이었다. 그때는 아버지가 교회에서 비교적 안정적인 일거리를 갖고 있을 때였다. 시간 맞춰서 종도

치고 청소도 하고 주보도 만들었다. 평양신학교를 나온 목사님은 아버지의 평양 시절과 타고난 성실성을 인정해서 전폭적인 신뢰를 보내고 있었다. 당시 진행되던 자신의 송사에도 아버지의 도움을 많이 얻고 있었다. 아마 노회에서 관장하던 대학의 재단이사장직을 둘러싼 송사였던 것 같았는데 변호사에게 갖다줄 자료를 아버지는 꼼꼼하게 잘 챙겼다. 그런 형편의 아버지가 형의 대학 등록금을 지원하지 않겠다고 선언한 것은 의외였다. 내가 볼 때는 충분히 그 정도는 융통할 수 있었던 형편이었기 때문이었다. 형이 가겠다는 대학이 물론 아버지의 기대에 못 미치는 2류 사립대학이긴 했지만 그렇게 냉정하게 등을 돌릴 수는 없는 일이었다. 그동안 형 혼자서 헤쳐나온 고학 기간을 고려하면 그 정도는 충분히 양해될 수 있는 일이기 때문이었다. 그러나, 아버지는 요지부동이었다. 아버지는 국립 사범대학만 고집했다.

"어떤 세상이 와도 선생은 대접받으며 살 수 있으니끼니……"

평양사범을 가고 싶었지만 체력장에서 실패하고 인천상업을 갔던 아버지는 늘 그렇게 말했다. 자신의 처지가 아들들에게 대물림될까 그런 식으로 노심초사한 것이다. 어떻게 보면 자신의 무능을 그런 식으로 엉뚱한 대상에게 전가하는 것인지도 몰랐다. 어쨌든 형은 아버지의 기대를 충족시키지 못했다. 1차로 사범대 국어과를 쳐서는 낙방을 하고 2차로 사립대 영문과에 붙었다. 아버지는 그게 못마땅했던 것이다. 수재라고 소문이 났던 형이 그런 학교에 갈 실력밖에 안 된다는 것이 종내 마음을 상하게 했던 모양이었다. 아마 목사님께도 그게 부끄러워 말을 못 꺼낸 것인지도 몰랐다. 형도 마찬가지였다. 아버지가 그렇게 나서자 두말없이 집을 나오고 말았다. 나 같으면 한 번만이라도 등록금을 대주면 다음부터는 아르바이트를 해서라도 한 번 자력으로 헤쳐 나가겠다고 말하지 싶었는데 형은 그런 말은 전혀 입 밖에 내지 않았다.

형은 입대영장을 보더니 꽤 착잡한 모양이었다. 나와 함께 있는 동안에 단 한 번도 얼굴을 펴지 않았다. 우스개소리도 잘 하고, 상대와는 늘 친근감을 느끼게 하는 표정과 화법을 가지고 있던 형이었다. 동생인 나에게도 예외는 아니어서, 형은 항상 친구 같은 다정함으로 나를 대했다. 그런데 그때는 시종일관 딱딱한 표정이었다.

"동생이 찾아 왔나 보네. 형 닮아서 얼굴도 잘 생겼네. 요 앞 군인극장에서 영화 한 편 보고 내려가라고 허시지. 좋은 거 하던데… "

형의 그런 표정을 보고 식당에 먼저 와 있던 동료가 그렇게 농을 던졌다. 아마 집에서 시켜서 동생이 형을 데리러 온 것으로 안 모양이었다. 나중에 형한테 들은 이야기였지만, 궤도반에 둘러 앉아 있는 사람들은 거의 다 세속에서 한가락씩 하던 이들이었다. 사연 없는 사람은 아예 없었다. 그때만 하더라도 아직 세상이 어둡던 때라 우정 몸을 숨기려고 찾아든 사람도 간혹 있었다. 그래서 찾아오는 이들이 많았다. 경찰이나 헌병이나 빚쟁이가 찾아오기도 하고, 고향집에서도 찾아오기도 했다. 그래서 궤도반의 전통은 사정 불문하고, 누구든 찾아오는 이를 그냥 돌려보내는 것이었다. 그래야만 일손 부족을 미연에 방지할 수 있는 거였다. 궤도반 일이라고 하면, 요즘에야 시절이 좋아져서 일반 3D 업종 중의 하나라고 치부하겠지만, 당시에는 탄광의 막장일처럼 기피되던 것이었다. 순간순간 활차를 올렸다 내렸다 하면서 기차 운행 시간의 여백을 이용해서 작업을 진행시켜야 했기 때문에 여차하면 인명손실이 뒤따르던 위험한 일이었다. 한창 작업 중에 신호 오작동으로 기차가

덮쳐 십수 명이 한꺼번에 유명을 달리한 일도 있었다고 했다. 그래서 당연히 나도 그런 '돌려보내야 할 동생'으로 취급되었던 것이다.

"동생 보니까, 그 나이 때의 내가 생각이 나네. 나도 집나간 누나를 찾아서 대처에 나갔었는데, 누나가 영화를 한 편 보여주더니 여인숙에 데려다 주면서 자고 다음날 고향으로 돌아가라고 하더라고. 자기는 삼교대라 공장에 나가야 된다면서. 그래서 한참 자고 있는데 영 기분이 이상한거라. 눈을 떠 보니까 낮에 본 누나 친구라는 년이 떡 올라타 가지고는 그짓을 하고 있는 거 아니겠어? 알고 보니 하필이면 누나가 데려다준 여인숙이 사창가더라구. 내 동정은 그렇게 날라가 버렸지. 그래서 3년간 내가 기둥서방 노릇을 했다는 거지. 거기서."

서른 대여섯이나 되었을까 한 나이의 건달풍 사내였다. 형은 동생 앞에서 그런 음담패설이 나오자 당황스러운 표정을 지었다.

"어허, 그런 얘기는 104호나 출발한 다음에 합시다. 대낮부터 웬 음담패설은…."

"아참, 104호였지! 그래 알았어, 104호가 출발해야지."

사내는 껄껄거리며 자리를 떴다. 그가 천막을 나가며 흘낏 나를 쳐다보는 눈길에서 나는 무언가 불길한 어떤 예감이 스치고 지나가는 것을 느끼지 않을 수 없었다. 너도 빨리 어른이 되거라, 어른이 되면 세상에는 재미난 일이 많이 있지, 인생 뭐 별 거 있겠니, 그렇게 한 세상 살다 가는 거지, 아마 그는 그런 말이 하고 싶었는지도 몰랐다. 그러나, 나는 그런 그의 태도에서 형의 앞날을 보는 것 같아서 불길했다. 형이 앞으로 견뎌야 할 그 무정한 세월이 예감되고 있었던 것이다. 아버지의 형에 대한 무관심이 그것을 더욱 부채질하고 있었다. 생각보다, 형과 아버지 사이에는 건널 수 없는 어떤 깊은 골이 파여져 있다는 느낌이었다.

형은 104호 열차에 몸을 실고 떠나는 나를 향해 작게 눈웃음을 지었다. 그러자 영락없는 아버지 얼굴이 거기서 나타났다. 아, 아버지는 늙은 형이었다. 그 순간 형이 아버지가 되고 내가 형이 되는 느낌이었다. 그리고 마치 내가 아버지의 배웅을 받으며 군대라도 가는 착각이 들었다. 형은 누구의 전송도 받지 않은 채 쓸쓸히 입대를 할 모양이구나, 그렇게 쓸쓸할 모양이구나, 출처를 알 수 없는 불길한 예감과 함께, 우울한 상념의 그림자들이 하얗게 빈 내 머릿속을 검푸른 색으로 어둡게 물들이고 있었다.

▶▶▶졸작, 「외로이 수박등」 중에서

김주영 선생의 「달밤」은 흔히 하는 말로 민중소설에 속한다. 민중들의 삶에 대한 이해를 촉구하고 그들의 삶이 좀더 나은 것으로 상향 조정되기를 바라고 요구하는 소설이다. 독자는 주인공 화자와 함께 탐색의 도정에 나서야 한다. 독자는 그가 안내하는 대로, 삶의 한 중요한 '비밀'을 발견한다. 물론 나 같은 미숙한 독자들일 경우다. 경험의 구체성을 동반한 소재의 힘, 반전이 있는 구성의 힘, 주제의 건전성 같은 것이 돋보이는 수작秀作이다.

"그러나 이 작품의 문학성이 단순히 플롯에 의지하는 것만은 아니다. 플롯은 문학성을 드러내는 하나의 방법적인 틀에 불과하다. 오히려 이 작품의 의미는 작가가 세상과 인간과 생활을 인식하는 그 틀에서 찾아야 할 것이다. 그 점은 화자의 관심의 변화에서 나타난다. 처음에

'나'는 단순한 화자였다. 무연탄 저탄장의 비밀을 밝혀내는 검수원일 뿐이다. 아마 독자들은 사건의 주인공이 정득수이거나 아니면 그 화냥기 있는 아내라고 생각했을 것이다. 그러나 후반부에 들어와서 주인공은 '나'로 바뀐다. 화자 주인공 소설이 되는 것이다. '나'는 여인네들의 '작업'에서 충격을 받으면서 소설 인물로 중요한 자리를 차지하게 된다. '나'가 받은 충격은 세상에 대한 새로운 깨달음이다. 그것은 단순히 세상살이 형편의 차원이 아니라 인간 내면에 숨어 있는 드러나지 않은 그 어떤 아름다움에 대한 깨달음이다. 그래서 화자가 독백투로 말했듯이 그것은 무용이었다. 한 밤중에 벌이는 그들의 노동은 전신으로 자기 삶을 표출해 내는 무용인 것이다."

▶▶▶현길언, 『소설은 어떻게 읽을 것인가』 중에서

저탄장의 노무자들은 탄을 빼돌리고 거기다 그 무게만큼의 물을 쏟아 붓는다. 그것은 '작은 사람들petites gens'이 기지를 발휘해 '큰 사람들'이 마음대로 그어놓은 생존의 경계선을 넘나들며 그들 나름대로 살아가는 방법이었다. '나'는 그들을 감시하는 임무를 띤 검수원이다. 그러나 탄이 줄어드는 까닭을 밝히기 위해 비리를 캐던 '나'는 오히려 달밤에 아낙네들이 하는 그 '작업'에서 아름다운 삶의 동작, '무용'을 본다. 저 역시 '작은 사람들'이며, 그 차원에서 이루어지는 건강한 삶의 아름다움, 민중으로 산다는 것의 그 깊고 깊은 의미에 눈뜨게 된다는 것이다. '나'에게 그 새로운 인식의 눈을 선사한 것은 정득수의 처다(그녀는 그 집단에서 '행실 나쁜' 문제적 개인이다). 그녀는 눈치를 챈 '나'를 강가로 불러내 그녀에게 부여된(공동체가 부여한) '작업'을 성실히 완수한다. 몸으로 '나'를 매수한다. 그러한 작품 속의 맥락은 그녀를 공동체의 일체적인 연대감 속에서 그 존재성을 부여받는 '신성의 전문가specialist of the sacred'로 이해하게 만든다. '신성의 전문가'는 자신의 신열ecstasy을 집단공동체의 문화적 갱신을 위해 활용한다. 정득수의 처는 자신이 지닌 신열, 곧 '에로티즘'으로 집단공동체의 위기를 막아낸다. (이청준의 「선학동 나그네」는, 남도 소리꾼 일가가 자연친화적 예술행위를 통해 환경과의 화해를 이루어낸다는 파블라(선학동 주민들은 이들의 예술행위에 의지해 공동체 위기를 넘어선다)를 보여주는데 그들도 '신성의 전문가'라는 동일한 의미를 지닌다) '나'는 자신이 이미 역할을 수행할 수 없게 된 것을 알고 사표를 내지만, 소설은 그것으로 끝나는 것이 아니다. 이 소설의 백미는 마지막의 반전이다. 그녀의 역할이 '나'에게 비로소 명료하게 파악되는 그 부분, 작가가 독자에게 전달하고픈 메시지, '너희도 변해라'라는 요구의 진면목, '이 양반, 나한테 재미붙였는가봐', 그 한마디로 이 소설은 어쩔 수 없이 명불허전名不虛傳, 우리시대의 수작秀作이 되고 만다.

어느 날 누가 다시 내 목덜미를 가만히 잡는 여자가 있었다. 그녀였다. 그러나 그녀는 예전처럼 내게 〈저리로 갑시다〉라고 말하진 않았다. 그녀는 내 등을 툭툭 치면서 이렇게 말했다.

「이 양반, 나한테 재미붙였는가봐.」

여자는 입술을 실쭉하며 저쪽으로 걸어가 버렸다. 그러나 난 사표를 내던진 것을 결코 후회하진 않았다. 나는 저탄장으로 올라가는 여자의 건강한 두 어깨와 다리와 팔을 한참이나 어둠 속에서 쳐다보며 서 있었다. 또 달이 뜰 것이었다.

▶▶▶김주영, 「달밤」 중에서

장졸우교(藏拙于巧) 12

벌레 같은 사랑, 소나기

'인간은 벌레다', 진화론을 신봉하는 생물학적 인간관은 그렇게 말하고 있는 것 같다. 모든 것은 유전자가 자신의 존속을 위해서 시키는 것이고, 우리 인간은 오직 그 명령을 이행하는 기계적인 존재, 이를테면 숙주宿主에 불과하다고 하니 우리 신세가 벌레와 다를 바가 무엇이 있겠는가. 여기저기서 생물학적 인간관의 안내를 받다보면 자연스럽게 '인간은 벌레다'라는 비문非文이 뇌리에 각인된다. '비문'이라는 표현은 물론, 내 입장에서 하는 말이다. 생물학 하시는 분들은 이렇게 말씀하실지도 모르겠다. 여러 고급 종교의 '말씀들'도 따지고 보면 그것('인간은 벌레다'라는 언표)을 에둘러 강조하는 것일 수도 있다. 불가에서 말하는 아상我相은 본디 없는 것이고, 기독교에서는 인간이 한갓 절대자의 피조물에 불과하다고 하는데, 그런 '말씀들'과, 생물학적 인간관의, 인간은 그저 유전자의 숙주에 불과하다는 것이 결국 같은 말이 아니겠느냐. 두 말씀 다 인간은 자신이 의식하지 못하는 그 어떤 것에 의해 만들어지고 조정되고 있는 존재일 뿐 스스로는 아무 것도 아니라는 것을 강조하고 있으니까 말이다. 어쨌든, 인간은 겉으로 보이는 게 다가 아니다라는 생각에서는 다 같은 말인 것 같다.

동아시아의 해방 담론, 『장자莊子』에서도 그 비슷한 취지를 볼 수 있다. 『장자莊子』「덕충부德充符」에 나오는 인기지리무신闉跂支離無脤 이야기다. 인기지리무신闉跂支離無脤(절름발이에 꼽추에 언청이인 사람)이 위나라의 영공靈公에게 여러 가지 조언을 했다. 지혜가 깊고 사리에 분별이 명확해 영공은 그의 말에 아주 흡족해 했다. 그 뒤로는 영공이 보기에 온전한 사람을 보면 오히려 그들의 목이 야위고 가냘프게 보였다而視全人 其脰肩肩. 인간의 감각적 판단이 자립自立한 것이 아니라 무엇인가에 종속되어 있다는 이야기다. 그게 감정이라면 감정이겠고, 주관이라면 주관이겠다. 병신病身의 육체가 오히려 온전한 신체를 불완전한 것으로 보이게 한다는 것. 그것이 사람의 눈이라는 것. 사람의 인식은 객관적인 것이 아니라 주관적이라는 것, 우리의 생각을 좌우하는 것은 눈 앞에 있지 않고, 오히려 눈 뒤에 있다는 말을, 짧지만 매우 효과적인 표현으로 잘 전달하고 있는 이야기다.

글쓰기도 마찬가지다. 우리가 무엇을 쓰든 그것을 조정하는 것은 언제나 '뒤'에 있다. 눈 앞에 둔 것은 그저 '벌레'나 '병신'일

뿐이다. 아상我相이지만 허상虛像이고, 거룩한 존재이지만 피조물이다. 그런 입장에서 「소나기」를 한 번 살펴보자. 황순원 선생의 「소나기」는 많은 이들이 소중하게 여기는 첫사랑 이야기다. 나는 초등학교 때 형의 국어 교과서에서 처음 그것을 훔쳐보았다. '이 바보, 조약돌이 날아왔다'에서 한 번, 소년과의 추억이 담긴 스웨터를 입혀서 묻어달라는 소녀의 유언을 전해듣는 대목에서 한 번, 가슴이 찌릿했다. 나중에 국어교사가 되어서 이 작품을 어떻게 가르쳐야 되나, 교사용 지도서나 참고서 같은 것을 봤더니, '소년기의 청순한 사랑'이라고 가르치라고 되어 있었다. 작가(3인칭) 관찰자 시점, 길가다 만난 농부의 '소나기가 오겠다'라는 말은 복선, 대충 그런 것들이 눈에 띄었던 것 같다.

요즘은 생물학적 인간관이 대세이니 그쪽 말로 설명을 해보자. 「소나기」라는 소설을 만들게 하고 그 내용을 이리저리 조정하는 유전자는 모성母性 콤플렉스다. 황순원 선생은 소설 「소나기」로 '어머니'를 이야기한다. '소녀'는 그러니까 '벌레'다. 진짜는 따로 있다. 어머니가 있는 자라면 누구에게나 있는 것, 특히 남자들에게는 평생 강하게 작용하는 것, 어떤 예술가들에게는 창작의 동력을 제공하는 것, 그 모성 콤플렉스가 「소나기」의 유전자다. 먼저, '콤플렉스complex'라는 말에 대해 의견 조절을 좀 할 필요가 있을 것 같다. 그 말이 질병과 관련되어 있다는 편견부터 버려야 한다. 콤플렉스는 마음 상태가 좀 복합적이라는 말 그 이상도 그 이하도 아니다. 우리 안에서 어떤 에너지가 흐를 때(심리라고 총칭할 수도 있지만 그 표현으로 포괄할 수 없는 부분도 있다), 그것이 한 부분에 가서 좀 복잡한 반응을 야기하는 경우 우리는 그곳(공간적인 비유다)을 심리 에너지의 복합적인 결절점(매듭), 콤플렉스라고 부른다. 반도체와 흡사한 역할을 한다고나 할까? 에너지 흐름의 왜곡이 일어나고 강도에도 변화가 오는 부분이다. 모든 작가들이 다 그렇듯이, 황순원 선생에게도 그것이 창작의 원동력을 제공한다. 그 지점이 어디냐는 것은 물론 추측이다. 소설을 보고 유추한다. 소설은 대대로 전해 내려오는 콤플렉스의 보고다. 그것을 읽고, 그것을 쓰면서, 우리는 우리 안의 콤플렉스와 경쟁도 하고 화해도 한다. 사람이라면 누구나 그렇게 살아간다(그런 것이 필요 없으면 물론 해탈의 경지다).

「소나기」가 모성 콤플렉스의 소산, 내 안의 작은 인간, 아들 연인son-lover의 사모곡이었다는 것은 ① '소녀'가 '높은 물'에서 '낮은 물'로 스스로 내려온 존재라는 것(선녀 모티프), ② '소년'이 수동적인 성性 파트너라는 것(어머니의 시혜적 사랑을 기다리는 어린 연인), ③ '소녀'가 죽는다는 것(절대적인, 희생의 연인), ④ '소녀'가 죽으면서 '소년'의 체취가 묻어있는 스웨터를 같이 묻어달라고 부탁하는 것(절대적인, 불멸의 연인), ⑤ 마지막으로, 이 모든 것이 무시간성 위에서 전개된다는 것(인간 심리의 근원적인 부분을 다루는 심리소설), 등을 통해서 알 수 있다. 소녀는 소년에게 스스로 와서, 그에게 삶의 지극한 즐거움을 주고, 죽어서 불멸의 연인으로 남는다. 그리고 이 이야기가 언제 어디서 일어난 일인지 몰라도 상관없다. 다 아는 일이지만, 그런 줄거리, 그런 사랑은 당연히 지상地上의 연애에서는 없다. 현실적으로는 불가능한 스토리텔링이다. 그런데 모두 언젠가 있었던 일인 양 받아들인다. 어떤 이는 작가의 실제 소년 경험이라고까지 생각한다. 그래서 그건 공동환상의 영역에 속한다. 사람이라면 누구나 가지는 무의식적 원망願望이다. 다시 한 번 말하지만, 「소나기」의 사랑은 지상에는 없다. 다만 우리의 숨겨둔 욕망 안에서나 있을 뿐이다. 있다면, 오직 아들 연인의 사모곡, 그런 연인(어머니 같은)을 만나고 싶은 무의식적 충동의 예술적 표현에서나 가능한 이야기라는 것이다.

황순원 선생의 소설은 언제나 에로티즘을 그 한 가운데에 둔다. 그가 다루는 사랑 이야기는 다종다양하다. 신분을 뛰어넘는 사랑, 격동기의 사랑, 육체의 사랑, 심정의 사랑, 신성의 사랑, 소년기 사랑, 청춘의 사랑, 파멸의 사랑, 구원의 사랑, 이루어질 수 없는 사랑, 이름 붙이기 힘들 정도의 오묘한 사랑, 정말이지 사랑 이야기가 흘러넘친다. 그 중에서도 소년기 사랑에 대한 선생의 특별한 관심은 누구나 알고 있는 사실이다. 인간에게 사랑은 어떻게 오는가, 아마 선생은 그것이 궁금했던 모양이다. 그래서 자신의 내면에 꼭꼭 감춰둘 수도 있었던 '아들 연인'을 기꺼이 무대 위로 올려보내신 것 같다. 그 덕에 여태껏 내게도 선생이 내리신 지상의 선물이 귀에 생생하다. '이 바보, 조약돌이 날아왔다'라는 소설 속의 한 대목처럼.

오랜만에 TV에서 참 좋은 걸 봤다. 인천에 사시는 큰스승 박정희 여사가 사시는 모습이 밤늦게 TV로 방영되었다(이런 프로를 보기 위해서라도 수신료는 꼬박꼬박 잘 내어야겠다). 나만 몰랐지 이미 할머니는 꽤나 유명하신 분이었다. 어딘가에 실린 소개글을 한 번

보자.

“『나의 수채화 인생』의 저자이기도 한 수채화가 박할머니는 한글점자 창안자인 송암 박두성 선생의 딸이다. 그녀는 일제강점기인 1923년에 태어나 경성여자사범학교를 졸업하고, 인천 제2공립 학교에서 3년간 교사로 근무한 뒤, 외과 소아과 의사와 결혼해 평양에서 신혼시절을 보냈다. 그 이후 인천에 거주하며 4녀 1남의 어머니로서 사랑 가득한 교육을 행한 한국적 어머니 상의 아름다운 하나의 전범을 보여준다. 그러나 그 삶의 전범은 한 개인과 가정의 기록에 그치지 않고 이웃과 세상을 향한 아름다운 감동의 사회적 모델로 확장된다. 왜냐하면 그녀는 수십 년 동안 사랑과 정성, 그리고 풍부한 감성과 예술적 상상력으로 자신의 아이들을 가르쳤을 뿐만 아니라 주변의 수많은 아이들과 이웃들에게 영향을 끼쳤기 때문이다.”

▶▶▶『나의 수채화 인생』 저자 소개 중에서

정말이지 좋은 모범을 보여주시는 어른이셨다. 사람마다 받아서 쓰는 것이 다 다른 게 인생이다. 여사는 받은 것보다 훨씬 많은 걸 세상에 돌려주고 계셨다. 어머니 생각이 났다. 연세도 두 분이 비슷하셔서 시청 중에 문득 문득 어머니의 잔상殘像들이 화면 위에서 캡쳐되곤 했다. 옛날 어머니들은 왜 그렇게 턱없이 명랑하고 본 데 없이 다 화가였을까? 아흔의 나이에 현역 화가로 활동하시는 박할머니의 삶과 그림을 보면서 난데없이 그런 생각마저 들었다. 조증이 의심될 정도로, 어머니는 늘 유쾌했다. 초등학교 시절,

학교의 환경미화에 필요한 그림도 거의 다 어머니 손으로 그려졌다. 말투나 화풍이나 두 분은 너무 닮았다.

곧 시집갈 큰아이가 이제 서른두 살이니, 막내인 나를 낳을 때의 어머니 나이보다 두 살이나 많다. 어머니가 나를 낳은 건 제주도에서 피난살이를 할 때였다. 사굴蛇窟로 유명한 구좌읍 김녕리에서 나를 낳았다. 7, 8년을 거기서 살았다. 어머니는 늘 '그때 피를 너무 많이 흘렸다'라는 말로 나의 출생과 관련된 제주도에서의 삶, 낯설기만 했던 그 이국적인 이야기의 대미를 장식했다. 제주도는 그렇게 내게 신화가 되었다. 모든 홀로 남겨진 아들들의 신화가 그렇듯, 문맥상 나는 죄 많은 아들이었다. 어머니의 몸이 결정적으로 쇠약해지는 동기를 제공한 나는 그 원죄를 짊어지고 어머니의 강적들, 그 불패의 세속에 대항하여 싸우는 전사가 되어야 했다. 적어도 어머니와 나 사이에서는 그렇게 통했다. 그래서 어머니는 여태 내 분노와 슬픔의 최종적인 배후로 존재한다. 내 신화의 아킬레스건이다. 그래서 어머니와 연관된 기표는 늘 눈물을 자아내고 노여움의 씨앗을 뿌린다. 그래서 내게 어머니라는 단어는 내내 습기 찬 그 무엇이다.

그러나 눈물과 분노의 기표 어머니에게도 황금기가 있었다. 어머니의 황금기는 대동강과 함께였다. 어머니가 가끔 평양에서의 생활을 이야기할 때는 눈빛이 초롱초롱 빛났다.

"평양('피양'이라고 어머니는 발음했다)에서는 관사官舍에서 살았지. 김일성대학하고는 담장을 같이 썼더랬는데……."

그렇게 시작하는, 어머니가 들려준 말 중 기억에 남아 있는 그림은 다 끌어모아도 몇 점 되지 않는다. 휴일이면 맏형(이 형은 이북에 남겨두고 월남했다)을 데리고 모란봉에 놀러가곤 했다는 것. 옆 관사에 살던 누구에게 부탁해(아마 교육장쯤 되는 이였을 것이다) 나발이나 불면서 빈둥거리며 놀고 있던 외삼촌을 평양 시내의 한 소학교 교사로 취직을 시켰다는 것. 동란 통에는 끔직한 것도 많이 보았는데, 한번은 일요일 날 B29가 대학 운동장을 때려서 탁구대회 중이던 사람들이 수도 없이 죽고, 피를 철철 흘리며, 트럭에 실려 나갔다는 것. 그 후 외삼촌이 징집되어서 낙동강 전투에 투입되었다는 것(출정식 때 외삼촌은 맨 앞에서 나발을 불며 나갔다고 했다. 그 슬픈 이야기도 어머니는 동화 구연하듯이 담담하게 또박또박 했다) 등이 전부다. 아마 더 있었을 것인데 지금 기억에 남아 있는 것은 그 정도다. 아버지가 평양에 간 것은 김일성 정부가 들어선 직후였다. 일본인들이 빠지고 난 뒤의 행정 공백을 메우기 위해서 해주 시멘트 공장의 임시 지배인으로 있던 아버지를 평양 산업성으로 불러올렸다. 어머니에게는 평양 생활이 꽤 만족스러웠던 것이었던 모양이었다. 이런저런 사람들이 많이 모여 있어서, 성분 좋은 노무자 출신 당간부들 사이에서 알게 모르게 눈칫밥을 먹고 지내던 해주 관사보다는 훨씬 나았으리라 짐작이 된다. 나이도 젊었고, 나이에 비해 아버지가 받던 대접도 괜찮은 것이었기 때문에 어머니는 거기서 인생의 황금기를 보내었던 것 같다.

그러나, 그 짧았던 대동강 가의 황금기가 어머니에게 요구했던 대가는 너무 가혹했다. 스물 다섯살의 어머니는 그 짧은 인생의 황금기를 뒤로 하고 차마 삭힐 수 없었던 모진 이별들을 한꺼번에

다 겪어야 했다. 삶의 안락한 근거와, 부모와, 동생과, 자식을 모두 잃어야 했다.

출신 성분이 나빴던 아버지는 매일같이 자아비판에 시달리다 요양을 핑계로 장수산으로 들어가고, 친정에 내려가 있던 어머니는 어느 날 갑자기 월남을 결심한 아버지에게 인편으로 연락을 받았다. 인천으로 갈 것이니 언제까지 어디로 오라는 것이었다(아버지는 인천상업 출신이다).

"눈발도 어지간한데 큰아이는 두고 가려무나. 길어도 한두 달이면 돌아올텐데…."

사정을 모르던 외할머니는 새벽을 기다려 집을 나서는 딸에게 그렇게 말했다.

"그렇지 않아요. 데리고 가야죠."

어머니는 큰아이의 손을 잡고 동구 밖까지 나왔다. 작은아이는 등에 업었다. 살을 에는 바람이 눈발을 모래알처럼 흩뿌렸다. 앞이 캄캄했다. 머리에 인 보따리는 무겁기만 한데 날은 어둡고 갈 길은 멀었다.

"나, 할머니한테 갈래!"

그때 큰아이가 어머니의 손을 뿌리치고 거리를 두고 멀찌감치 따라오던 외할머니 쪽으로 달려갔다. 달려 들어온 아이를 치마폭에 감싼 외할머니는 멀리서 어여 가라는 손짓을 했다. 등에 업은 아이와 머리에 인 짐보따리가 사람의 발걸음을 무디게 만들었다. 그게 끝이었다. 왜 그렇게 허무하게 첫아들과 헤어져야 했는지 어머니는 더 이상 할 말이 없었다.

아버지는 그 이야기를 듣는 것을 끔찍하게 싫어했다. 그래서 어머니는 늘 나한테만 소곤거리듯 말했다. 너라면 어떡했겠니? 설마하니 그런 생이별이 있을 줄 어떻게 알았갔니?

"그게 다 니 아버지 탓이란다. 좀 찐득하게 참고 지냈으면 될 일이었는데, 그렇게 싫은 소리 듣는 게 싫어설랑은……."

그렇게 아버지도 죄인이 되었다(아버지와 형의 불화에는 그런 역사적 배경이 있었다). 어머니도 그것만이 진심은 아니었다. 그런 말 말고는 달리 할 말이 없어서였다. 자식을 버리고 온 어미가 무슨 할 말이 따로 있었겠는가. 그건 나중에 알았다. 외할아버지는 왜정 때 수원고농을 나온 인테리였고 해방 직전에 돌아가셨다. 학창시절 사상운동을 했던 친구들이 여러 명 평양에 있었다. 외삼촌이 아무런 자격도 없으면서 하루아침에 교사로 발령날 수 있었던 것도 사실은 그런 배경 때문이었다. 어머니에게는 생의 양극단을 다 보여준 것이 바로 대동강이었다.

그런 어머니의 원망, 자기혐오를 가리기 위한 명랑明朗을 보는 것도 잠시 뿐이었다. 어머니는 마흔이라는 이른 나이에 부모와 첫 아들과 하나뿐인 동생과 그리고 그 나머지 것들과도 완전히 헤어졌다. 나와는 10년 남짓 이 세상을 같이 했을 뿐이다. 생각하면 어머니는 나에게 많은 짐을 넘기고 가셨다. 너무 일찍 어린 아들에게 당신의 짐을 부리셨다.

10년 남짓, 그 짧은 사이, 어머니가 내게 들려준 말 중에서는 그래도 대동강이 가장 볼 만했다(어제 박정희 여사가 평양 시절을 회고할 때 어머니가 잠시 내려오셨다). 대동강, 어머니의 황금기, 그 볼 만했던 청춘이 그나마 나에게는 위안이었다. 그래서였을까? 길거리마다 널려있는 대동강이란 반점 상호를 볼 때마다, 그 춘장 냄새 요동치는 간판을 볼 때마다, 출처를 알 수 없었던 불같은 용심用心이 불쑥불쑥 돋곤 하던 것이….

장졸우교(藏拙于巧) 13

오래된 미래, 미망(未忘)

젊은 시절, 유독 색色을 밝힌 적이 있었다. 말을 해 놓고 보니 어감이 좀 안 좋다. 식색食色의 색sex이 아니라, 천연색天然色의 색color이다. 아파트를 살 때도 우선 외양의 도색이나 내장內裝 디자인이 마음에 들어야 했고(조금 비싸도 내장이 화려한 쪽을 골랐다), 아이들 옷을 고를 때나 소파를 고를 때, 거실 바닥에 까는 카펫을 맞출 때나 차를 살 때도 색감이 중요시 되었다. 어디서든 그런 나의 '색 우선주의'가 유감없이 발휘되었다. 어렵던 신혼 시절을 무탈(?)하게 넘기고, 번듯한 입시학원에 직장을 얻어 내가 그럴듯한 금권金權을 행사하기 시작한 후부터는 줄곧 그렇게 살았다. 당시는 봉급봉투가 있던 시절이어서 가장의 권위가 좀 살던 때였다. 월급날 내가 가져다주는 두툼한 돈봉투를 아내는 반드시 두손으로 공손하게 받았다(인증사진이라도 찍어둘 걸!). 거기다가 내가 근무했던 직장에서는 월급날 사이드로 작은 봉투를 따로 지급했다. 일종의 성과급이었다. 세금 명세서도 없는 부스러기 돈이었지만 그 액수가 만만치 않았다. 그 돈은 전적으로 나의 관할에 있었다. 여러 모로 내가 금권을 좀 휘두를 수 있는 환경이었다. 덕분에 큰 아이는 유년기를 공주 스타일로 누렸다. 외식도 많이 했고, 입고 다니는 옷이나 여타 소지품도 모두 '공주적'이었다. 아이의 옷은 언제나 신상품 중에서 색깔 좋은 것으로 골랐다(보라색, 하늘색, 연노랑색, 자주색, 대비색 위주). 항상 제 철에 맞는 옷을 사 입혔다. 가격이나 실용성보다는 디자인이 우선이었다. 집도 마찬가지였다. 어른 친구든 아이 친구든, 친구들이 놀러오면 '작은 궁전' 같다는 말을 자주 했다. 천정에는 크고 번쩍이는 화려한 샹들리에가 달려 있고, 바닥은 짙은 파란색 카펫으로 푹신하게 빈틈없이 채워져 있고, 바닥보다는 조금 옅은 파란색의 소파가 나란히 한쪽 벽면을 장식하고 있고, 그 맞은편에는 피아노와 웅장한 장식장이 짙은 밤색으로 한 줄로 자리잡고 있는 거실을 보면 당시로는 그런 말이 나올 법했다. 내가 봐도 아이를 위한 '작은 궁전'이었다. 차도 빨간색 프라이드를 샀다.

아내는 그런 나의 행투가 '비경제적'이라는 이유에서 당연히 좋지 않은 것으로 여겼다. 그녀는 또, 무엇이든 '유난을 떠는 것'은 좋은 것이 아니다라는 고정관념을 가지고 있었다. 그런 '관념상의 차이'가 우리 부부의 초기 갈등 요인이었다. 나는 그것을 아내의

‘취향에 대한 결핍’으로 이해했다. 물론 아내 역시 똑같은 생각이었다. 그런 ‘유난’을 ‘모종의 결핍’으로 보긴 마찬가지였다. 당연히 나의 ‘유난’과 그녀의 ‘무식’이 충돌할 때가 많았다. 그러나, 내가 금권을 쥐고 있었기 때문에 승자는 결국 나였다. 아내는 어쩔 수 없이, 그런 식의 갈등이 유발될 때마다 마지못해 끌려다닌다는 행색行色으로 일관할 수밖에 없었다. 나는 그것이 내가 남다른 색깔 감각, 즉 색감色感을 소지하고 있는 증좌라고 여겼다. 한 치의 의심도 없이 그렇게 자신했다. 그것의 원인을 찾는 일 따위는 전혀 하지 않았다. 원인을 찾는 일은 못난 자들이나 하는 일이었다. 신혼 초에 소설가로 입신立身한 것도 그런 생각을 더욱 부추겼다. 누가 뭐래도 나는 예술가다, 거의 자부심 수준까지 치솟은 나의 ‘색감’에 도전하는 것은 무엇이든 불경스러운 것이었다. 그런데 세상사 변하지 않는 것은 없다고, 항산恒産에 금이 가자 항심恒心에도 변화가 왔다. 절치부심切齒腐心, 3년 동안의 학원 강사 생활을 청산하고 드디어 국립대학 교수가 되고(봉급은 반으로 줄었다), 아내에게 금권을 반납 내지는 봉정奉呈하고 나서부터 모든 것이 변하기 시작했다. 모든 가사 선택권을 아내가 행사하면서부터 그 자부심에 조금씩 금이 가기 시작했다. 아내는 철저하게 나의 ‘색감’을 무시했다. 일부러라도 내가 싫어하는 것만 고르는 것 같았다(피해의식?). 달리 저항할 방법이 없었다. 감봉 말고도 그럴만한 까닭이 또 있었기 때문이다(88년도의 일이다. 부동산 파동이 있었다. 가산 탕진의 자세한 사정은 약한다). 직장을 따라 이사를 가면서 집을 팔자고 닦달을 낸 나로서는 입이 열 개라도 할 말이 없었다. 그런데, 그 굴욕을 견디면서도, 아내의 폭정暴政을 감내하면서도, 나는 별일 없이 잘 지내고 있는 것이다. 처음에는 그런 의식도 없었다. 생활이 하도 팍팍하게 느껴져서 그런 '취향' 따위에까지 신경을 쓸 수 없었다. 그러다 어느 날 문득 '생각'이 들었다. 그냥 그런 생각이 내 안으로 예고 없이 들어왔다. 그거, 외상外傷 후 스트레스였을 거야. 누군가가 슬쩍, 그렇게 귓속말을 해주고 갔다.

중1때였나? 우연히 성경책을 보다가 불문곡직不問曲直, '보기에 좋았더라'라는 구절에 시쳇말로 필이 크게 한 번 꽂힌 적이 있었다. 그냥 그 말이 좋았다. 두고 쓰기에 좋았더라도 아니고, 하느님 뜻이 실현되기에 좋았더라도 아니고, 더군다나 우리 인간이 살기에 좋았더라는 더더욱 아니고, 그저 '보기에 좋았더라'였다. 그게 좋았다. 창조주의 세계 창조 후일담, 그것도 초일성初一聲 치고는 정말이지 의외였다. 공연히 친근하고 신선한 느낌이 들었다. 지금 생각해보니 해방감이었던 것 같다. 한 순간, 그 동안 내 앞을 가로막고 있던 차단막 하나가 스르르 위로 걷혀 올라갔다. 별 것 없다. 산다는 게 별 것 아니다. 기껏해야 보기에 좋은 것, 아니면 보기에 안 좋은 것일 뿐이다. 그나마 저 높은 곳에서 보기엔 그도 저도 모두 '보기에 좋은 것'일 뿐이다. 어쩌면 그런, 미처 포획되고 분절되지 못한 어떤 초월적 관념의 포말泡沫들이 내 안에서 보글거리기 시작했던 것인지도 몰랐다. 그 무렵, 삶의 방향성을 정해 주는 몇 개의 동기들이 그렇게 한꺼번에 나를 찾아오기 시작했다. 간신히 강제 휴학을 면하고(세칭 일진으로 찍혀서 휴학을 강요받았다) 학교를 다시 다닐 수 있게 된 직후였다.

무정형의 관념 상태였던 '보기에 좋았더라'가 실제로 내 현실로 강림한 것은 그로부터 몇 달쯤 뒤였다. 세상의 어떤 아름다움과도 비견될 수 없는 절대미絶對美가 홀연히 내 눈앞에 펼쳐졌다. 가히 절경絶景이었다. 이미 다른 자리에서도 두어 번 말한 적이 있지만, 오래된 벚꽃나무의 그 일사불란一絲不亂하고 거두절미去頭截尾한, 거의 폭거暴擧에 가까운, 장엄한 낙화 장면이었다. 난생 처음 보는 광경이었다. 산언덕에서 바다 쪽으로, 마치 떼 지어 행군하는 새 떼들처럼 일제히 바람을 타고 쏟아져내리는 벚꽃들의 화려한 군무群舞에 마치 혼을 놓치는 듯한 충격을 받았다. 쓸쓸히 낡은 담에 기대어 묵묵히 남루한 세월을 견디며 오직 그 하나의 장면을 연출하기 위해서 고된 삶을 살아온 고목들이었기에 더 감동적이었다. 교정의 담을 따라서, 가파른 언덕 위에 구부정하게 일렬횡대로 서서, 산바람인지 해풍인지, 항구의 차가운 봄바람에 그 화사한 자신의 여린 살점을 일말의 망설임이나 미련도 없이 한꺼번에 떨구어내던 오래된 벚꽃나무들의 장렬한 산화散華, 그 아득하고 무심한 장면을 보는 어린 부랑아浮浪兒의 눈에서 하염없는 눈물이 흘러 내렸다. 달포 전에 세상을 버린 어머니와의 황망하고 미진未盡했던 이별이 또 그렇게 한번 질펀한 작별 의식을 불러내고 있었다.

그게 내 유미주의唯美主義의 효시라는 것을 아는 데에는 오랜 시간이 걸리지 않았다. 무학산 기슭에 자리잡은, 교정의 그 늙은 벚꽃나무가 시연하는 '장엄한 낙화 장면'은 누차 내 소설과 사담私談에서 누설되었다. 그것과 유미주의자 미시마 유키오의 『금각사』에 나오는 '마이쯔루만舞鶴灣'을 연결시킨 것도 벌써 오래 전 일이다. 무참無慘한 첫사랑, 나와 그의 '무학(마이즈루)'을 들어, 모든 우연한 재독은 무의식의 예정된 스케줄에 입각해서 어쩔 수 없이 찾아오는 것이라는 과감한(?) 이야기까지 했다(「통도사 가는 길」 참조). 그리고 지상의 모든 유미주의가 파시즘의 그림자라는 것도 그나 나를 볼 때 자명한 사실이었다. 다만, 그 모든 것들이 다 외상 후 스트레스 증세였다는 것을 아는 데에는 그토록 오랜 시간이 걸렸다. 나의 유미주의가 고작 어린 부랑아의 오갈 데 없는 외상 후 증후군에 불과했다는 것을 인정하는 데 40년이나 걸렸다. 미망未忘이 그것뿐이라는 보장은 없다. 또 무엇이 앞에서 나를 기다리고 있을지, 조금 두렵기까지 하다

잊으려 해도 잊을 수 없는 것, 그것이 미망未忘이다. 인간에게 기억은 족쇄다. 그래서 기억의 존재인 인간은 미망 안에서 살고, 미망 안에서 죽는다. 누구에게나 미망은 있다. 아는 것도 있고, 모르는 것도 있다. 아는 것들은 이리저리 만지거나 굴려서 어떻게 해 볼 수 있지만, 모르는 것들은 속수무책束手無策, 꼼짝없이 그들에게 당하는 수밖에 없다. 악몽이거나, 반항이거나, 저주거나, 침묵이거나, 무시거나, 시시때때로 그들은 우리를 괴롭힌다. 그렇지만 천재일우千載一遇, 속으로 깊게 맺힌 것이 뜻밖의 계기를 만나 수면 위로 떠오르는 경우도 있다. 드디어 만질 수 있게 된다. 그러면 그것의 전횡專橫도 크게 줄어든다. 김원일 선생의 「미망」이라는 작품이 그랬다. 우리 민족사의 미망이 한 가족사 안에서 고스란히 그 면목을 드러내고 있다. 이제 우리가 그것을 알고 잊을 일만 남았다.

일생을 이어온 고부간의 갈등이 있다. 표면적인 원인은 〈아들/

남편〉 때문이다. 한 여인에게 잘나고 사랑스러운 아들은 다른 여인에게는 모질고 평생토록 한恨을 남기는 남편이다. 좌익左翼 운동가였던 그 〈아들/남편〉이 '나'의 아버지다. 그런 아버지를 둔 '나'는 할머니와 어머니가 겪는 일생一生의 불화와 마지막 순간의 화해를 그저 담담히 그려낸다. 누구의 편을 들지도 않고 자기만의 사설을 섞지도 않는다. 자식에겐들 원망이 없겠는가? 그러나 아들은 나설 자리가 없다. 어머니들의 상처가 너무 깊기 때문이다.

"의사선생님을 한 번 더 모셔 올까요?"

고모의 눈치를 보며 아내가 말했다.

"내 참말로 이런 말이사 안 할라 캤지마는 성가(언니)가 해도해도 너무하다. 밉든 곱든 그래도 시어무니인데, 사람이 이래 죽어 가는 걸 한지붕 밑에서 보면서도 우째 낯짝 한 분 안 비칠꼬."

고모가 아내의 말이 시답다는 듯 어머니를 두고 험담을 하며 뽀드득 이빨을 갈았다.

"늙으신 분들은 꼭 자신이 조만간 당할 일 같아 임종을 잘 안 지키시려 합니다. 고모님이 오시기 전에는 어머님이 이 방에 계셨더랬어요."

아내가 말했다. 고모나 아내의 말은 이미 할머니의 임종을 기정사실로 받아들이고 있었다.

"그래도 그렇지. 울산서 집 팔아 아들네 집에 왔으모, 아들 앞으로 집이사 때가 일러 몬 사준다 캐도 이럴 때 돈 좀 풀어 놓으모 안 되나. 너거나 우리사 입치레도 힘드니 내 아무 말 안 하지만. 성가 하는 짓은 증말 괘씸도 하다. 어데 두고 보자. 관 속에 그 돈 가주고 가는 꼴을."

열린 방문을 통해 마루를 내다보며 고모가 맵게 말했다.

어머니와 할머니, 그 고부간의 사이란 옛말에도 싸움이 잘 날이 없다는 말이 있지만, 두 분 평생 무슨 살이 낀 듯했다. 어머니가 시집을 갓 왔을 때나 아버지가 집에 붙어 있었을 때는 당사자들보다 이웃 눈도 있었으니 물론 어머니가 할머니에게 눌려 지냈음이 틀림없었을 것이다. 그러니 정확하게 말해서 육이오 동란 뒤부터 어머니는 할머니와 완전히 갈라서고 말았다. 육이오 뒤부터 할머니의 우리집 출입은 마지못한 나들이 정도가 고작이었고, 내가 모시기 전까지는 줄창 외손자들을 키우며 호계 고모네 집에서 사셨다. 우선 신체적 조건부터가 어머니와 할머니는 판이했다. 할머니는 여자 중에서도 작고 왜소한 체구였고, 어머니는 여장부답게 몸집이 컸다. 성격 또한 할머니가 꼼꼼하고 찬찬하며 어떤 면에서는 게으른 편이라면 어머니는 드세고 괄괄하고 남달리 부지런했다. 할머니는 점심 식사 뒤 꼭 한 시간 정도 낮잠을 자는 습관이 있었는데, 나는 어머니가 여태껏 앉은 자리에서라도 낮에 눈을 붙이는 걸 본 적이 없었다. 할머니는 음식 솜씨가 없어 어머니 말처럼 오징어젓이나 잘 담그고 초장이나 맛을 낼 줄 알까, 나물 하나 제대로 무치지를 못했고, 손이 잘아 밥을 하면 딱 알맞거나 조금 모자라기가 십상이었다. "원래 본 바가 없고 배운 바 없이 청상과부 아래 짠물로 자랐다 보니까 시집와서 끼니때마다 밥 하라고 쌀을 떠내 줄 때는 바가지 한 분 사용하는 법이 없었니라. 똑 그 조막만한 손으로 쌀을 퍼내주니 내사 노상 누른밥을, 그것도 반 그릇이 못 되게 묵었지러. 낮이모 그 험한 논일 밭일에 밤이모 베틀 앞에 앉아, 말만 듣던 시집살이가 오죽이나 했겠나. 거게다가 니 애비는 그노무 빨갱이 공부를 하는지

기집질을 하는지 울산이다, 경주다, 부산이다, 외지 출입을 장구경 가듯 나댕겨 한 해모 반 년은 집을 비았을 기라. 그러니 니를 뱄을 때는 이 큰 뱃가죽이 시래기맨쿠로 주름져 그저 자나 깨나 묵는 생각밖에 없었다. 그래서 철 따라 감자나 고구마나 닥치는 대로 시에미 몰래 삶어 묵었지러. 그라모 니 할메는, 말 같은 여편네가 손이 커서 소도 잡아 묵을 상판이니 살림 망칠 기라고 동네방네 재잘거리고 다니제…….”

어머니가 자주 읊으시는 시집살이의 넋두리였다.

창문과 방문이 열려 있기에 나는 담배를 꺼내 물었다. 담배를 태우며 할머니 얼굴을 보니 눈꺼풀이 잘게 떨리고 있었다. 호흡은 가빠 납작한 가슴팍이 가볍게 오르내렸다. 할머니가 사용하는 재떨이에 담뱃재를 털다 보니 필터가 반쯤 타들어간 꽁초가 열 개쯤 되었다. 그것이 마치 할머니의 이빨이나 화장(火葬) 뒤 바스러진 뼛조각 같았다.

낮잠을 주무셔서 그런지 할머니는 밤잠이 별로 없으신 편이었다. 새벽 두세 시쯤 어쩌다 변소라도 가기 위해 마루로 나오면 부엌방에 불이 켜져 있을 때가 있었다. 무심코 문을 열고 보면 할머니는 마치 늙은 여우가 호호백발로 둔갑한 듯 눈을 빠끔히 뜨고 오두마니 앉아 담배를 태우고 있었다. 무슨 생각이 깊으신지 할머니는 꼭 심야에 한두 차례 일어나 앉아 담배를 태우며 일이십 분을 보내다 다시 잠을 청하곤 했던 것이다. 지난날의 굽이굽이 살아온 삶의 한 자락을 펼쳐 놓고 계신 것이 분명했고, 당신이 결코 입 밖에 꺼낸 적이 없었지만 삼십 년이 넘도록 소식 없는 외동아들 생각을 담배 연기 속에 풀어 놓고 있으리라. 사진으로만 보았을 뿐 기억조차 없는 아버지를 떠올리며 나는 그렇게 짐작했다. 할머니가 서울로 오신 얼마 뒤 언젠가 내가 할머니께 물었던 적이 있었다. "할무이는 언제가 가장 행복한 시절이었지예?" 그러나 할머니는 눈만 깜박거리실 뿐 쉬 대답을 않으셨다. 그러곤 내 질문이 심란한 듯 담배를 태워 물었다.

▶▶▶김원일, 「미망(未忘)」 중에서

누구는 문학은 위족僞足이라고 했다. 위족僞足; pseudopodium이란 원생동물인 아메바에서 가장 전형적으로 볼 수 있는 세포체의 돌기다. 가족假足, 허족虛足, 헛발, 헛다리라고 하기도 한다. 아메바는 이 위족을 가지고 운동을 할 뿐만 아니라 포식捕食과 생식生殖까지 한다. 즉 위족은 헛것에 불과하지만 그것이 없으면 아메바는 생명활동을 유지할 수 없다. 문학은 현실 그 자체도 아니고 현실을 지탱하는 기둥도 아니다. 문학은 나날의 생존현실에 직접적으로 관여하지 않는다. 그래서 때로는 시인이나 소설가들이 그것으로 자비감自卑感을 느끼기도 한다. 이중섭은 자신의 예술작업이 과연 무엇을 할 수 있는가를 회의하고 어떤 때는 현실적으로 보다 의미있는 일을 찾아 어린 아이들의 발을 씻겨주기도 하였다고 한다. 예술의 현실적 비효용성은 많은 진지한 예술가를 괴롭히는 문제인 것이다. 그러나 문학 또는 예술이 분명히 현실의 헛발이지만 그것은 아메바의 헛발과 같아 궁극적으로 현실을 움직이고 풍요롭게 하며 또 증식시킨다는 것도 사실이다. 문학적 상상력을 통하여 현실은 새로운 지평을 얻는다. 현실 밖의 꿈을 현실로 편입시키기 위해서는 현실의 위족, 즉 문학과 예술이 필수적인 것이다. 문학이라는 위족을 갖지 않는 현실은 위족을 갖지 못한 아메바처럼 변형, 포식, 증식을 하지 못한다(이남호, 『문학의 위족』 참조).

예술은 결국 하나의 환상, 하나의 '형식적 과잉'임을 부정할 수 없다. 인생에 대한 과장된 느낌 없이, 환상 없이, 어떻게 예술이 성립되겠는가. 위족이든 사족이든, 실實을 감싸는 허虛가 있어야 우리의 삶은 여유와 진보를 가질 수 있다. 그건 일반론이다. 김원일 선생의 「미망未忘」은 문학이 '형식적 과잉'이 아닌 우리 삶의 본체와 관련된 그 무엇임을 보여준다. 무엇일까, '그 무엇'을 어떤 말로 설명해 낼 수 있을까? 내 말이 지금은 그것을 따라가지 못한다. 아마 영영 말이 따라가지 못할 곳, 구천九天 어디쯤에서야 만날 수 있는 것이지도 모르겠다. 그러나 나는 그것도 언젠가는 말로 설명될 수 있는 날이 올 거라고 믿는다. 다만, 지금의 내 말은 선생이 자신의 소설에 남긴 '형식적 과잉', 문학이 위족僞足임을 표나게 내세우는 하나의 징표, 그것에 어쩔 수 없이 투정을 부리는 수준일 뿐이다. 〈할머니가 서울로 오신 얼마 뒤 언젠가 내가 할머니께 물었던 적이 있었다. "할무이는 언제가 가장 행복한 시절이었지예?" 그러나 할머니는 눈만 깜박거리실 뿐 쉬 대답을 않으셨다. 그러곤 내 질문이 심란한 듯 담배를 태워 물었다.〉 이 대목은 넣지 않는 것이 좋을 뻔했다. 미망未忘을 죽을 때까지 떨쳐낼 수 없는 우리 어머니들에게 그런 질문은 너무 호사롭다. 어머니와 관련된 일이라면 그저 미욱하기만 한 화자를 자청했던 나도, 여태 그런 질문을 대놓고 던져본 일이 없다. 단 한 번도 없다. 사족蛇足 치고는 너무 크다는 생각이 든다.

장졸우교(藏拙于巧) 14

물어뜯길 것이라는 불안, 황혼

헨리 제임스의 소설 「정글 속의 짐승The Beast in the Jungle」은 한 남자의 불운과 불민不敏을 그린다. 그에게는 남모르는 고통이 있다. 그는 늘 자신의 모든 행동은 결국 실패의 나락으로 떨어지고 말 것이라는 예감과 불안에 시달린다. 그는 한 번 지나온 길이 아니면 발을 내디디지 않는다. 누군가 자신의 앞장을 서야 한다고 여긴다. 그래야 안전하다. 혼자서 미지의 세계로 들어서는 순간, 숨어있던 정글 속의 야수가 별안간 뛰쳐나와 자신을 물어뜯을 것이라는 불안, 그것이 자신의 모든 것을 한순간 엉망으로 만들어버릴 것이라는 지도 모른다는 그 터무니없는 불안 속에서 산다. 자신도 그것의 터무니없음을 안다. 그러나 아는 것만으로는 언제나 불충분하다. 출처를 알 수 없는 불안과 두려움, 그는 그 짐승들을 끝내 물리치지 못한다. 자신의 내부를 장악하고 있는 그 '짐승의 시간'과 정면으로 대적하지 못한다. 그에게는 오직 상처받지 않는 삶을 위해 급급히 살아가는 외길이 있을 뿐이다. 그러다가 그는 어느 순간 허무라는 더 큰 짐승 앞에서 꼼짝없이 좌절하고 만다. 모든 새로운 것들, 모험적인 사랑과 도전적인 출발을 도외시한 삶, 그는 문득 허무하게 생의 한 먼지로 부유浮游하고 있는 초라한 자신을 발견한다. 진짜 짐승은 바로 그 허무였다. 나이 들고 더 이상 새로운 것들이 눈앞에서 어른거리지 않을 때 진짜 짐승은 홀연히 나타난다. 사랑스러운, 사랑받을 충분한 자격이 있는, 한 여자를 사랑할 수 있는 기회를 놓치고 만(그녀가 죽고 난 후의 상처가 두려워 결혼하지 못한) 그는 그렇게 사랑했던 그녀가 죽고, 그녀의 장례식장에서 아무런 '자격'을 인정받지 못하는 (허무한) 자신을 모습을 발견하고, 그리고 후일 그녀의 무덤가에서 자신과는 다른 삶을 살아온 한 사내의 '사랑했던 여인을 애도하는 모습'을 보면서, 비로소 그 사실을 깨닫는다. 아무 것도 하지 않은 자에게는 아무런 보상도 없다는 것을, 고통도 사랑이라는 것을, 깨닫는다. 누구에게나 공평히 나누어줄 수 있을 만큼, 생生이 마련해둔 보상은 그렇게 넉넉하지 않다는 것을 그는 비로소 깨닫는다(권택영, 『소설을 어떻게 볼 것인가』 일부 참조).

「찔레꽃 해인사」라는 제목으로 소설을 하나 썼는데(쓰려고 했는데) 왠지 「정글 속의 짐승」의 주제가 대놓고 어른거려서 만족스런 끝을 보지 못했다. '불안不安의 주제'가 아무래도 겉도는 느낌이었다. 완전히 새로 쓰기로 했다. 자식의 부모에 대한 죄책감이 전경화되는 쪽이 나을 것 같았다. 목련구모木蓮求母 모티프를 첨가해서 그쪽을 더 강화하기로 했다. '불안不安'의 원천을 좀더 구체적인 것으로 묘사하는 편이 나을 것 같았다. 형과 내가 번갈아가며 목련존자의 역할을 맡는 것으로 이야기를 전개시키기로 했다. 그래야 작가를 위한 것이 아닌, 독자를 위한 것으로서의 소설이 될 것 같았다.

한번 쓴 소설을 다시 쓰는 일은 참 오래간만이다. 젊어서 처음 소설을 써서 상賞을 하나 받을 기회를 얻었는데, 그때 편집실 쪽에서 수상작 중의 하나인 「동물과 군기」라는 소설이 영화 〈사관과 신사〉하고 많이 겹치는 것 같다고 어깃장을 놓았다. 전혀 예기치 못했던 클레임이라 깜짝 놀랐다. 백보를 양보해, 다 같은 사관후보생 이야기니까 그럴 수도 있겠다 싶다가도, '왜 그런 느낌을 주었을까?'라는 자문自問을 내었을 때 어떠한 자답自答도 만들어낼 수가 없었다. 〈사관과 신사〉는 (기억이 확실한지 모르겠지만) 기본적으로 '자기실현'이 주제인 영화다. 힘든 과정을 거쳐야 하는 해군조종사 코스에 입문한 철부지 대학졸업생(사관후보생)들이 노현자 훈육관(흑인 상사)의 도움으로 우여곡절 끝에 드디어 '사관'이 되어서 이른바 개성화 과정을 성수成遂하고 한편으로는 또 성공적인 연애를 통해 '신사'—완전한 남자—로 거듭나는 과정을 그리고 있는 영화다. 당연히 해피엔드다. 그러나, 「동물과 군기」는 전혀 그런 식이 아니다. 특정 미래 시점을 설정하고(20년 후), 그 시점에서 현재적 상황과 그 직전 과거 상황을 회고하는 소설이다. 한 인간이 어떻게 군대라는 억압적인 조직문화 안에서 터무니없이 파괴되는가를 그리고 있다. 그래서 제목도 「동물과 군기」다. 동물이 되도록 강요하는 군기에 대해서 쓰겠다는 거였다. 〈사관과 신사〉와는, 주제나 사건이나 구성이나 배경에서, 애초부터 거리가 멀었다.

하지만 결국 그 소설을 다시 쓰지 않을 수 없었다. 예상치 못했던 곳에서 진짜 문제가 발생했다. 구성원 전원이 여성이었던 편집실 쪽에서 '우리가 군대를 안 다녀와서 그럴 수도 있었겠다'로 정리하고 애초의 클레임은 철회되었지만, 그 소설의 구성 면에서 치명적인 하자가 발견되었다. 수미일관이 되지 않았다. 이를테면, 서두에서는 노랑이었다가 말미에서는 파랑으로 바뀐 것이다. 그 여러 명의 예심, 결심 심사위원들은 도대체 뭘 읽으셨는지, 수상 결정이 되고 나서 출판일이 가까워진 때였는데, 나와 갑장이었던 편집장이 '아무래도 좀 이상하지 않아요?'라고 이의를 제기했다. 그래서 「동물과 군기」는 새로 쓰일 수밖에 없었다. 앞과 뒤의 맥락을 통일했다. 앞을 쓰고 난 뒤 한참을 묵힌 뒤에 다시 꺼내서 뒤를 붙인 소설이어서 생긴 해프닝이었다. 그동안 내 생각이 바뀌었던 모양이었다. 지금 같으면 생각지도 못할 일이었는데, 그때는 그런 어설픈 실수(실력?)도 있었다. 그리고 제목도 「외출」로 고쳤다. 아무래도 당시로는 「동물과 군기」가 제목으로는 좀 머시기하다는 게 중론이었다. 그리고 발표 뒤에도 또 그 작품의 내용으로 조금 이야기거리가 될만한 일들이 또 있었다. 30년 전이니까 정말 옛날이야기다. 조산早産한 첫 아들, 서른 살의 내 아들에게 언젠가는 꼭 제 이름을 찾아줘야 할 것 같다. 「찔레꽃 해인사」라는 소설의 말미에 들어갈 내용을 조금 정리해 보았다.

언젠가, 이북에 남은 큰형을 한 번 찾아보지 않겠냐는 뜻을 형에게 전한 적이 있었다. 한때 연변을 통해 이산가족 상봉이 비공식적으로 많이 이루어지던 때가 있었다. 그러나, 형은 고개를 가로저었다.

"어머니, 아버지도 다 돌아가셨는데 우리가 나서서 형을 찾은들 뭐 하겠니? 그냥 이대로 있자. 조만간에 통일이 되겠지. 그리고, 형이 살아 있다는 증거도 없는 마당에…"

생사도 모르는 큰형을 찾는 일이 물론 쉬운 일은 아니었다. 젊어서 가족과 떨어져 직장생활을 하고 있을 때였다. 하숙집에 중국 쪽 손님들이 많이 들락거렸다. 장기투숙 위주이긴 했지만 「**여인숙」이라는 엄연한 상호를 두고 뜨내기손님들도 받던 곳이었다. 연변에서 온 한 사람이 내 사정을 듣고 사람 찾는 방법을 알려주었다. 자기가 다리를 놓을 수도 있다는 거였다. 옛날 주소로 편지를 쓰면 그쪽에서 사람을 찾아서 중국 쪽으로 연락을 해온다고 했다. 그러면 연변에서 만날 약속을 하고 가서 만나면 된다는 거였다. 착수금, 사례금, 지참금(만난 친지에게 줄 돈) 등등 해서 얼마가 든다는 내용까지 상세하게 전했다. 당시로는 그렇게 만만한 돈이 아니었다. 액수도 액수였지만, 일단 형이 별로 탐탁하게 여기지를 않았다. 나는 거기서도 형의 얼굴에서 아버지를 보았다. 7.4 공동성명이 있고나서 남북 화해 모드가 급작스레 조장되고 있을 무렵이었다. 멋모르고 아버지에게 '고향에 갈 일' 과 '이산가족 상봉할 일'에 대해 몇 마디 희망적인 말을 건넸다가 된통 면박을 당한 적이 있었다. 이 모양 이 꼴로 누구를 만나라는 말이냐는 거였다. 패가망신,

젊은 마누라까지 저승길에 앞세워놓고, 무슨 얼굴로 고향 사람들을 만난다는 말이냐고 죄없는 막내아들에게 마구 악다구니를 썼다. 내용은 다르지만 형에게도 그 비슷한 심사가 있었던 모양이었다. 어쨌든 큰형을 찾아보자는 기획은 수포로 돌아갔다.

나나 형에게는 큰형에 대한 기억이 전혀 없다. 형은 아직 젖먹이일 때였고 나는 태어나기도 전이었다. 있다면 어머니의 이야기를 통해 전해들은 것 몇 토막이 전부였다. 어머니는 형 앞에서는 큰형 이야기를 잘 하지 않았다. 형에게는 자기 때문에 어머니가 큰형을 데려오지 못했다는 자책감이 있다는 것을 어머니도 알고 있었던 것 같았다. 형은 아버지의 자신에 대한 냉대도 그쪽에서 이해하고 있었다. 형에 대한 아버지의 냉대가 1.4후퇴 당시 큰형의 낙오에서 비롯된 것이라는 어떤 증거도 없었다. 그런데 형은 그렇게 고집했다. 어머니도 그 부분에 대한 이해가 있어서 형한테는 여러 가지 세심한 배려를 아끼지 않았다. 그 사실을 몰랐던 어린 시절에는 그 점이 서운할 때가 많았다. 그래서, 아버지의 아침 산책길에는 언제나 내가 나서서 수행했다. 그렇게 은연중, 형과 나는 서로 소속이 달랐다. 엄마와 아버지, 형제가 서로 소속이 다르다는 것이 전혀 어색하지 않았다. 가족은 모든 어색한 것을 자연스럽게 만드는 묘한 마법이 작용하는 곳이다. 그때는 그냥 자연스럽게 그 사실을 받아들였다.

그러나 지금 와서 생각해 보니 그건 자연스러운 일이 아니었다. 형의 자책감은 전혀 근거가 없는 것일 수도 있었다. 이를테면, 그건 일종의 자학적인 포즈로서, 너무 오버하는 것이거나 아니면 다른 어떤 심리적 동기가 허위로 전환된 그 무엇일 수도 있었다. 아무리 성마른 아버지라

하더라도 그런 걸 두고 아들을 미워할 수는 없는 일이었다. 세상에 그런 아버지는 없는 법이다. 설혹 냉대가 사실이더라도, 그것은 이북에 두고 온 큰아들에 대한 자기 스스로에 대한 죄책감에서 나온 것이지 그 상황을 유발시킨(물론 형의 생각이지만) 작은 아들에 대한 처벌은 절대로 될 수 없는 것이었다. 아버지로서는 데리고 온 아들에 대한 냉대를 통하여 무의식적으로나마 두고온 아들에 대한 죄책감을 조금씩 덜어내려고 했던 것일 수도 있었다. 그렇게 보는 게 맞을 것 같았다. 결국 두 사람 다 역사의 희생물인 것이다.

물론 다른 생각도 가능했다. 엄마의 사랑에 굶주린 팥쥐 아들의 입장에서 보면 좀 다른 설명도 가능했다. 좀더 냉정하게 본다면 형의 자학적 포즈는, 자신도 모르는 사이에 이루어지는, 어머니의 사랑을 독차지한 것에 대한 일종의 합리화, 혹은 어머니의 사랑을 두고 팥쥐 동생이 행할지도 모르는 공격에 대한 교묘한 콩쥐형의 자기 방어였을지도 모르는 일이었다. 일종의 마조히즘적 나르시시즘이 작동되었을 수도 있는 거였다. 그럴 조건도 형성되어 있었다. 형은 아버지를 빼닮았었다. 어린 시절은 특히 그랬다. 나이 들면서는 용모가 오히려 내가 더 아버지 쪽으로 기우는 것을 보는 형편이었지만 옛날에는 전혀 그렇지 않았다. 나는 외탁을 했다는 말을 많이 듣고 자랐다. 어머니는 그 말 한마디로만 나를 위로했다. 그것 이외에는 어머니가 나를 배려한 어떠한 흔적도 없다. 초등학교 2학년 때지 싶다. 형네 반에만 신경을 쓰던 어머니 때문에 내가 '응징'을 당한 일마저 있었다(물론 팥쥐 생각일 뿐이다). 그날도 어머니가 학교를(형내 반을) 다녀간 날이었다. 갑자기 선생님이 나를 부르더니 앞에 나와서 애국가 지휘를 하라는 거였다. 지휘를 배운 적도, 애국가 박자가 몇 박자인지도 모르는 실정이었다. 대충 버벅거렸다. “넌 형 반도 못 따라 가는구나”, 선생님이 그 장면에서 갑자기 형을 끌어왔다. 그리고는 반장에서 부반장으로 강등시켰다. 아무리 어린 나이지만 기분이 참 꿀꿀했다. 어쨌든 어머니는 형을 특히 아꼈다. 어쩌면, 형의 미래가 아버지의 실패를 틀림없이 보상하고 말 것이라는 어떤 집념 같은 것이 어머니를 사로잡고 있었는지도 몰랐다.

형에 대한 어머니의 집념과 아버지의 냉대를 설명할 수 있는 코드가 그것뿐은 아니었다. 자기가 싫어지면 자기를 빼닮은 자식에게도 정이 가지 않는 법이다. 아버지는 자신의 한계와 몰락을 극복해줄 것으로 기대되는, 자신을 닮은 아들에게 어머니처럼 매달리는 일이 어쩌면 죽기보다도 싫었을 수도 있었다. 자존심 상하면서 자신을 빼닮은 아들, 자기의 실패를 보상해줄 아들에게 함부로 다정해질 수 없었을 지도 모른다. 그건 결국 현재의 자신을 있는 그대로 인정하는 꼴이 되는 것이기 때문이었다. 그런 사변적인 추리를 떠나서라도, 자기가 미웠기 때문에 전성기 때의 자기를 빼닮은 아들에게도 그 미운 감정의 잔재가 어쩔 수 없이 영향을 미칠 수밖에 없었을 것이라는 생각은 얼마든지 해 볼 수 있는 것이었다.

그렇지만, 그런 생각들은 제 삼자인 나의 것이고 자존심 강한 형에게는 아버지의 냉대가 생각의 여유를 허락하지 않는 절박한 그 무엇이었을 수도 있었다. ‘불안의 원천’은 본디 생각의 여유를 허락하지 않는 법이다. 이런저런 상념을 피워낼 만한 여유를 허락하지 않는, 의지가 작용하기 힘든, 어떤 실존 차원의 조건이었을 수도 있었다는 것이다. 거소를 옮길 때마다 제때 학교를 보내지 않고(형과 나는 다섯 살 나이 차이에도 불구하고 2년차로 학교를 같이 다녔다), 그냥 집에서 허송세월을 보내게 하는 아버지, 학교생활에서 얻은 자랑스러운 성취에 그 어떤 관심과 보상도 허여하지 않는 아버지, 그리고 끝내 자신을 대학생으로 만들지 않은 아버지를 형이 어떻게 '생각으로' 이해하고 설명할 수 있었겠는가. 아버지의 자기혐오를 짐작이나 할 수 있었겠는가. 그것을 알 턱이 없었던 형은 당신이 자신에게 행하던 냉대의 원인을 어차피 다른 쪽에서 찾을 수밖에 없었을 것이다. 그래서 그렇게, 있지도 않은 원인에 매여, 그 모든 낯선 시간 속에서, 평생 십자가를 지고 살아온 것이다.

그러니까, 형은 가급적 그것에서 빨리 벗어나야 했다. 형이 형틀을 진 채, 마치 목련존자처럼, 아버지 곁에 오래 머문 것은 치명적인 실수였다. 형이 목련존자가 아닌 것처럼, 아버지도 구원이 필요한 중생이 아니었다. 아버지는 이미 스스로 구원을 이루고 있었다. 아버지에게는 묘한 그 어떤 것, 그러니까 세상을 완전하게 냉소하는 자의, 감히 거부할 수 없는, 오직 모두 버린 자만이 누릴 수 있는 그 어떤 치명적인 유혹적 매력이 있었다. 내가 그 곁에서 살아봐서 아는 일이다. 아버지를 따라서 그런 느낌에 일단 젖으면 얼마나 편한지 모른다. 거지도 노숙자도 선지자도 아니면서, 세상의 모든 경쟁으로부터 유예된, 동시에 모든 것을 조롱할 수 있는, 그래서 시간마저 침범할 수 없는 절대고독의 아늑함을 마음껏 누릴 수 있는 삶이 주어지는 것이다. 그러니까 완벽한 상(上)팔취가 되는 것이다. 내가 볼 때 형은 이미 그것에 점염된 상태였다. 완벽한 상팔취, 결국 형은 그것에서 빠져나오지 못했다. 내가 고등학교 진학 때 감행했던 탈출행사를 형은 끝내 하지 못했던 것이다.

내려오는 길에 제천에 있는 배론 성지를 찾았다. 일산으로 전화를 넣어 형의 근황을 알아볼까 하다 그만두었다. 아침 일찍 서울을 떴다. 형은 이제 우리 모두와 헤어져 자기를 찾을 때다. 나이도 있으니 형에게는 이번이 아마 마지막 기회일 것 같다. 누구에게든 자기를 찾을 기회는 반드시 오게 되어 있다. 그것도 운명이라면 운명이다. 나를 가두는 시선에서 벗어나, 시간마저 침범할 수 없는 순간순간의 절대고독을 받아들일 수만 있다면 누구든 자유를 얻을 수 있다. 너무 단정적인가? 그렇다면 좋다. 자유는 몰라도 최소한 출구 하나는 얻을 수 있다. 목련존자가 처음 자객들의 포위를 뚫고 열쇠구멍으로 피신했던 것처럼, 형의 출구도 이 지상에 반드시 존재할 것으로 믿는다.

그러나, 형이 목련존자가 아니라는 것을 형 스스로가 깨치기를 바랄 뿐이다. 우리는 목련존자가 아니다. 우리는 아내의 꼬드김에 넘어가 어머니와 아버지를 숲으로 데려가, 가면을 쓰고, 살해한 전생을 가지지 않았다. 그러므로 아내를 원망할 이유도, 목련존자처럼 뼈가 으스러지는 고통을 감내하며 우정 자객의 칼을 받을 필연도, 우리에게는 없는 것이다. 행여 그런 전생의 잔영을 본다고 해도 전생은 전생일 뿐이다. 그도 그저 '사건 그 자체'일 뿐이다. 전쟁과 이산, 그것은 우리가 일으킨 것이 아니다. 죽은 자의 잘못도, 살아있는 누구의 잘못도 아니다. 그것 역시 사건 그 자체일 뿐이다. 그것에 매여 금생을 어지럽힐 필요는 그래서 더더욱 없다. 내가 해인사를 버리면서 목련도 함께 불살랐던 것처럼, 형도 아버지를 버리고 자유로워지기만을 빌 뿐이다.

배론 성지는 전국에서 온 수많은 순례자들로 붐볐다. 깃발을 들고 줄을 서서 이리 몰리고 저리 몰렸다. 한꺼번에 몰려든 사람들 때문에 성지가 호된 몸살을 앓았다. 제대로 된 명상이 전혀 불가능했다. 이 장엄의 공간에 이 무슨 아이러닌가. 지구의 벼랑 끝에 홀로 섰던 청년 황사영이 조선의 천주교도들을 구해달라고 죽음을 무릅쓰고 백서를 썼던 곳이고 최초의 신학교가 세워진 곳이고 순교자들의 무덤이 있는 곳이었다. 이 성지가 왜 이런 식이 되어야 하는지 도무지 이해할 수 없었다. 절대고독 속에서 신을 찾던 절대절명의 영혼들을 기리는 제의 치고는 너무 통속적이었다.

본당으로 향하는 길 가에 십자가에 못박힌 예수상이 길게 놓여 있었다. 십자가를 그렇게 뉘여 놓은 건 거기서 처음 보았다. 누군가가 예수의 못 박힌 손을 잡고 기도를 드리고 있었다. 나도 그를 따라 예수의 못 박힌 손에 내 손을 얹어보았다. 차고 딱딱한 철물의 느낌이 낯설었다. 높은 데 걸어놓고 바라보기만 할 때와는 전혀 다른 느낌이었다. 그제사 거기 그렇게 십자가를 뉘여놓은 까닭을 알 것 같았다. 그게 십자가였다. 딱딱하고 무겁고 차갑고 낯선 그 어떤 것, 그것이 십자가였다. 고통은 무엇인가, 왜 우리는 고통을 자초하면서까지 자기를 지키려 하는가. 사랑은 무엇이고 자비는 무엇인가, 오물이자 벌레인 인간에게 그것이 과연 어떤 의미인가, 그 어떠한 출구도 가지지 못했던 한 젊은이의 간절한 영혼은 이 땅 위에서 얼마나 많은 절대고독의 순간들을 보내야만 했을까. 그는 과연 평안을 찾았을까. 나는 왜 여기 서 있는가. 두서없이 이런저런 생각들이 뇌리를 스쳤다.

▶▶▶졸작, 「찔레꽃 해인사」 중에서

글쓰기는 언제나 고역이다. 「찔레꽃 해인사」도 내게는 어려운 글쓰기다. 좀더 엎드려, 모든 얽힌 것들을 끊어줄 '묘사'가 내려오기만을 기다릴 뿐이다. 그건 배워서 넘어설 수 있는 부분이 아니다. '선생님'들도 어떤 도움도 주지 못한다. 내 글쓰기 선생님 중 한 분이 작가 박완서(1931~2011) 선생님이다. 덮어 놓고 '베껴 쓰는' 모작模作의 대상은 아니었지만 소설가로의 입신立身에 결정적으로 동기를 부여한 분 중의 한 분이다. 내 귀에다 대고 "너도 소설가가 될 수 있어, 끝까지 한 번 해 봐!"라고 용기를 불어넣어 준 분이 바로 박완서 선생님이다. 선생의 『나목裸木』(1970)이라는 작품을 읽고 그 귓속말을 들었다. 불혹의 나이에 선생은 소설가가 되었다. 그것 하나만으로도 자극을 주기에 충분한 사실이었지만, 그 외에도 많은 걸 가르쳐 주셨다. 선생께 내가 배운 것은 이야기의 힘이었다. 이야기 자체가 이미 힘이라는 것, 이야기가 힘이 되려면 그것을 끝까지 끌고 나가는 힘이 있어야 한다는 것, 재미있는 이야기를 하려면 자신 스스로가 그 이야기에 재미를 느껴야 한다는 것, 아마 그런 것들을 선생께 배운 것 같다. 지금 와서 생각하니 그렇다.

선생님은 이야기가 가진 힘을 잘 알고 계셨다. 조급증 내지 않고, 사건의 전말顚末을 용회이명用晦而明으로, 주변을 어둡게 해 가운데가 저절로 밝혀지게끔, 이야기의 조리條理를 세워 능란하게 전달해 내었다. 이야기들이 하나 둘 점차적으로 누적되어 소설의 중반 정도에 가서는 읽는 재미가 갑자기 폭발적으로 배가되도록 만들었다. 여러 갈래의 지류支流들이 모여 하나의 큰 줄기를 형성하면서, 독자들과의 공감대가 자연스럽게 도출되어 이야기가 힘을 받게 되는 이치였다. 어떤 작품이든, 선생의 작품은 한 번 손에 들면 중도에 놓지 못하는데 그 이유가 바로 거기에 있었다. 내가 지금껏 말꼬리 길게 이야기하는 습성을 버리지 못하고 있는 것도 두 선생님, 이청준 선생님과 박완서 선생님의 필법을 덮어놓고 모사하던 습성 때문이다. 내 박약한 재주 안에서 두 선생님의 필법을 어떻게든 답습해보려고 했으나 화호유구畵虎類狗(호랑이를 보고 개를 그림)에 그치고 말았다.

박완서 선생을 지근에서 뵌 것은 20년 전쯤의 일이다. 어렵게 학과 단위의 문학 특강을 부탁드려 모신 자리였다. 선생은 젊고 유능한 선생들이 많은데 자기가 문학에 대해 할 이야기가 무에 있겠냐며, 문학 이야기보다는 봉사활동 차 아프리카에 다녀오신 이야기를 주로 하셨다. 그 강연 전에 학장실에서 이런저런 담소를 나눌 기회가 있었지만, 그때는 내가 아직 젊을 때라 어른들 이야기에 끼어들 입장이 아니었다. 그저 옆에서 다소곳이 그분들의 대화를 경청하는 모드로 있을 수밖에 없었다. 대학 1학년 때 6.25가 나서 중도에 학교를 그만둘 수밖에 없었던 이야기, 따님이 우리 학교(당시의 일이다) 의대에 근무했었다는 이야기, 아드님이 운전한 차를 타고 오셔서 사대 옆 솔숲에서 가족파티를 여시던 이야기, 그리고 비운의 가족사와 관련된 이야기들을 들었던 것 같다. 선생님이 돌아가시고 나서 조문도 못간 나는 트위터에 몇 자 적어서 선생님께 때늦은 감사의 인사를 드렸다. 박완서 선생님, 스무살 중반 선생님의 『나목』을 읽고 "소설은 이렇게 쓰는 거구나"라고 눈을 떴습니다. 제가 마음 속에 모신 몇 분 선생님 중 한 분이셨죠.

충북대 재직 시절 강연 차 오신 선생님 옆에 앉아서도 그 말씀은 못 드렸네요. 지금 드립니다.

그러나, 선생님 작품이라고 해도 다 '용회이명用晦而明'이었던 것은 아니다. 선생님도 도저히 용납되지 않는 것들에 대해서는 단도직입單刀直入, 거의 직설적으로 역정을 내셨다. 아마 바깥어른이 검찰에 한 번 불려가셨던 적이 있었나보다. 그 내용으로도 소설을 한 편 쓰셨는데 당장 뛰어가서 불이라도 확 질러버리고 싶은 심정이 들도록 직설적으로 그 기관 언저리의 구습과 폐단을 질타하셨다. 말하자면, 그 소설이 영화 〈부러진 화살〉의 선구였던 셈이다. 도통 그쪽은 '이상한 나라의 앨리스'였다는 거였다. 오늘 소개할 「황혼」이라는 소품도 그렇다. 가까운 분 중 누군가가 못되고 싸가지 없는 며느리에게 된통 당하셨던 모양이다. 소설이고 이야기의 힘이고가 없다. 버르장머리는 없고 잔머리만 발달한 이 땅의 일류(?) 젊은 며느리들에게 단단히 훈계를 내리신다. 거의 육성肉聲이다.

젊은 여자는 좋은 가정 교육과 학교 교육을 받은 똑똑한 여자로서 매사에 완전한 걸 좋아했다. 비뚤어지거나 모자라거나 흠 나거나 더럽거나 넘치는 걸 참지 못했다. 그러나 사람의 행복이라는 데 대해서만은 대단히 융통성 있는 생각을 갖고 있었다. 아무리 행복한 사람에게도 한 가지 근심이 있기 마련이라는 게 그것이었다. 늙은 여자는 젊은 여자의 바로 이 한 가지 근심이었다. 젊은 여자는 늙은 여자를 한 가지 근심으로서밖에 인정하지 않았다.

늙은 여자는 실상 늙은 여자가 아니었다. 아직 환갑도 안 되었고 소녀처럼 혈색 좋은 볼과 검고 결 좋은 머리와 맑은 눈을 가지고 있었다. 젊은 여자를 며느리로 맞을 때는 더 젊었었다. 하객들은 동서 간처럼 보이는 고부간이라고 수근댔었다.

시집 온 지 며칠이 지나도록 젊은 여자는 늙은 여자를 결코 어머니라고 부르지 않았다. 그러던 어느 날, 젊은 여자는 친구를 초대했다. 친구들은 오이소박이 맛을 특히 칭찬하면서 누가 어떻게 담갔는가를 알고 싶어했다. 그것은 늙은 여자의 솜씨였다. 늙은 여자는 젊은 여자가 우리 어머님이 담그셨다고 그래주길 가슴 두근대며 기다렸다. 그러나 젊은 여자는 간결하게 말했다. “우리 집 노인네 솜씨야.” 늙은 여자는 그 말이 섭섭해 며칠 동안 입맛을 잃었다.

그러나 그것은 다만 시작에 불과했다. 감기 기운만 있어 뵈도 노인네가 옷을 얇게 입으시니까 그렇죠. 화장실만 들락거려도 노인네가 과식을 하시니까 그렇죠. 질긴 거나 단단한 걸 먹으려 해도 노인네가 그걸 어떻게 잡수시려고 그래요. 이런 식으로 그 여자는 모든 자연스러운 행동을 하나하나 간섭받으면서 늙은 여자로 만들어졌다.

그러다가 젊은 여자는 아이를 낳았다. 늙은 여자에게 손자가 생긴 것이다. 그 때부터 젊은 여자는 늙은 여자를 할머니라고 불렀다. 늙은 여자의 아들까지 덩달아서 할머니라고 불렀다. 마땅히 어머니라고 불러야 할 사람들이 할머니라고 부르기 위해 대화의 방법까지 간접적인 것으로 고쳐 나갔다. 할머니 진지 잡수시라고 해라. 할머니 그만 주무시라고 해라. 할머니 전화 받으시라고 해라. 이런 식이었다.

오늘 아침에도 늙은 여자는 깨어서 누워 있었다. 늙은 여자의 방은 이 아파트의 방 중 바깥으로 창이 나지 않은 단 하나의 방이었기 때문에 밖이 어느만큼 밝았나를 알 수 없었다. 문은 부엌으로 나 있었다. 그 방은 방이 아니라 골방이었다. (…중략…)

부엌에서 그릇 부딪는 소리가 들리고 이어서 할머니 일어나시라고 해라 하는 젊은 여자의 차가운 목소리가 들렸다. 아이들은 아직 자고 있었기 때문에 그것은 늙은 여자 들으라고 하는 소리였다.

▶▶▶박완서, 「황혼」 중에서

분별없는 짓인 줄 알지만, 이 글이 제목(장졸우교)에 지지 않으려면 어쩔 수 없이 군더더기를 좀 붙이지 않을 수 없다. 「황혼」에서도 조금 엿보이지만, 박완서 선생만큼 가족 이야기를 맛깔나게 하신 분은 잘 없다. 남자로는 「미망」과 『마당깊은 집』의 작가인 김원일 선생 정도가 아마 필적이 가능할 것 같다. 그래서 가족이란 무엇인가에 대해서 조금 알아볼 필요도 있지 싶다. 소설이 말하는 것만 듣지 말고, 밖에서, 왜 그게 소설에서 늘 문제가 되는가를, 다른 관점에서用晦 한 번 알아보는 것도 재미있을 것 같아서다. 가족은 내 마음의 본향本鄕, 모든 것이 용서되는 사랑과 평화의 모태母胎, 인간의 궁극적인 삶의 목표('무협과 가족주의' 참조) 등으로도 자리매김 될 수 있지만, 한 인간의 영혼이 상처를 입는 최초의 공간이기도 하다. 천성도 천성이지만, 가족관계가 하나의 원초적 장면으로 기능하는 경우를 우리는 자주 목도할 수 있다. 이를테면, 신경숙 소설 「풍금이 있던 자리」는 그 상처가 어떻게 성숙해 가는지를 잘 보여주고 있는 소설이다(치유가 아니라 성숙이다).

쟈끄 오슈망Jacques Hochman은 정신병 가족의 흥미있는 변이상變異

相들을 동일한「융합 공준融合公準」아래 다음과 같이 분석하고 있다.

> 첫째는 고유한 의미에서의 융합 가족(融合家族)인데, 여기서는 구별이 가족 안과 밖(가족에 속하지 않는 사람들) 사이에만 존재한다 ; 둘째는 분열 가족(分裂家族)인데, 이 가족은 자기 속에 진영(陣營)들, 당파들 혹은 연합(連合)들을 세운다 ; 셋째는 관상 가족(管狀家族)인데, 여기서는 삼각형이 무한히 증식하여, 각 가족 구성원이 자기의 삼각형을 가지고 있고, 이 삼각형이 다른 삼각형들 속에 끼여 박혀 핵가족의 한계들을 분간할 수 없다 ; 넷째는 배제 가족(排除家族)인데, 여기서는 그 구성원들 중 한 사람이 제거되고 말살되고 배제되는데, 대상을 제거하는 일은 악마를 쫓아내는 것이 된다. 배제 같은 개념이, 여러 세대, 적어도 세 세대가 한 정신병자를 만들어내는 조건을 형성하는 가족의 외연의 틀 속에서 작용한다는 것은 쉽게 이해될 수 있는 일이다.
>
> ▶▶▶질 들뢰즈·펠릭스 가타리, 최명관 옮김,『앙띠 오이디푸스』중에서

엉뚱한 생각이라고 할지도 모르겠다. 내게는「황혼」에서도「정글 속의 짐승The Beast in the Jungle)」이 보인다.「황혼」의 시어머니는 스스로 분열 가족分裂 家族의 일원이라고 생각할지 모르겠다. 그렇지만, 이 이야기의 화자는 시어머니가 이미 배제 가족排除 家族의 '악마'가 되어 있는 상태라고 말한다. 저대로 두면 그들은 반드시 '정신병자를 만들어내는 조건을 형성하는 가족'이 되고 말 것이다. 그런데 시각을 한 번 바꾸어보자. 만약 저 며느리가 소설가가 되었다면 이 상황에서 어떤 소설을 썼을까? 혹시 이렇게 쓰지는

않았을까?

"시어머니란 여자는 가족마저도 감당할 수 없을 만큼 자기도취에 빠진 여자다. 여자가 늙으면 수치와 염치가 없어진다더니, 환갑이 다 된 나이에 자기가 아직도 우리 가족의 유일한(절대적인!) 여성 본질인 줄 착각하고 있다. 세상에 며느리에 필적할 수 있는 시어머니의 외모가 어디 있다고, 매일같이 '거울아 거울아 세상에서 누가 제일 이쁘니?'라고 묻고 있다. 이래서 옛날이야기에 마녀가 그렇게 많이 나오는 것인지도 모르겠다. 백설공주의 어머니는 달리 마녀가 아니다. 그녀는 늙은 여자였으나 오직 그것을 인정하기 싫었던 여자였을 뿐이다. 세상의 늙은 여자의 수는 결국 마녀의 숫자와 같다. 마녀는 타협이 아니라 극복의 대상이다. 그래서 나는 처음부터 그녀를 노인네라고 불렀다…."

장졸우교(藏拙于巧) 15

취하는 것들, 잘못은 신에게도 있다

술이 왜 있을까? 어린 내게는 한동안 그게 의문이었다. 1원짜리 지폐가 있던 시절, 그것 몇 장으로(6펜스?) 그들은 주신酒神으로 등극한다(달?). 불쾌해 진 얼굴로 시선을 아래로 깐 채 인간세를 내려보며 자기들끼리 늘 떠들고 싸우고 부라린다. 그러나 그런 소란스런 술꾼들을 원망하지는 않았다. 그런 광경을 매일 보면서도 오히려 경외심마저 들 때가 많았다. 그런 그들의 주사酒邪 없이는 우리 집의 평안도 없었다. 그들이 있어야 우리가 있을 수 있었다. 우리 집이 그들 '은화 일불의 주신들'의 거룩한 신전神殿, 공원 앞 선술집이었기 때문이다. 아버지는 공원의 '가고(상자) 부대'(들병이 영업을 하던 아낙들)를 주 거래처로 하던 주류 도매업만으로는 제대로 수지를 맞추기가 어려워지자(길 맞은편에 새로운 경쟁업체가 생기면서 거래처가 반으로 줄었다), 직접 홀 가운데 바를 하나 설치해서 선술집을 열었다. 낱잔 소주를 파는 소주방을 개설한 것이다. 바를 가운데 두고 빙 둘러서서 소주잔을 기울이는 간이 소주방이었다. 맥주잔(비루잔이라고 불렀다)만한 큰 소주잔 한 잔에 5원이었던가? 주정을 사다가 아버지가 직접 제조한 '싸고 순한 소주'는 할 일 없이 대낮부터 공원 주변을 맴도는 백수 주당들에게 큰 인기를 끌었다. 당시는 진로든 금복주든 백구소주든 모두 30도 소주 일색이었고, 고량주는 45도였다. 아버지는 20도 수준으로 도수를 크게 낮추어서 주조酒造를 했다. 요즘 대세인 순한 소주를 그때 이미 선보인 것이다. 이를테면 밀주 장사였는데, 고객들이 그 맛을 사랑해서 별 탈 없이 장사는 계속될 수 있었다. 아버지의 소주는 뒤끝이 깨끗하다는 평이었다. 술을 입에도 대지 못했던 아버지가 어떻게 그렇게 주당들의 입맛을 사로잡을 수 있었는지는 지금도 의문이다. 소주맛뿐만이 아니었다. 모여서 시간가는 줄 모르고 객담을 나누는 재미도 꽤나 소소했는지, 단골손님들도 많이 있었던 것으로 기억된다(아버지의 금고였던 책상 서랍이 지폐로 가득차 있던 때가 많았다). 주로, 한때는 잘 나갔으나 지금은 찬밥 신세인, 불우한 세월 앞에서 오로지 비분과 강개를 함께 나눌 동지가 필요했던, 낙일거사落日居士들이 모였다. 그렇게 모이면 시간 가는 줄 몰랐다. 아버지의 공원 앞 선술집은 그들에게는 작지만 실實한 유토피아였다.

아버지의 단골손님 중, 젊어서 교편을 잡았다는 키가 작고 단단

한 몸집을 가진 유씨 아저씨라는 분이 있었다. 그 양반과 동래고보 축구부 출신의 양아치 대장 '변상태' 아저씨가 아버지의 손님 중에는 단연 위엄이 있었다. 주당이라면 누구나 취하면 취할수록 말이 많아지는 것이 인지상정인데 그 양반들은 그렇지 않았다. 볼일 때문에 자리를 비우는 아버지 대신 간혹 내가 소주 주전자를 들고 여기저기, 올망졸망, 달랑달랑, 빈 잔을 채우러 다니던 적도 있었는데, 그 두 양반은 말없이 그저 술잔만 앞으로 조금 밀 뿐이었다. 간혹 내 뒤통수를 한 번씩 쓰다듬는 일이 고작이었다(변상태는 가끔씩 말을 걸기도 했다. 내 팔을 당기며 '이찌방?"이라고 농담도 건넸다. 공부 잘 하느냐는 거였다)

주당들도 특히 유씨 아저씨의 위엄을 어느 정도는 인정하는 것 같았다. 행색도 그중 가장 멀쑥했다. 아무도 그에게는 농지거리를 함부로 던지지 않았다. 오직 50여명의 양아치(넝마부대)를 수하에 둔, 그보다 대여섯 살 연상인 변상태만이 그를 눈 아래 둘 뿐이었다. 유씨 아저씨도 그의 나이와 '동래고보'를 깍듯하게 예우했다. 그런데 하루는 결국 일이 터지고 말았다. 변상태가 주워서 키운 양아들인 '백인종' 덕구가 변상태를 갈군 것이다(덕구의 얼굴이 너무 하얘서 사람들은 그를 백인종이라고 불렀다). 더 이상 술꾼인 변상태에게 대식구의 살림살이를 맡겨둘 수가 없었다고 덕구는 변명했지만, 사람들은 덕구가 양아버지 변상태를 젖힌 것은 제 살림을 꾸려나가기 위한 것이라고 믿고 있었다. 들리는 소문으로는, 덕구가 젊은 과부와 살림을 나겠다고 했을 때 주제넘게 변상태가, 그 과부의 행실을 문제 삼으며 말렸다는 거였다. 이삼 년 전, 멀리 어디서 수재민들이 집단으로 이주해 와서 공원 옆 공터에 임시거처를 짓고(나라에서 지어줬다) 거주한 적이 있었다. 그 수재민들 중 한 집에서 오자마자 초상이 난 적이 있었는데 아마 그 집 과수댁인 모양이었다. 소문이 계속 좋지 않게 나던 인물이었다. 변상태는 순순히 덕구의 모반을 받아들였다. 자신의 얼굴에 난 시퍼런 멍을 애써 감추려고도 하지 않았다. 그때부터 말도 표나게 줄어들었고(내 팔도 잡지 않았다) 종일토록 시도때도 없이 술만 마셨다. 그러던 어느 날이었다. 그날도 마지막까지 변상태와 유씨 아저씨가 술을 마시고 있었다. 어두운 밤거리에는 굵은 장대비가 한번 지나간 뒤, 가늘게 부슬비만 부슬부슬 내리고 있었다. 눈을 내리 깔고 길바닥 쪽만 바라보며 술잔을 기울이던 유씨 아저씨가 갑자기 냅다 술잔을 내던지더니 밖을 향해 소리를 질렀다.

"야, 백인종, 거기 서라우!"

비를 맞으며 가게 앞을 잰 걸음으로 지나치려던 덕구가 멈칫, 발걸음을 멈췄다.

"야 이 쌰놈의 쌔끼, 나 좀 보고 가라우!"

유씨 아저씨가 밖으로 뛰쳐나갔다. 덕구는 어릴 때부터 권투를 해서 몸이 민첩했고, 키도 훤칠했다. 생긴 것도 깔끔해서 모르는 사람이 보면 전혀 양아치 대장이라고는 생각할 수 없었다. 그러나, 입과 손은 마냥 거칠었다.

"이놈의 영감쟁이가 웬 지랄이고?"

달려드는 유씨 아저씨를 향해서 덕구가 냅다 주먹을 내질렀다. 그 순간, 유씨 아저씨의 몸이 쓰윽 덕구의 품 안으로 안기는가 싶더니 덕구의 몸이 크게 '사카다찌(아버지의 표현이다)' 했다. 크게 원을 그리며 덕구의 그 긴 몸뚱아리가 진흙 바닥에 사정없이 내동댕이쳐진 것이다. 한 폭의 그림이었다. 나중에 그 비슷한 이미지를 영화 『인정사정 볼 것 없다』(이명세, 1999)의 라스트신에서 봤다. 폭력도 아름다울 수 있다는 걸 그때 처음 봤다. 덕구는 그 한 번의 기술로 완전히 제압된 듯했다. 꼼짝을 못했다. 무슨 말인지 들리지는 않았지만, 온몸에 진흙을 바르고 꿇어앉은 채로 유씨 아저씨의 훈계를 묵묵히 듣고 있었다.

유씨 아저씨가 왜정 때 무도武道 교사를 지냈다는 걸 우리는 그때 알았다. 그러나, 유씨 아저씨의 분투奮鬪에도 불구하고 변상태는 그해 겨울 공원 뒷길에서 얼어죽고 말았다. 유씨 아저씨도 술을 끊었는지 그 뒤로는 우리집에 나타나지 않았다. 변상태가 죽고, 과수댁과 살림을 차린 덕구도 얼마 안 있어 후배 용구에게 자리를 물려주고 그곳을 떴다. 우리집도, 어머니의 빈대떡으로 권토중래를 노렸지만, 성공하지 못하고 결국 그곳을 뜨지 않을 수 없었다.

나는 나도 술을 잘 마실 거라고 생각했다, 동래고보 축구부 출신 양아치 대장 변상태나 왜정 시절 무도 교사였다는 유씨 아저씨처럼 말이다. 선술집 아이가 그 출신성분에 어울릴 만큼의 주량은 가질 것이라 당연히 여겼다. 그런데 아니었다. 체질이 아니었다. 대학에 들어가자마자 그 사실을 알았다. 몇 잔 들어가기도 전에 주신들의 신전에서 퇴출당하기 일쑤였다. 그러나, 취하는 것이 어디 술뿐이야, 아버지도 술을 입에도 대지 못했다. 그러나, 당신이 만든 술로 많은 사람들을 기분좋게 취하게 했다. 그러니, 나도 술은 입에도 대지 못하지만, 술 한 잔 권할 수는 있을 것이다. 그럴듯한 이야기로, 여러 사람들에게 '취하는 것' 한 잔(편) 권하면 될 일이다. 그것이면 될 일이다. 언제 어디서고 우리를 하나로 묶는 것이 이야기니까, 소설이니까.

노블레스 오블리쥬Noblesse oblige라는 말을 종종 듣는다. 때로는 정치적 입장이 개입되어 그 말로 상대를 공격하는 수단으로 삼기도 한다. SNS가 그걸 부추기기도 한다. 전에 없던 풍경이다. 높은 자리에 있는 사람들이 공동체를 위해서 헌신하고 봉사하는 자세를 취해 줄 것을 요구하는 것은 동서고금을 막론하고 인지상정人之常情에 속한다. 그들의 현재 입지가 '신의 선물'이므로, 그 중의 일부를 받지 못한 다른 이들에게 나누는 것은 당연한 일이다. 그게 공동체의 윤리다. 재물이 아니더라도, 마음 씀씀이나 행동거지에서 그런 '나눔의 정신'이 표방되기를 바라는 것이, 단순한 심술이나 투정으로 치부되지 않는 세간의 사정도 모두 그런 '인지상정', 윤리감 때문이다. 조세희의 연작 장편 『난장이가 쏘아올린 작은 공』 중, 「잘못은 신에게도 있다」를 보면 다음과 같은 대목이 나온다.

아버지가 꿈꾼 세상은 모두에게 할 일을 주고, 일한 대가로 먹고 입고, 누구나 다 자식을 공부시키며 이웃을 사랑하는 세계였다. 그 세계의 지배 계층은 호화로운 생활을 하지 않을 것이라고 아버지는 말했다. 인간이 갖는 고통에 대해 그들도 알 권리가 있기 때문이라는 것이었다. 그곳에서는 아무도 호화로운 생활을 하려고 하지 않을 것이다. 지나친

부의 축적을 사랑의 상실로 공인하고, 사랑을 갖지 않은 사람네 집에 내리는 햇빛을 가려버리고, 바람도 막아버리고, 전깃줄도 잘라버리고, 수도선도 끊어버린다. 그런 집 뜰에서는 꽃나무가 자라지 못한다. 날아 들어갈 벌도 없다. 나비도 없다. 아버지가 꿈꾼 세상에서 강요되는 것은 사랑이다.

▶▶▶조세희, 『난장이가 쏘아올린 작은 공』

아들은 '사랑을 갖지 않은 사람을 벌하기 위해 법을 제정해야 한다'고 믿는, '고통에 대해 알 권리를 포기한 자들에게 내리는 형벌이 있어야 한다'고 믿는, 아버지를 처음에는 이해하지 못했다. 그건 '사랑'이 아니었기 때문이었다. 아들은 그것이 못마땅했다. 오직 교육으로 사랑을 이 땅에 실현시켜야 한다고 생각했다. 그러나 그날 밤 아들의 생각은 수정된다. 현실의 엄혹함에 부딪히면서 아버지의 생각을 인정하게 된다. '아버지가 옳았다'고 읊조린다. 그렇게 해서라도 지상에 사랑의 씨앗을 뿌리는 게 필요하다고 생각한다.

조세희 선생님의 『난장이가 쏘아올린 작은 공』은 지금도 내 글 속에서 시시때때로, 여기저기서, 살아서, 굴러다닌다. 내가 그것으로 내 글쓰기의 '빗장 걸린 문'을 처음 열었기 때문이다. 내용이든 형식이든, 내 글쓰기의 '스타카토'는 전적으로 선생의 가르침이다.

장졸우교(藏拙于巧) 16

하나의 커다란 에로스, 만다라

밤새 악전고투, 누이의 혼사에 다녀온 후 꿈자리가 뒤숭숭했다. 비몽사몽, 아침까지 눈꺼풀이 무거웠다. 그 와중에, '하나의 커다란 에로스'를 생각했다. 왜 그 말이 생각났는지는 잘 모르겠다. 어쨌든 우리의 삶은 '하나의 커다란 에로스' 안에서 이루어져야 마땅하다는 각성이 들었다. '하나의 커다란 에로스'라는 말은 좀 애매하다. 꼭 집어서 말로 표현하기 어려운 내용을 그렇게 표현했다. 『금각사』라는 소설로 유명한 일본의 작가 미시마 유키오가 쓴 말이다. "나중에 문득 든 생각이지만, 전쟁은 에로틱한 시대였다. 지금 항간에 범람하는 지저분한 에로티시즘의 단편들이 하나의 커다란 에로스로 모아져, 정화되던 시대"였으나, "전후는 나에게

삼등석에서 보는 연극 같은 것이었다. 모든 것에 진실이 없고, 겉모습뿐이며, 공감할 만한 희망도 절망도 없었다."라고 그는 말한다. 그는 공습이 한창이던 전쟁 말기의 동원된 젊은이들의 생활을 그린 희곡 「젊은이여 되살아나라」(1954)에서, 공습의 위험 속에서는 열렬히 사랑하던 젊은 남녀가 패전 직후에 헤어지는 장면을 묘사한다. 전쟁이 끝나는 날 재회하자는 소녀에게 남자는, 자신들의 사랑이 안타까울 정도로 아름다웠던 이유는 공습 밑에서 자신들의 사랑이 '하나의 커다란 에로스'로 모아져 있었기 때문이라고 말한다. "약속한 날에 만날 수 있을까 없을까는 모두 하늘의 섭리에 달려 있었어. 생각해보면 사람 사이의 약속이 아름다운 것은 아마 이런 상태 속에서 뿐일 거야. 약속이 지켜질 보증이 없는 상태, 게다가 지킬 수 없음이 결코 사람 탓이 아닌 상태, 그런 상태뿐이야." 한 번 한 번의 만남이 곧 마지막이 될 수도 있는 소중한 상태, 즉 죽음이 눈앞에 임박해 있는 상황에서의 사랑, 그것이 미시마 유키오가 바라보는 아름다울 수 있는 사랑이었다. 그런 의미에서 그에게 전쟁은 공포와 비참을 넘어, 모든 욕망이 '커다란 하나의 에로스'로 합일되는 '정화의 시대', '신성한' 시대였던 것이다. 그가 "전쟁 중에 죽었으면 나는 무의식중에 자족적인 에로스 속에서 죽을 수 있었다"라고 말했던 것도 그런 맥락에서였다. 모든 욕망이 '커다란 하나의 에로스'로 합일되는 '정화의 시대'가 인간에게 일상으로 허여된 때가, 과연 역사상으로(신화시대가 아닌) 존재하였는지는 잘 모르겠다. 어쩌면 그런 '신성한 시대'는 유미주의자 미시마 유키오의 머리 속에서만 존재하였는지도 모르는 일이다. 그러나, 지금 나에게는, 젊은 나이에 할복으로 생을 마감한 그의 '커다란 하나의 에로스'가 마치 오래된 선대의 빚 독촉장처럼 슬그머니 날아들어 와 있다. 왜 내가 그런 빚 독촉을 받는지는 여전히 '십리 안이 오리무중五里霧中'(도광의)이다.('하나의 커다란 에로스'에 관해서는, 김항, 「천황과 폐허 : 상승과 하강의 벡터」, 『문학동네』 38호, 문학동네, 2004년 봄 참조)

나의 70년대는 『만다라』와 함께 그 막을 내렸다. 아마 젊은 날의 '커다란 하나의 에로스'가 내 곁에 남아있던 마지막 시기였던 것 같다. 그 이후로는 80년대 특유의, "항간에 범람하는 지저분한 에로티시즘"에 둘러싸여서 지냈다. 우리의 80년대는 그렇게 막을 올렸다.

김성동 선생의 『만다라』는 내게 하나의 수신서修身書 역할을 했다. 대학을 졸업하고 본격적인 습작을 시작했던 나는 그동안 주로 읽던 최인훈, 이청준, 황석영 선생의 작품을 잠시 뒤로 밀쳐놓고 근작 중심으로, 문장 공부가 될 만한 수작秀作들을 골라 '덮어놓고 베껴 쓰기'식 공부에 들어갔었다. 책 위에다 그대로 덧쓰기도 했고, 공책에 따로 내려받기도 했다. 하루에 몇 장씩, 정해놓고 베꼈다. 그때 교과서 역할을 해 준 작품이 박기동 선생의 『아버지의 바다에 은빛 고기떼』, 조세희 선생의 『난장이가 쏘아올린 작은 공』, 오정희 선생의 『유년의 뜰』 등이었다. 모두 위편삼절韋編三絶, 책이 너덜거리도록 읽고 베꼈던 작품들이었다. 김성동 선생의 『만다라』는 베껴쓰는 텍스트는 아니었지만, 읽고 마음을 가다듬는 책으로 늘 곁에 두고 읽었다. 선생의 화려한 환속이 주는

'격려'도 습작기의 고절감을 적절하게 위로했다. 세상은 성공한 환속還俗 작가를 마치 전쟁 영웅처럼 환대했다. 입전수수入廛垂手, 그의 소설은 누가 봐도 우리 시대의 진정한 구원이었다. 진정성 그 자체였다. 나로서는 본격적인 습작기로 접어든 이후 처음 만난 성공한 신인 작가, 새 행위모델이라서 더 각별했다. 당연히 선생은 선망羨望의 대상이었다. 작가 지망생에게 성공한 신진 작가가 선망의 대상이 되는 건 당연한 이치였겠지만, 선생은 그것뿐이 아니었다. 출가도 한 번 해 보신 분이고, 인물도 풍채도 좋으시고, 바둑도 잘 두시고, 지면으로 대하는 것이지만 말씀도 시원시원하게 재밌게 하셔서 작품 이외의 방면에서도 늘 문청 후배들의 인기를 독차지하던 분이었다.

김성동 선생의 근황이 궁금하던 차였다. 그렇지 않아도 습작기 스승님들 작품이야기에 얽힌 개인사를 짧게나마 한 마디씩은 해야겠다고 생각하고 있었는데, 마침 아침에 페북에 들어갔더니 박범신 선생이 선생의 근황을 전했다.

아침신문에서 "만다라"의 작가 김성동의 근황을 읽는다. 오랫동안 누구보다 가까이 지내면서 삶의 구비구비를 지켜본 사람이다. 여름에 그가 많이 아파 술 담배를 끊었다고 한다. 그리 좋아하던 술 담배를 끊다니. 가슴이 덜컥 내려앉는다. 평생 신산하기 이를 데 없는 생을 "견뎌온" 사람이다. 그가 겪어온 모든 비극의 근원은 좌익이었던 아버지가 처형된 6.25에 닿는다. 오랜만에 전화를 건다. "몸은 괜찮아졌어"라고 말하고 나서 뜸을 들이다가 "술은 급한 불 끄면 다시 마셔야지. 사는 게 뭐 재미진 일이 없으니" 허헛, 하고 그가 웃는다. 허랑한 웃음이다. 전화를 끊고 나서 창밖을 보다가 앞집 티비안테나에 앉은 비둘기와 눈이 마주친다. 눈빛이 음흉해 뵌다. 비둘기는 평화라는 꿈을 지녔다하는데, 거짓말이다. 6.25가 지나고 반세기가 훨씬 넘었지만 이 땅에서 전쟁은 이렇게 끝나지 않고 있다. 그러나, 그럼에도 불구하고, 좌우를 넘어서는 게 우리들의 실존적인 삶이다. 그리움은 구천에도 닿고 우주까지를 넘어서니까. 김성동형의 문장에 이런 대목이 있다.

--세상이 그립다. 사람들이 보고싶다. 배고픈 것보다 무서운 건 외로움이고 외로움보다 더 무서운 건 그리움이다.

▶▶▶박범신, 2011.12.16.

추가로, 인터넷 신문 기사 속에서 만난 선생의 근황(동영상 포함)은 훨씬 더 '재미진 일'이 없는 것이었다. 사람마다 팔자가 있어 사는 모양과 구색은 서로 다를 수밖에 없지만, 내 청년기의 우상이었던 선생의 늙고 쇠락한 모습은 정말이지 안쓰럽기 그지없는 것이었다. 마치 절해고도絶海孤島와 같은 곳에다 거처를 마련하고 구십 노모와 함께 기거하고 있었다. 아직도 책상을 쓰지 않는다는 사연도 소개되고 있었다. 온 방 안에 널려진 책 무더기, 선생은 그 비좁은 틈 어딘가에서 여전히 글을 쓰고 있었다. 젊어서 선생이 그렸던 만다라曼陀羅가 아직도 내 눈에 선연한데, 선생의 만년 모습은 내가 그렸던(그리던) 만다라와는 거리가 한참 먼 듯했다. 우리의 세속은 여전히 '커다란 하나의 에로스'를 거부하고 있었다. 떼 지어 날아들었다 떼 지어 날아가는, 그러면서 창틀에 누추한 오점들만 무수히 남길 뿐인, 우리집 비둘기, 그 똥 같은 것들을 내 놓고, 내가 작가네 이게 작품입네 하고 독자를 우롱하는 세태와, 500년에 걸쳐 사는 한 작가를 저렇듯 방치하는 현실, 그 두 개의 현실이 병치되는 우리네 세상이 아무래도 현실적이지 못하다는 생각이 들었다. 작가 연금 제도가 절실하다는 생각이 들었다. 작가로 30년 일했으면 그만큼 일한 국립대학 교수만큼은 연금을 받아야 한다. 내 생각으로는 선생 같은 분은 그 자체로 하나의 대학이다. 그 안에서 꿈을 키우고 자란 이들이 얼마나 많은가. 그렇지만 현실은 여전히 재수 없는 꼴이다. 아무리 예술가가 필록테테스의 운명을 답습한다고 하지만 고흐가 살았던 19세기 말도 아니고 이건 좀 아니다 싶다. 결국 예술이나 만다라 같은 건 세상에 '있으나 없는' 거라는 말이다.

선생의 소설 『만다라』에 대해서는 더 이상 이야기하지 않기로 한다. 선생에게나 나에게나 더 이상 그런 이야기는 무의미하다. 한 번 출가한 이는 다시 돌아올 수 없는 곳이 속세다. 환향還鄕은 어디서고 거짓 환호와 냉대의 속내를 견뎌야만 하는 것이다. 그 비슷한 소회를 담은 졸작 「적두병」의 서두 일부를 소개한다.

1. 그 모든 낯선 시간들

지나간 것들은 소리친다. 그들에게는 침묵이 없다. 그래서 응답한다. 그게 이 글을 쓰는 동기다. 아니, 목적이거나 목표다. 그 목표를 이루기 위해 이것저것 기억도 조금 수정하고 배열을 새로 하고 또 다른 작가의 책을 참조한다. 익숙한 것들은 새로운 질서를 만들지 못한다. 그래서 항상 부족하다. 낯선 것이 필요하다. 그러기 위해서는 나 혼자를, 혹은 낯익은 순서를 벗어나는 것이 필요하다.

가장 먼저 참조한 책이 미셸 트루니에의 『외면일기』와 로렌 아이슬리의 『그 모든 낯선 시간들』이다. 그 다음은 『유배지에서 보낸 편지』, 그 다음은 『암흑의 핵심』, 그 다음은 『내 이름은 빨강』, 그 다음은 「짐승의 시간」, 그 다음은 아무개의 시집 등등, 그런 순서다. 그러니까 이 책은 그런 모든 책들과의 공동 저술이다. 물론, 이전에 내가 쓴 것들도 모두 참조사항이다. 강조하지만, 이 글은 새로 쓰는 게 아니다. 그저 앞에서 쓴 것들을 가지런하게 하는 것에 불과하다.

『그 모든 낯선 시간들』은 이 글쓰기의 도화선이다. 자신의 내면을 이다지도 솔직하게 드러내는 책을 나는 여태 본 적이 없다. 처음부터 끝까지 읽기가 거북하다. 상처를 드러내면서 또 다른 상처를 만든다. 위안의 글쓰기가 아니다. 주변 사람들, 가족과 동료, 친척들을 말할 때에도 그 어조는 조금도 변하지 않는다. 일단 그의 이야기 속으로 초청받은 사람들은 모든 것을 내려놓아야 한다. 인격도, 사회적 위신과 지위도, 인정된 가식도 모두 내려놓아야 한다. 이미 자신의 모든 것을 내려놓은 작가는 기대되는 모든 낯익은 것들을 거부한다. 남은 종이가 몇 장 되지 않을 때까지도 책은 시종 불손하고 무례한 톤을 유지한다. 그러나, 그런 불편한 몇 시간이 흐르고 나면 문득 책의 진면목이 눈에 들어온다. '그 모든 낯선 시간들'이 자신의 얼굴을 드러내는 것이다. 그랬었지, 우리들에게 생이란 언제나 '그 모든 낯선 시간들'이었어, 그게 인생이야…. 그런 생각, 그런 느낌이 어느덧 내 안에 자리잡고 있음을 알게 된다.

밤이면 이런저런 것들이 내게 돌아온다. 이따금씩 그것은 사라져버린 한 얼굴에 대한 꿈이고 나는 힘겨운 심장으로 일어나 그 순간과 그 희망이 지나갈 때까지 기다린다. 그런 다음, 꽤나 차분해진 마음으로 다시 눕는다. 하지만 다른 꿈들은 난폭하고, 제멋대로라서 어둠 속을 쳐대게끔 만들 정도다. 아니면 울 이유도 없는데 울게 만든다. 아니면 더 이상 두려워할 확실한 근거도 없는데 두려움으로 헐떡거리게 만든다. 아니면 잠 못 들고 두뇌 속 사진들이 오가고 그것을 멈추거나, 누르거나, 뭐라 명령할 수 없다.

▶▶▶로렌 아이슬리, 김정환 역, 『그 모든 낯선 시간들』 중에서

처음에는 자신의 내면에서 끊임없이 솟아오르는 잡음(noise) 때문이었을 거라고 여겼다. 그에게는 글쓰기가 일종의 노이즈 콘트롤이었을 것이다, 그가 밤에 맞닥뜨린 것들을 '불안', '슬픔', '두려움' 등의 정서로 묘사하는 대목에서 문득 그런 생각이 들었다. 그러나 물론 그건 초입에서의 내 생각이었다. 로렌은 그런 생각으로 글을 쓰지 않았다. 그는 인생에 주어진 시간들의 그 질서 없음과 무도함과 난폭함, 그리고 부질없음 등을, 그리고 그것을 헤치고 나온 한 외로운 영혼에 대해 가감없이 말하고 싶었다. 그래서 후생(後生)들에게 조금이라도 위안을 보태고 싶었다. 이승에서의 삶을 너무 팍팍하게 여기지 말라고, 누구에게나 생은 '그 모든 낯선 시간들'이라는 것, 자기 같은 사람도 있었으니 작으나마 동병상련하라는 것이었다.

그건 그렇다 치고, 책 속의 등장인물들은 어떻게 할 것인가? 그들은 로렌과 달리 아직 좀 더 예의바른 시간을 원할 수도 있었다. 스스로

정돈된 시간 속에 놓여진 삶이길 원할 수도 있는 거였다. 그들은 적당한 가식과 적당한 비굴, 적당한 타협과 적당한 공모(共謀) 속에서 인생을 상처 없이 가꾸어 나가는 것이 자신에게 요구된 최선의 삶이라고 생각할 수도 있는 거였다. 그런 이들에게는 로렌의 글쓰기는 완전 날벼락이다. 그런데 로렌은 오히려 그걸 '삶의 의미를 가지런히 해보려는 개인의 마지막 시도'라고 말한다. 그런 식으로 무마한다.

> 나는 이것이 눈 내리기 전 인간의 가을 풍경이라고 쓸 수밖에 없다. 그것은 녹슨 심장 속 용수철이 부서지기 전에 그리고 꿈, 기억 및 그것들을 담고 있는 그 애매한 화학 영역이 회복 불가의 산산조각으로 날아가 버리기 전에 자신의 삶의 의미를 가지런히 해보려는 개인의 마지막 시도다.
>
> ▶▶▶위의 책, 299쪽

우리가 보기에는 '날벼락'인데, 그는 '가지런히 해보는 것'이라고 말한다. 그럴 때는 어쩔 수 없이 그들 따르는 수밖에 없다는 생각이 든다. 괜히 뻗대다가는 더 큰 봉변을 당할지도 모르는 일이다. 가랑뱅이를 적시자는, 그렇게 물을 건너자는, 친구를 마다하고 강변을 떠돌다가는 결국 물도 못 건너보고 생을 마감할 수도 있는 법이다. 엉뚱한 상상일지도 모르겠다. 이런 걸 두고 입전수수(入廛垂手)라고 할 수도 있을까? 심우도(석존께서 사문유관(四門遊觀)을 통하여 늙음과 병듦과 죽음을 보셨다. 자신은 물론이고 누구나가 다 그러하다면 삶이라는 것은 속절없는 것 아닌가, 그런 속절없음을 두고 참된 삶을 찾을 수 없음을 깨닫고 유성출가(踰城出家)를 감행하셨다. 소를 찾아 떠난 것이다.)의 마지막 단계, 찾은 소도 보내고 소를 찾던 나도 보내고, 반본환원(返本還源)한 다음 다시 저잣거리로 돌아가는 단계가 입전수수라 했다. 육도중생(六道衆生)을 위해 세상으로 나오는 것, 온몸을 다 드러내고 중생과 함께 안고 뒹구는 것, 아마 그런 성자의 삶을 로렌은 꿈꾸고 있는 것인지도 모르는 일이었다.

그러나, 그의 말대로라면 우리의 생生은 우주가 남긴 아주 작은 먼지에 불과하다. 그것 이상도 이하도 아니다. 먼지가 자신의 삶에 대해 이러쿵저러쿵하는 것이 과연 무슨 의미가 될 것인가? 그렇게 보면, 우주 안에 의미 있는 것은 없다. 있다면 우주뿐이다. 그러니, 우리에겐 무엇의 의미를 안다는 일이 아무 소용 없는 일이다. 우리는 우주의 언어를 모른다. 행여, 만에 하나, 우리가 우리 삶의 의미를 안다고 한들 무슨 소용인가?("나는 말쑥하고 균형 잡힌 시를 혐오한다. 안정감 있고 깨달은 자는 침묵하면 좋겠다. 나는 이랬다저랬다 긴가민가하는 불안한 중생이다. 뭘 가르치려 들어도 말귀를 잘 알아듣지 못하는 미숙아다. 안들 무슨 소용인가." 김이듬, 「현대시와 퇴폐」, 『시와 반시』, 2005년 여름호.) 문득 그런 생각이 들어왔다.

2. 사촌 누이

"영락없이 오빠로구만!"

그렇다. 고모님이 나를 보자마자 그렇게 말한 것도 결국은, 과거와 현재를 가지런하게 잇는 일이었다. 그때는 몰랐다. 집에 돌아와서 생각해 보니 그거였다. 그게 가능한 일인가? 아니, 그렇게 해서 얻는 게 뭐람? 한동안 속이 부글거렸다. 그러나, 노인은 막무가내였다. 마치 준비된 연설 원고를 읽는 것처럼 능숙했다. 노인은 그렇게 가지런하게 과거와 현재를 잇고 나서야 비로소 편한 표정을 지었다.

영락없이 오빠로구만! 고모님의 그 말이 고종사촌누이와 나를 두고 한 말이 아니라는 것을 아는 데에는 긴 시간이 필요치 않았다. 그러나, 나는 그 말을 듣는 순간 고개를 돌려 사촌누이의 얼굴을 쳐다보았다. 주변이 시끄럽기도 했지만 살아생전 아버지와 고모님 사이의 맥락이 언뜻 떠오르지 않았기 때문이었다. 고모님이 아버지의 누이동생, 그것도 이남에서의 유일한 혈육이었다는 역사적 사실을 깨닫게 된 것은 잠시 뒤 일이었다.

"할머니한테는 유일한 혈육이지…."

고종사촌형이 초면의 사촌형수와 조카에게 나를 그렇게 소개하는 소리를 듣고서야 문득 그 생각이 들었다. 그랬다. 고모님과 고모부님, 고종사촌 형제들, 이들이 나의 유일한 일가친척이었다. 사촌형과는 근 40년만의 해후였지만 멀리서도 금방 그를 알아볼 수 있었다. 그렇군, 유일한 핏줄이었군. 나는 사촌누이의 얼굴을 쳐다보며 그렇게 한 번 더 속으로 되뇌었다. 누이는 여전히 쓸쓸하였고, 여전히 나를 두고 '오빠'라는 호칭을 쓰는 데 인색하였다(누이는 나를 볼 때마다 적대적이다. 그건 오랜 전통이다. 어릴 때 빼앗긴 어머니의 젖 때문이라고 여긴다). 그러나, 그것이 우리들 사이를 지배하던 수십 년 간의 어법적 관계였으니까 어색하지도, 서운하지도 않았다. 왜 있지 않은가? 세월이 우리를 잠식하지 못했다는 것을 보여주고 싶은 마음. 그래서 어색함을 무릅쓰고 무엇인가 옛것을 끝까지 고집하는 행투들 말이다. 그러나 누이의 막말은 그런 의지와는 처음부터 거리가 멀었다. 우리 둘 사이에는 그런 것들이 호사스럽게 끼어들 여지가 없었다.

팔순의 고모님은 이번에도 광채가 나는 얼굴로 나를 맞이했다. 연전에 있었던 형의 혼사에 이어 두 번째다. 이번의 혼사에서도 여전하다. 입을 벌려 웃지도 않았는데 화사한 웃음에 눈이 부셨다. 아무런 말씀이 없었지만, '조근놈 오니?' 그렇게 말씀하시고 있는 것 같았다. 제주에서는 작은놈(막내)을 조근놈이라고 부른다. 피난 시절, 마치 엄마 품처럼 안겨오던 친정 오라버니의 핏덩이를 고모님은 늘 그렇게 불렀다. 젊은 날의 고모님은 지금처럼 저렇게 화사하지 않았다. 어딘가 근심 한 자락은 늘 얼굴에 남기고 계셨다. 서른 살 무렵, 내가 막 대학의 전임으로 자리를 잡을 때, 우리 집에 한 번 다녀가셨을 때에도 그랬으니 아마 환갑 무렵까지는 늘 그랬던 것 같다. 그런 고모님이 20여년만에 다시 뵈었을 때는, 홀연히 화사한 얼굴로 나타났다. 나는 그 때, 대자대비 천수관음이 늙은 여자였더라면 더도 덜도 없이 딱 저런 표정이었을 것이라고 생각했다. 저 이상의 표정은 없다…. 이어서, 어머니도 살아계셨다면 분명 저런 모습이지 않았을까라고 자문했다. 까닭은 없었다. 다만 고모님과 어머니는 동갑이었으니 그럴 수밖에 없지 않겠는가라는 막무가내식 억측만 있었을 뿐이었다. 그리고, 그런 생각은 거의 환청(幻聽)의 수준에서 이루어지는 것이어서 그것을 거역할 어떤 심리적 에너지도 내겐 없었다.

"그래, 니가 애를 많이 썼다."

고모님이 손녀들의 부축을 받고 나오면서 먼저 가겠다는 나에게 그렇게 말했다.

"아뇨! 제가 무슨 애를 썼다구요? 누이한테 전화하고 일간 한번 다시 내려올게요. "

"그래, 집은 그대로니끼니 한 번 오나라."

말씀이 어눌한 고모부님은 시종 말이 없었다. 고모님이 그렇게 말했다.

고종사촌형이 와서 명함을 건넸다. 그와는 여섯 살 터울이다. 홀로 서울에서 자수성가했다. 조만간 부모님을 서울로 모셔갈 거라고 했다. 서울에 가면 한 번 들르겠다고 했다.

3. 장난감 도시

생각이 바뀌었다. 입전수수(立廛垂手), 그건 환상이다. 인생 그 자체가 이미 저잣거리다. 입전이고 탈전이고가 없는 것이다. 생 안에서는 들어오고 나가고가 없다는 거다. 행여 성불成佛이 있다 하더라도 '입전'하면 그 순간 다시 중생이다. 그래서 인생이다. 그래서 '그 모든 낯선 시간들'인 것이다. 괜히 방안에 앉아서, 고작 아랫목 윗목 옮겨다니는 꼴을 두고 자화자찬, 자기들끼리 반본이니 입전이니 떠드는 것 자체가 어불성설이라는 거다. 로렌도 아마 그걸 알고 있었던 것 같다. 그래서 끝까지 시끄러웠던 거다.

적두병 가게 주인은 30분 정도의 시간이 필요하다고 했다. 굽는 데 20분 식히는 데 10분이라는 설명이었다. 머리가 아프다며 육촌의 결혼식에 불참한 딸아이가 오후 늦게 바람을 쐬자며 졸랐다. 서른 살의 인생에는 고민거리가 많았다. 입전수수, 이런 때는 저잣거리에 손을 크게 한 번 담글 필요가 있다. 그래서 온 식구가 시장 나들이에 나섰다. 시장에 가서 만원짜리 청바지 두 벌을 샀다. 그리고는 공원 근처에 있는 적두병 가게로 온 것이다. 문득 딸아이에게 적두병 맛을 보여주고 싶은 생각이 들었다.

여전히 공원 앞은 누추했다. 제대로 된 건물이라고는 하나도 없었다. 십 수 년 전 도시 외곽으로 이전한 여학교 건물 하나만 겨우 남아 있는 형국이었다. 여기가 큰이모가 다닌 학교란 말이지, 딸아이는 주변 풍물에 대한 뾰족한 관심들을 드러내며 적두병이 다 될 때가지 기다리자고 했다. 가게는 옛날 여학교 건물 본관을 쪼개 만든 상가 한 귀퉁이에 자리잡고 있었다. 아내도 묵묵히 그 의견을 따랐다.

이곳 공원 앞 거리는 우리 식구에게는 좀 특별한 곳이다. 특히 여기서 태어난 아내나 딸아이에게는 오랜만에 찾은 고향 동네나 다름없는 곳이었다. 아내는 여기서 딸아이를 낳고 자기가 태어난 집을 처분해서 이사를 갔다. 30년 전이다. 차를 타고 주변을 돌았다. 주변 풍물은 그때나 지금이나 별반 차이가 없었다. 물색 초라한 정문 앞의 노인들, 싸구려 점집, 너절한 좌판들, 거기다가 스프링 조랑말까지…. 차 안에서 바라보는 공원 풍경은 누추한 몰골로 옛 모습 그대로 제 자리를 지키고 있었다.

기억에도 없을 터인데 딸아이는 차창 밖으로 열심히 주변 풍물을 관찰하고 있었다.

“이동하 소설 「장난감 도시」라고 들어봤니? 여기가 그 배경인데….”

얼마 전 이번 학기 세미나에 포함되어 있다며 조셉 콘래드의 『암흑의 핵심』을 내 서가에서 가져간 딸에게 물었다. 영어학 전공이라 기대를 하고 물었던 것은 아니었다. 그래도 박사과정이니 혹시나 해서 물었는데 역시 모른다고 했다. 소설의 배경이 된 복개천 위의 하꼬방들은 이미 자취를 감추고 없었다. 한 때는 니나노집들로 문전성시를 이루기도 했던 곳이었다. 큰 도로가 그들이 있던 자리를 지나고 있었다. 그나마, 그 장난감 도시의 배후를 장식하던 옛 골목들이 아직 여전한 것이 오랜만에 고향을 찾은 자들에게는 작은 위안이 되고 있었다.

처가가 있던 자리와 내가 어린 시절을 보낸 골목까지 일순하고 또 몇 번의 유턴과 직진을 거듭하며 공원 주변을 넘나든 끝에 드디어 적두병을 마주할 수 있었다. 이미 예약을 해 둔 바였기 때문에 물건을 주고받는 데에는 별로 시간이 들 일이 없었다.

"잠깐요, 그냥 거기 서 계세요."

딸아이가 휴대폰 사진으로 몇 장면을 담아가겠다고 했다. 그 말을 들으며 적두병을 담던 가게 주인이 피식 웃었다. 30대 중반이나 되었을까? 작은 가게는 그의 듬직한 체구 하나로 꽉찬 느낌이었다. 이 집을 알게 된 것은 최근이었다. 얼마 전 직장 동료들과 함께 근처 골목 안 국밥집을 찾았던 일이 있었다. 그때 주차장 입구에 자리 잡은 이 적두병 가게가 눈에 처음 들어왔다. 적두병에 관심을 드러내는 나에게, 적두병은 재고가 거의 없으니 미리 전화로 주문해 줄 것을 청하던 그의 모습이 인상적이었다. 작은 진열장 안에는 밤빵이랑 공갈빵이랑이 소담스럽게 담겨져 있었다. 전체 공간이 두어 평이 채 될까 말까 한 가게였다. 겉모습이 일본이나 홍콩의 여느 뒷골목 구멍가게 모습을 하고 있어서(딸아이의 관전평이다) 그런대로 예쁘장하다는 느낌을 주고 있었다. 그런 가게 모습을 두고 나에겐 좀 특별한 생각이 들었다. 화상華商의 후예가 아닐까? 어린 시절, 지금 가게 맞은편 쪽에 화교가 하던 중국집이 있었다. 그 집 진열장 한켠에도 늘 색바랜 공갈빵이 놓여있었다. 등하교길마다 저 공갈빵은 도대체 어떤 맛일까하고 궁금해 했었던 기억이 났다. 단 한 번도 들어가 본 적이 없었던 집이었지만, 왠지 그 집 아들(혹은 손자?)이 여기서 대를 이어 적두병과 공갈빵을 굽고 있는 것이 아닐까라는 생각이 들었다. 마치 환청인양 그런 염이 물밀 듯이 쳐 들어왔다.

"잠깐만요. 두 분 이리 좀 와 보세요!"

이번에는 가게 주인이 우리를 불러 세웠다. 셈을 치르고, 사진을 찍고, 차 쪽으로 발걸음을 두어 걸음 옮기고 있을 때였다. 계산이 잘못되었나? 의아한 표정을 짓는 나에게 그는 의외의 선물을 안겼다.

"다정하게 붙어 서 보세요."

가게 주인이 발 밑 어름 어딘가에서 고색창연하게 보이는 사진기를 들어 올리며 그렇게 말했다. 자바라 같은 지지대가 망원렌즈를 지탱하고 있는, 뭔가 있어 보이는 폴라로이드 사진기였다. 흑백사진이어서 더 인상적이었다. 왠지 여유가 있어 보이더니, 사진으로 한 가락 하는 친구였군. 틀림없이 옛날 그 중국집 아들, 아니면 손잘 거야. 또 환청이 크게 일었다. 사진을 받아든 손으로 먹어본 적두병은 생각보다 맛이 있었다. 이 정도면 호가 날만하다는 생각도 들었다.

"이제 할 일 없이 경주 갈 일도 없겠네."

경주 황남빵보다 더 나은 것 같다고 말하는 나에게 아내가 그렇게 쐐기를 박았다. 심심하면 차를 몰고 경주의 황남빵 가게를 찾는 내가 아내로서는 참 역겨운 존재였다는 것이다. 무슨 일이든, 일상에서 작게 취급되는 것은 작은 것에 불과할 뿐이라는 것이 아내의 신조였다. 언제 어디서든 작은 일에 큰 의미를 두는 것이 곧 모든 오해와 편견의 시초가 되는 것이라는 게 아내의 신념이었다.

▶▶▶ 졸작, 「적두병」 중에서

참고로 만다라에 대해서 몇 마디 설명을 구해보자면 다음과 같다. 어원적으로 보면, 범어梵語의 만다라는 '만다manda'라는 어근과 '라la'라는 접미사로 이루어져 있다. 그 가운데 '만다'는 마음의 참眞髓 또는 본질이라는 뜻이다. '라'는 소유 또는 성취를 의미한다. 이는 곧 교리적인 뜻으로 번역하면 보리심菩提心(성불하여 도를 깨달은 마음)에 해당한다. 만다라는 밀교 전통에서 회화로 모습을 드러낸 대표적인 종교 상징물이다.

(現圖) 胎藏界曼荼羅 配置圖

만다라의 도상은 의례를 통하여 내면화하는 과정에서 성스러운 공간으로 경험된다. 그것은 인간의 영성적 완성에 대한 열망으로 새로운 의미공간으로 전환된 것이다. 또한 도상은 의례를 통하여 내면화하는 과정에서 역류 가능한 시간으로 경험된다. 그것은 일상적 시간의 흐름에서 분리되어 의식의 교감과 몰입이 가능한 시간으로 변형된 것으로서, 만다라를 통한 성스러운 시간의 체험이라고 말할 수 있다. 따라서 만다라 의례를 통하여 내면화하는 과정에서 시간적인 비균질성과 가역성을 겪게 된다(김용환, 『만다라, 깨달음의 영성세계』 참조).

장졸우교(藏拙于巧) 17

사랑과 야망, 적과 흑

대학 1학년 때, 스탕달의 『적과 흑』을 읽었다. 그 소설의 주제처럼 그때는 사랑과 야망 그 두 가지 주제가 내 인생의 전부인 양 여겨졌다. 그것 이외의 삶은 잘 상상되지 않았다. 희생이니 구원이니, 아니면 몰입을 통한 구도적求道的 자기실현이니 하는 것들은 아직 인생 목록에 오를 때가 아니었다. 그런 것들의 존재를 전혀 생각할 겨를이 없었다.

서양 소설은 그것 이외에는 달리 읽지 못했다. 2학년부터 본격적으로 전공으로 들어가면서 식민지 시대나 전쟁기의 한국소설을 주로 읽었다. 학과 공부와는 별개로, 친구들과 어울리기 위해(습작 때문이라고 강변할 수도 있겠다) 문예지에 게재되는 당대 소설도 때를 놓치지 않고 읽으려고 노력은 했다. 『적과 흑』과는 달리 모두 의무감이 앞선 독서였다. 목적에 종속된 것들은 여하튼 노역勞役의 혐의를 완전히 벗을 수 없다. 그렇게 보면, 의무감 없이 본 것은 『적과 흑』뿐이었다고 해도 틀린 말은 아니겠다. 그래서 그런지, 『적과 흑』의 주인공 쥘리앙 소렐이 오래 기억에 남는다. 한 영악한 출세주의자의 비극적인 삶이 내게 깊은 인상을 남겼다. 돌아온 연인, 서머싯 몸의 「레드Red」와는 또 다른 동병상련이었다.

『적과 흑』은 대학 신입생 시절 한 친구가 마치 도시락통처럼 매일같이 끼고 다니던 책이었다. 그것을 강탈하다시피 빌려서 읽었다. 제법 두툼했었다. 아마 그 친구가 매개媒介하지 않았더라면 내가 그 책에 관심을 가질 일도 없었을 것이다. 그 친구하고는 매번 같은 것을 좋아했다. 담배도 부담없이 번갈아 물었고, 청바지도 한 벌로 함께 나눠 입었다. 학교에서는 거의 붙어 다녔다. 거의 동성애 수준이었다. 지금 생각하니 그 때 우리는 서로, 르네 지라르가 말한, '욕망의 상호중개자'로 살았던 것 같다. 심지어는 한 여학생의 총애寵愛를 분별없이 서로 탐하는 일까지도 있었다. 원래 싸우는 것을 싫어하는 성미라 얼른 양보했더니 그 친구도 이내 그 여학생 따라다니는 짓을 그만두었다. 왜 그러느냐고 물었더니 '경쟁자가 없으니까 갑자기 재미가 없어지더라'라는 대답이 돌아왔다. 그런 식으로 '웃기는 짬뽕' 짓만 하고 다니던 시절이었다. 그런 것들을 배경으로 해서 기억의 목록에 편입되어 있는 것이 바로 『적과 흑』이었다. 그런데 때 아니게 그 『적과 흑』이 다시 나타났다. 그 영악한 주인공 쥘리앙 소렐이 다시 나타난 것이다. 『문학 속의 에로스』라는 책을 읽을 때였다. 마치 오래 기다렸다는 듯 그 때의 쥘리앵 소렐이, 그 지겨운 자화상이 불쑥 얼굴을 디밀었다.

소설 『적과 흑』은 성장 소설의 구성 안에 담긴 한 영악한 출세주의자의 이야기다. 탁월한 정신적 재능과 비범한 의지력을 가진 젊은 남자 쥘리앵은 가난한 집에서 태어나 언제나 버림받은 아이처럼 살았다. 그는 자신의 재능과 오만함에 어울리는 경력을 만들기 위해서 어떤 기회든지 움켜쥘 각오가 되어 있었다. 스탕달의 개인적 경험에 따라 이런 방식의 삶이 도박이라는 것은 룰렛 도박판의 두 색깔을 암시한 책의 제목(빨강과 검정)에 잘 나타나 있다.

그러나 이 제목은 그가 꿈꾸는 출세를 위한 사다리로 제시된 두 영역을 의미하기도 한다. 검정은 사제의 옷 색깔로서 왕정복고 시대 민중 출신의 재능 있는 젊은이는 바로 이 영역에서 사회의 상층부로 올라갈 길이 가장 많이 열려 있었다. 쥘리앵은 거짓으로 선한 척하며 조롱 섞인 의식으로 신분 상승을 시도한다. 한편, 피와 불의 색깔 빨강은 전쟁을 나타내는 것으로, 용기와 대담함으로 자신을 부각시켜서 장군으로까지도 올라갈 수 있는, 전쟁에서의 기회를 뜻한다. 나폴레옹의 승리에 찬 전쟁 기간 동안 쥘리앵과 같은 성향의 젊은이들에게 탐나는 가능성이었던 이 꿈은 이제는 지나간 과거의 일이 되고 말았다. 동시에, 빨강은 또한 에로스, 즉 성적인 정열을 상징한다. 쥘리앵은 무엇보다도 이런 성적인 정열을 통해, 신분 상승을 향해 가는 길에 놓인 사회적 제약들을 깨뜨리고 있다. 또 하나의 길, 정열의 빨간 길은 유리한 기회를 통해서, 그리고 모든 면에서 아주 특별한 아름다움을 지닌 젊은 남자가 여자들에게 뿜어내는 광채를 통해서, 그의 앞에 열린다. (…중략…) 문헌학적 기벽을 지닌 사람들은 쥘리앵의 성姓 소렐Sorel을 거꾸로 읽으면 의미심장하게도 '에로스l'eros'라는 글자가 된다는 사실을 발견했다. 그것은 스탕달이 이 소설의 핵심 의도로 제시한 '1830년의 시대상'이라는 부제가 보여주는 당대 사회 묘사 아래 감추어진 신화적 층위라고 할 수 있을 것이다.

▶▶▶디터 벨로스호프, 안인희 역, 『문학 속의 에로스』 중에서

공연한 짓이긴 했지만 그 친구와는 나는 서로 자신이 더 쥘리앵 소렐과 닮았다고 다투곤 했다. 그야말로 꼴값을 떨었는데, 막상막하긴 했지만, 한 가지는 인정이 된다. 그때는 그 친구가, 지금 생각해도, 쥘리앵 쪽에 더 가까운 외모와 성격character이었던 것 같다. 인정하기 싫었지만, '특별한 아름다움을 지닌 채 여자들에게 광채를 뿜어내는 것'이 그 친구에게는 있었다(엄숙 인자하신 장로님이 된 지금도 그건 여전하다). 어쨌든, 모든 것은 결과가 말해주는 것이니까, 부정하고 싶어도 부정할 수 없다.

그런데, 『문학 속의 에로스』라는 책은, 그런 우리에게 '꿈 깨라'고 말한다. 쥘리앵을 가장 많이 닮은 것은 그도 저도 아닌, 스탕달 자신이었다는 것이다. 스탕달의 회고록에 보면 그가 열일곱살 때 학년 전체에서 가장 우수한 수학 점수를 받고서 파리에 있는 파리 기술대학으로 떠날 때 삼촌에게서 들었던 충고가 기록되어 있다. 그의 삼촌은 아주 사랑스러운 남자로서 많은 연애를 경험한 사람

이었지만 사업에는 관심이 없어서 별다른 성공을 거두지 못한 사람이었다.

"얘야, 넌 머리가 좋지, 수학 과목에서 그렇게 우수한 성적을 받았으니 자신감으로 가득 차 있구나. 하지만 그런 건 아무것도 아니다. 세상은 오직 여자들을 통해서만 위로 올라갈 수 있다. 넌 못생겼지만 사람들이 네가 못생겼다고 비난하지는 않을게다. 개성을 갖고 있으니까. 앞으로 네 애인들이 너를 버리고 떠날 텐데 지금 하는 내 얘기를 잘 기억해 두었다가 그대로 실천해라. 버림을 받은 순간에는 누구나 자신을 우습게 여기기가 아주 쉽다. 그런 일이 한 번 일어나면 남자는 다른 여자들 눈에 아주 형편없는 존재로 보인다. 그러니까 버림을 받거든 24시간이 지나기 전에 얼른 다른 여자에게 사랑을 고백해라, 더 나은 사람이 없을 경우에는 하다못해 하녀에게라도 괜찮다."

▶▶▶앞의 책, 87쪽

스탕달은 삼촌에게 경탄하고, 전수받은 지혜를 그의 전 생애에 걸쳐 실천하려고 노력했다. 소설 『적과 흑』은 그의 그런 사적인 노력이 문학이라는 사회적 자산으로 거듭난 것이라고 볼 수도 있다. 스탕달은 쥘리앵을 자신의 억센 모습과는 반대로 섬세하고 창백하고 소녀 같은 아름다움을 지닌 젊은 남자로 묘사하였다. 그로 인해 스탕달이 잠재적인 동성애자일 것이라는 추측도 제기되었지만, 이는 일전에 황순원 소설의 심리학적 주제를 말할 때 이야기했던 '내 안의 작은 아이'일 공산이 크다. 미소년의 겉모습을 지닌 쥘리앵은 남성적인 공격성이 탈색되어 레날 부인에게는 거부할 수 없는 유혹적인 매력으로 대두된다. 그의 아름다운 외모는 그녀에게서 폭력에 대한 두려움을 없애 준다. 동시에 쥘리앵은 오이디푸스 콤플렉스 삼각형 안으로 들어간 경탄스럽고 사랑스런 아들의 모습을 띠기도 한다. 그는 '아들-연인'의 한 전형적인 모습을 지니고 '특별한 아름다움을 지닌 채 여자들에게 광채를 뿜어내는 것'이다(앞의 책 참조).

청년기, 격동의 감정, 선망과 좌절로만 채색된, 그 빨강과 검정의 시대에, 쥘리앵에게 그렇게 매혹되었던 데에는 아마 여러 가지 이유가 있었을 것이다. 쥘리앵이 소설 속에서 보여준 수많은 모습만큼이나 여러 가지일 것이다. 이번에는 그 때 미처 생각하지 못했던(어쩌면 너무 당연한 감정이라 생각거리가 되지 못했던 것인지도 모르겠다) 이유를 하나 발견했다. 스탕달이 그랬던 것처럼, 우리도 내 안의 '섬세하고 창백하고 소녀 같은 아름다움을 지닌 남자'를 쥘리앵에게서, 그리고 서로에게서 찾은 것은 아닐까? 그 친구나 나나 서로에게 그렇게 끌렸던 이유도 아마 우리가 특히 그런 성향이 강했기 때문이었을 지도 모르겠다. 남모르게 감추어두기만 했던 그 얼굴을 상대에게서 보는 것, 그것 말고는 그와 내가 그렇게 붙어 다녀야 했을 마땅한 다른 이유가 없었다(아닌가? 놀기 좋아하던 것도 서로 닮긴 했었다). 헌데, 그건 그렇고, 그런 쥘리앵이 여태 멀쩡하게, 여전히 내 안에서 활보하고 있는 것을 본다. 세월이 그렇게 흘렀는데 하나 늙은 기색도 없다. 그러니 그 아이의 출신성분에 대해서 계속 무심할 수도 없는 일이다. 아마 어머니의 그윽한 시야에 갇힌 '경탄스럽고 사랑스런 아들'이 아닌가 싶다. 그것 이외에는 아직 드러난 것이 없다. 어쩔 수 없이 「적두병」에서 또 몇 줄을 빌려온다.

"3월 7일 제82회 아카데미상의 장편 다큐멘터리 부분은 '코브(The Cove)'가 수상했다. 미국 사진작가가 찍은 이 영화는 일본의 작은 어촌에서 돌고래를 포획해 식용으로 판매하는 현장을 보여준다. 다큐멘터리 주인공은 돌고래 조련사에서 동물 보호 운동가로 변신한 인물이다. 그는 자신이 길들이던 돌고래가 자살하는 사건을 겪고 충격을 받아 돌고래 보존운동에 나선 것으로 알려졌다. 돌고래가 수조 밑바닥으로 가라앉으면서 호흡을 스스로 멈추는 순간을 목격한 주인공은 '돌고래는 사람보다 큰 뇌를 가진 동물이므로 사는 것이 힘들면 다음 숨을 내쉬지 않을 수 있다'고 말한다."

▶▶▶이인식의 멋진 과학, ≪조선일보≫, 2010.5.1

조간신문에서 '돌고래의 자살'을 읽는 순간 어머니의 수개월에 걸친 마지막 골방 칩거가 떠올랐다. 그러니까, 수조 안에 가라앉아 숨쉬기를 멈추었다는 고래가 하나의 이콘icon이 되어, 성화(聖畵)가 되어, 어머니의 그림 목록에 첨가되었다. 어머니는 세상을 버리기 수개월 전부터 홀로 자기 곁을 지키던 어린 아들과의 접촉을 끊었다. 행여 내가 문을 여는 기색이라도 있으면 가차없이 욕설을 퍼부었다. 그렇게 나의 출입을 금한 채 조용히 골방 안에 누워 마지막 숨을 고르고 있었다. 오직 아버지만이 어머니와 함께 있을 수 있었다. 멀리 떨어져 있던 형과는 어떤 식으로 연락을 유지했는지 모르겠다. 아마 비슷했을 것으로 여겨진다. 어머니의 유일한 자긍심이었던 형에게도 마지막 몰락의 순간은 끝내 보여주기 싫었음이 분명했다. 실제로 형은 어머니의 마지막 모습을 보지 못했다. 어머니가 마지막 날숨을 끝으로 영영 우리 곁을 떠날 때의 모습은 여태 흐릿하다. 비로소 나는 몇 달간 내 시야에서 사라졌던 어머니를 가까이서 볼 수 있었지만 이미 어머니는 거기 없었다. 아직 썩지 못한, 검누른 가죽으로 싸인 작은 해골이 있을 뿐이었다. 그런 어머니의 마지막 모습도 형은 보지 못했다. 형이 왔을 때는 이미 어머니의 시신이 한 줌의 재로 바뀌고 난 뒤였다. 형은 그때까지도 어머니의 죽음을 실감하지 못하고 있었다. 형은 어머니의 병세가 그 정도인지도 모르고 있었다. 어머니의 죽음에 대한 형의 반응을 볼 때 그런 짐작이 가능했다. 형에게는 어머니의 죽음이 그야말로 청천벽력이었다. 나는 좀 달랐다. 어머니가 스스로 선택한 그런 방식의 작별 인사 때문이었는지도 모르겠다. 어머니의 죽음은 당시의 내게는 별다른 감회를 주지 못했다. 그래서 지금도 그때의 그림이 잘 그려지지 않는다. 간혹, 그림이 그려지지 않는 그때를 생각하면 슬퍼지기도 하지만, 기억이 없다는 것은 그것이 일상이었다는 말이기도 한 것이다. 어머니의 마지막 일상은 내게 아무런 감흥을 주지 않았다.

그런 어머니의 '마지막 일상'을 두고 볼 때, 고모님의 화사한 노년의 얼굴에서 그 연배의 어머니를 연상했다는 것은 아무래도 불가사의한 일이다. 이제 와서 꽃다운 청춘에 허무하게 세상을 버린 어머니를 다시 화사한 노년의 얼굴로 복원해 보려는 심사가 괴이했다. 그것도 상극이었던 고모님의 얼굴을 통해서 말이다. 고모님은 어머니와 많이 달랐다.

외모도 다르고 성격도 달랐다. 두 분 사이에는 언제나 약간의 긴장이 존재했다. 내 기억에 그렇게 남아있다. 그것이 어떤 장소적 배경을 지녔던 사건인지는 기억에 없다. 시간과 공간이 사라지고 다만, 사건만 있다. 고모님이 오른손에 붕대를 칭칭 감고 내 앞에 나타난 적이 있었다. 두 집이 가까이 살던 때였던 모양이다. 나는 혼자서도 아장아장 걸으며 고모집과 우리집을 곧잘 오갔다. 말귀도 제법 알아들었던 것 같다. 어머니가 고모님의 미련을 타박했다. 보리쌀을 너무 치대다가 그만 손바닥에 염증이 생기고 말았다는 것이다. 어머니라면 절대 그런 일을 하지 않았다. 당연히 우리는 내일 죽어도 보리밥은 먹지 않았다. "조팝은 먹었어도 보리밥은 애당초 먹어보지 않았다"고 어머니는 말했지만, 그렇다고 내가 조팝을 먹어본 기억은 없다. 이북에서는 보리밥 먹는 풍속이 없었다는 뜻이었다. 그때도 팥밥을 자주 해 먹었다.

고모님과는 달리 어머니는 이를테면 '예술가적 기질'이 있었다. 노래도 곧잘 불렀고 그림도 잘 그렸다. 어머니가 그림을 잘 그렸다는 것, 방바닥에 도화지를 놓고 밑그림 하나 없이 풍경화며 인물화를 슥슥 그려나가는 어머니의 자태가 너무 아름다웠다는 것(초등학교 시절, 형의 담임선생님은 그런 어머니의 그림 솜씨를 자주 빌렸다), 아버지를 졸라 곧잘 극장 출입을 했다는 것(쇼가 들어오면 반드시 갔다), 그리고 맛있는 팥밥을 할 줄 알았다는 것(나는 아내가 팥밥을 할 줄 모르는 것을 보고 비로소 그것도 하나의 재능임을 알았다) 등으로 볼 때, 나는 어머니도 '팥쥐형 인물'이었을 것이라 짐작한다(고모님은 당근 콩쥐다). 한 마리 아름다운 어미 팥쥐. 나는 그녀의 작고 어린 새끼 팥쥐. 어머니는 언제나 나에게 그렇게 생각하라고 타일렀다. "넌 외탁이야. 형하곤 달라." 어머니는 늘 그렇게 내게 말했다. 그것이 얼마나 달콤한 유혹인지, 어미 없이 자란 콩쥐들은 모른다. 그건 팥쥐들끼리만 아는 것이다. 콩쥐들은 절대 모른다. 나는 그렇게 생각하며 자랐다.

갑자기 혼선이 왔다. 내가 사실은 팥쥐가 아니었다는 자각이 들면서 엉뚱한 염이 들기 시작했다. 콩쥐 고모님의 붕대 감은 손이 팥쥐 어머니의 심술 탓이었을 것이라는 막연한 추리가 걷잡을 수 없이 치고 올라온 것이다. 어머니는 끼니를 얻으러 온 동갑의 시누이에게 팥도 아니고 멥쌀도 아니고 보리쌀 한 됫박을 내 주었다. 콩쥐는 그것을 치대고 치대어서 마치 마법처럼, 하얀 쌀밥으로 만들었다. 자신의 손을 버려서 식구들에게 따스하고 부드러운 한끼 밥상을 만들어 준 것이다.

"여우같은 년, 오빠가 불쌍하지."

고모님이 붕대 감은 손을 보고 의아하게 여겼던 그날, 그날따라 고모님은 전에 없이 나에게 쓸데없는 역정을 많이 냈다. 조막만한 발바닥에 무슨 묻을 것이 있다고, 아장거리며 고모집을 찾은 어린 친정 조카의 발바닥을 세숫대야 안에서 아프게 문질러댔다. 조근놈 발이 아파요, 아마 나는 그렇게 징징거렸을 것이다. 팥쥐 어머니, 콩쥐 고모님. 한 분은 일찍 가셨고 한 분은 여태 계신다. 옛날이야기는 언제나 살아있는 자들의 몫이다. 죽은 자들에게는 산자들의 이야기를 들어줄 귀가 없다. 팥쥐 아들은 그게 슬프다.

그렇다. 기억은 그림이다. 그림은 시간이 지나면 색이 바랜다. 후대의 화가들은 그 위에 자기 색깔을 덧씌우기도 하고 마음에 들지 않는 인물과 배경은 지워버릴 수도 있다. 특히 자화상일 경우에는 더 그렇다. 그래서 나는 내 그림에 어떤 불멸의 진실이 있으리라고는 기대하지 않는다. 다만, 로렌의 독백이 심금을 건드릴 뿐이다. 그래요, 엄마. 아무 것도 아니에요. 아무 것도 아니죠. 그냥 쉬세요….

▶▶▶졸작, 「적두병」 중에서

장졸우교(藏拙于巧) 18

아이들은 다르다, 해리 포터와 마법사의 돌

아이들은 우리와 다르다. 아이 키울 때 흔히 겪는 고민 중의 하나가 〈왜 우리 아이는 늘 같은 책을 반복해서 보는가?〉이다. 수준을 높여가면서 쑥쑥 자라주면 좋겠는데 늘 고만고만한 책들에 빠져 있거나 아니면 손쉬운 만화책만 보려 한다. 학년이 올라가도, 그림 없는, 글자로만 된 책은 아예 상종하지 않겠다고 버티는 아이들도 꽤 있다. 우리집 아이도 그랬다. 서점에 가면 줄창 만화책만 붙들고 앉아있었다. 내가 권하는 책 한 권, 자기가 고르는 책 한 권으로 타협을 보자고 누누이 매달렸지만(?) 단 한 번도 성공한 적이 없다. 한 번 대오각성 하는가 싶더니(뒷부분에서 설명된다), 제대복학생이 된 지금도 그 고집은 버리지 않고 있다. 어디서 판타지 무협소설을 빌려다가 남몰래(우리는 모르는 척한다) 밤새워 읽는 눈치다. 아마 그곳에 자기만의 유토피아, 영호충(영화 〈동방불패〉의 주인공)의 '우배산牛背山'이 있는 모양이다.

> 그들은 우리와는 다른 시간 관념을 가지고 있다. 그들은 세계에 대한 다른 차원의 시각을 가지고 있다. 조니가 저녁 시간에 늦었을 때 우리는 "도대체 너 지금까지 어디 있었니?"하고 묻고 조니는 "아무데도 없었어요"라고 대답한다. 혹은 우리가 "도대체 너 지금까지 뭐하고 있었니?"하고 묻고 조니는 "아무 것도 안 했어요"라고 대답한다. 이 대답은 시간과 시계와 시간표에 대한 우리의 관점에 대한 일종의 미묘한 위협이기 때문에, 우리는 당혹스러워진다.
>
> ▶▶▶마리아 니콜라예바, 김서정 역, 『용의 아이들』 중에서

위의 인용에서도 말하고 있지만, 아이들의 관심은 어른들의 그것과는 사뭇 다르다. 그들에게는 그들만의 법과 경제가 따로 있다. 독서의 법칙도 마찬가지다. 유소년기의 '반복적 독서'는 다음의 몇 가지 요인에서 비롯된다. ① 본능 : 모든 반복은 쾌를 선사한다. 예술적 쾌의 태반은 반복에서 온다. 낯선 것을 거부하는 것은 본능이다. ② 서사 규범 훈련 : 정해진 이야기 법칙을 익힌다. 몇 가지 중요한 플롯을 익혀서 후일의 확산적 응용에 대비한다. ③ 내부 정보 환기 훈련 : 정보 획득은 외부에서 얻는 것과 내부에서 발생하는 것, 두 경로를 통해 이루어진다. 후자에서처럼 같은

것을 읽어도 늘 다른 생각을 떠올리는 경우도 많다. ④ 애정 행위 : 일종의 페티시즘이다. 좋아하는 내용, 좋아하는 장정裝幀에 대한 강박적인, 반복적인 애정 표현이다.

오늘의 주제는 아이들의 독서와 관련된 '정해진 것들'이다. 인간 사회는 '정해진 것들' 없이는 한 시도 존립할 수가 없다. 그것을 포괄적으로 '규범canon'이라고 부르기로 하자. 아이들의 독서물 중에 동화童話(동화와 유사한 플롯으로 기술된 위인전기류도 포함된)가 차지하는 비중이 매우 크다. 흔히 단원 신화mono-myth라고 하는 〈분리-시련-귀환〉의 플롯을 가진 이야기들이다. 비슷한 사건에 비슷한 결말, 비슷한 교훈이지만 아이들은 그 '뻔한 이야기들'에 열광한다. 그 이유를 〈규범적 예술양식〉과 〈비규범적 예술양식〉으로, 예술적 형식 자체의 이원적 속성을 들어 밝히고 있는 글이 있어 소개한다(그 관점에 따르면 동화나 판소리는 규범적 예술양식에 속한다). '반복적 독서'의 세 번째 요인, 〈내부 정보 환기 훈련〉에 대한 설명도 겸하는 내용이다. 현대예술에서는 새로움(실험정신)이 강조되지만, 규범적 예술에서는 규범을 지켜내는 것이 더 중요하다. 그것이 전체 예술 중의 일부에서 통용되는 '정해진 것'이라는 논리다.

커뮤니케이션의 두 가지 다른 타입이 있다. 일반적인 타입과는 반대로 바깥에서 받아들여진 정보는 일부분에 불과하며, 그것보다는 오히려 수용자의 마음속에 있는 정보를 증가시키도록 자극하는 타입이 있다. 이러한 자가 증폭은 수용자의 두뇌 속에 산재되어 있는 정보를 체계적으로 조직한다. 이 때 수용자는, 고정된 사실을 옮기는 단순한 수

용 과정에서보다 훨씬 더 능동적으로 활동한다. 자주 거론되는 가장 기본적인 사례는, 기차 지나가는 소리나 리드미컬한 음악이, 명상이나 기하학적 도형 작업(혹은 규칙적인 패턴에 관련된 작업)을 선호하거나 시의 '반복되는 언어'에 매료되도록 자극한다는 것이다. 이 모든 케이스에서, 내적인 정보는 조직화된 외부 정보의 영향 아래서 증가한다. 이런 현상이 더 복잡한 형태로 드러나는 경우를 우리는 규범적 예술에서 찾아볼 수 있다.

규범적 예술 텍스트는 전도된 원칙에 따라 만들어진다. 텍스트의 정보적 측면은 통제되는 반면 시스템의 '언어'는 비자동적인 메커니즘을 따른다. 우리는 의사소통을 하면서 끊임없이 이 비자동적 메커니즘을 의식한다. 다른 말로 하자면, 중요한 것은 무엇을 말하느냐가 아니라 어떻게 말하느냐인 것이다. 자연 언어로는 무엇이든지 말할 수 있다. 그러나 규범적 텍스트의 '시스템 언어'는 어떤 특정한 것에 대해서만 말할 수 있다. 물론, 규범적 텍스트에만 해당되는 것은 아니다. 모든 예술적 코드화(codifying), 즉 일정한 약호체계의 도움을 받는 텍스트의 창조는, 우리가 자연 언어를 말하거나 쓸 때처럼 자동적으로 일어나지 않는다. 자동적으로 일어난다면 그것은 이미 예술이 아닌 것이다. 그러므로 근본적 부분은 메시지가 어떻게 형성되느냐에 있는 것이다.

비규범적인 텍스트가 정보의 원천이라면, 규범적 텍스트는 '환기시키는 힘'이다. 비규범적 텍스트에서 표면적 구조는 발신자와 수신자 사이의 정보 채널 혹은 연결 고리이다. 규범적 텍스트에서 구조는 정보의 본질이다. 구조는 수신자에게 전달되어 그들의 마음속에 이미 존재하고 있는 정보를 구성하도록 도와준다. 여기서 다시 한번 아이들의 모험

소설 독서의 예를 상기해 보자. 그들은 지금 읽고 있는 텍스트를 전에 읽었던 모험 이야기와 연결시키고, 비교하고, 대조한다. 물론 이 과정은 무의식적으로 이루어진다. 이것이 아이들이 독서하는 동안 행하는 창조적 작업이다. 아이들이 왜 자꾸만 똑같은 책을 고르는지 의아해할 때, 우리는 이 중요한 과정을 무시하고 있다는 것을 알 필요가 있다.

▶▶▶마리아 니콜라예바, 김서정 역, 『용의 아이들』 중에서

사족 한 마디. 아이들의 동화가 규범적 텍스트의 일종이라는 것을 부정하지는 않는다. 그러나, 나는 동화 자체가 '위대한 장르'라는 것을 인정하지는 않는다. 다만 '필수적 장르'라고만 생각한다. 나는 소설가다. 그래서 우스갯소리로 이렇게 말한다. "백동百童이 불여일소不如一小다." 동화 백편이 소설 한 편보다 못하다는 말이다. 대학 시절에 유행하던 "백고가 불여일부"(고고 백 번 추는 것보다 부루스 한 번 추는 게 낫다)라는 말과 비슷한 함의라고 보면 된다. 동화와 소설은, 설혹 비슷한 이야기라도, 인생에 접接하는 느낌 자체가 달라서 아이들에게 미치는 영향력의 파장이 엄청난 차이를 보인다. 집아이가 중1때의 일이다. 하루는 놈이 불쑥 내 방에 들어와서 좌우상하로 책장을 쭈욱 훑어내리는 거였다. 너 뭐하냐? 내가 그렇게 쳐다보자, 아이가 창문 턱 아래 깔아놓은 이단짜리 앉은뱅이 책장 위에 엉덩이를 턱 걸치더니, 이렇게 말했다.

"아부지, 이순원 알아요?"

웬, 이순원? 이놈이 지금 누굴 묻는거야? 그 나이에 소설가 이순원을 찾는 일이 무에 있겠나 싶었다. 그러나, 그 아니면 내 방에

와서 찾을 일도 없는 일이었다. 그러면 이 놈이 지금 내 책장에서 이순원 소설을 찾고 있었다는 말인가?

"소설가 이순원?"

"예."

"알지. 아버지 후배."

그렇게 대답했다. 느낌에 나쁜 일은 아닌 것 같아서 그렇게 물고 들어갔다. 그 덕에 면面을 좀 세우고 싶었던 거다.

"에이~, 후배는 무슨…."

가소롭다는 표정이었다. 어떻게 아버지 같은 시시한 인간이 그렇게 존경받는 소설가의 선배를 자처하느냐, 양심이 좀 있어라, 그런 어투였다. 그래서 말했다. 등단도 내가 일년 빠르고, 나이도 한두 살 내가 위고, 그러면 선배 아니냐고, 세상에 선후배 정하는 법칙이 그것 말고 또 있느냐고, 막무가내로 밀어부쳤다. 아이가 뭐 이런 사람이 다 있어라는 표정을 지었다. 어쨌든, 중1짜리가 기특했다.

"뭐, 좋은 거 읽었냐?"

"예, 소설요, 소설 참 대단하던데요."

어이쿠, 싫었다(월척?). 중1때 소설 좋은 줄 알았으면, 크게 좋은 선물을 받은 거다. 그래서 또 물었다.

"무슨 소설?"

"19세요."

일전에 TV에서도 방영된 소설이었다. 성장소설로 널리 알려진 소설이었다. 공연히 장난끼가 동했다. 약간의 에로티즘이 있었다는 생각이 들어서였다.

"야 임마! 그건 19금이잖아?"

일부러 그렇게 도발(?)했다. 좋은 성장소설을 읽었구나라고 말하는 건 생략해도 되겠다 싶었다. 일단 소설가이기 전에 아버지로서 분명하게 선(?)부터 그었다. 그러자 이놈이 얼굴이 벌개져서 손사래를 쳤다.

"아니에요~. 국어 선생님이 아이들에게 읽으라고 주셔서 읽은 거예요."

아직 미스인 국어선생님이 『우리를 슬프게 하는 것들』과 『19세』, 그 두 권을 자기가 맡고 있는 반 아이들에게 지정 도서로 읽게 했단다. 알고 보니 놈보다는 20대 후반이라는 국어 선생이 기특한 거였다. 소설가의 일원으로서 자기 반 아이들에게 '소설이라는 게 대단한 것이더군요'라는 자백을 받아낸 젊은 선생이 고마웠다. 그 이후로 아들놈이 아버지 바라보는 시선이 훨씬 존경의 빛을 많이 담아내게 되었다는 것은 불문가지의 사실이다. 어쨌든, 그 가내家內 사건 하나만 보더라도 "백고가 불여일부"라는 속설이 틀린 것은 아닌 것 같다.

동화와 소설의 중간쯤에 『해리 포터와 마법사의 돌』(조앤 K. 롤링, 1997)이 있다. 워낙 유명한 책이라 따로 설명은 하지 않는다. 『해리 포터』의 서두 부분에 재미있는 대목이 나온다. 작가가 텍스트 외적 맥락을 텍스트 안에다 슬쩍 이식移植해 놓은 부분이 있다. 등장인물의 입을 빌려서, 텍스트 내적 의미가 텍스트 외적 맥락을 공유할 수 있도록 작가가 기교를 부린 부분이다. 기교를 부린 건

맞는데, 자신의 약점을 가리기 위해 부린 것이 아닌지라 장졸우교라고는 할 수 없겠고, 보석傲氣(?)을 숨기기 위해 기교를 부린 것이라 치면 '장보우교藏寶于巧'나 '장오우교藏傲于巧' 쯤 되겠다. 정해진 출판의 기약도 없이, 비 맞은 초상집 개처럼, 여기저기 출판사를 찾아다닌다는 것은 작가로서는 굴욕적인, '참을 수 없는 존재의 가벼움'을 겪는 일이다(겪어보지 않은 자는 모른다).『해리 포터』의 저자도 만만찮게 그런 굴욕을 겪어야 했다. "이런 구닥다리 동화를 누가 읽겠는가?"라고 편집자들은 그녀를 내려다보며 말했다. 그럴 수밖에 없다. 동심을 노리고, 코흘리개 돈을 노리고, 부모된 자들의 무식과 불신과 공연한 희망을 만족시켜야 하는 동화 편집자들이라고 마냥 동심의 세계를 누릴 수 있는 것은 아니다. 그들의 일차적 소명은 속지 않는 것이다. 돈에 속아서도 안 되고(돈은 자기를 믿으면 달아난다), 어중이떠중이 작가에게 속아서도 안 되고(작가들은 다 미친놈이다. 오래 그들의 말을 듣고 있으면 병이 옮는다), 자신에게 속아서도 안 된다(무엇에 홀리는 수가 있다). 그들에게 잘못은 없었다.(이상은 내 뜻이 아님, 조앤 K 롤링의 빙의임. 그녀가 초상집 개처럼 출판사를 찾아다녔다는 것도 과장임. 사실은 에이전트를 통해서 12군데의 대형출판사에 출판 의뢰를 했다가 거절되었다고 함)

"난 해리를 그의 이모와 이모부에게 데려다 주려고 온 거라오. 이제 해리에겐 친척이라곤 그들뿐이잖소."

"설마…… 설마 여기 살고 있는 저 사람들을 말씀하시는 건 아니겠죠?" 맥고나걸 교수가 벌떡 일어나 손가락으로 4번지를 가리키며 큰

소리로 말했다. "덤블도어, 그럴 순 없어요. 전 저들을 온종일 지켜보고 있었어요. 그 두 사람은 우리와는 전혀 달라요. 그리고 그들에겐 아주 못된 아들이 있다구요. 전 그 애가 저 길을 걸어가는 내내 사탕을 사달라고 소리소리 지르며 엄마를 발로 차는 걸 보았어요. 해리 포터가 이런 곳에 와서 살다니요!"

"하지만 해리에겐 여기만큼 좋은 곳이 없어요." 덤블도어가 단호하게 말했다. "해리의 이모와 이모부는 해리가 크면 모든 걸 설명해 줄 수 있을 거요. 내가 그들에게 줄 편지 한 통을 써 두었어요."

"편지 한 통이라구요?" 맥고나걸 교수가 다시 담 위에 앉으면서, 힘없이 말했다. "덤블도어 교수님은 정말로 이 모든 걸 편지 한 통으로 다 설명할 수 있다고 생각하세요? 이 사람들은 해리를 절대로 이해하지 못할 거예요! 그 애는 유명해질 거예요. 전설이 되겠죠. 전 오늘이 장래에 '해리 포터의 날'로 알려진다 해도 놀라지 않을 거예요. 해리에 대해 쓰여 진 책들도 나올 거예요. 우리의 세계에서 해리의 이름을 모르는 아이는 하나도 없을 거예요!"

"바로 그거요." 덤블도어가 반달 모양의 안경 너머로 아주 진지한 표정을 지으며 이렇게 말했다. "그렇게 되면 어떤 아이라도 우쭐대게 될 거요. 걷고 말하기도 전에 유명해졌으니 말이오! 자신은 기억나지도 않는 일로 유명해졌으니 말이오! 그러니 그 애가 그것을 받아들일 준비가 될 때까지 그 모든 것으로부터 떨어져서 자라는 게 차라리 훨씬 더 낫다고 생각지 않소?"

▶▶▶고딕밑줄 인용자

또 하나, 그들은 '머글'이라는 새로운 단어가 어떤 의미를 지니고 있는지 몰랐다. 그 후줄그레한 물색의 30대 이혼녀가 자신의 잡동사니 오래된 이야기들 속에 '머글'이라는 단어 하나를 슬쩍 끼워놓은 것을 그들은 보지 못했다. 그것으로 인해 조만간에 세계의 중심이 바뀔 것이라는 것도 당연히 몰랐다. 그들은 오로지 자신들의 눈으로 확인되는 것만 믿을 뿐이었다. 21세기의 어린이들이 어떤 과학문명의 혜택을 받으며 자랄 지에 대해서도 무관심했다(오불관언!). 아이들이 누구나 자신의 마법 능력을 뽐내며 살아갈 시대가 도래할 것이라는 것도 예견치 못했다. 누구나 마법사가 되는 시대가 곧 온다는 것을 예견하지 못했다. 이제 아이들은 어떤 이야기 앞에서도 '망설임' 없이 소통할 마음의 준비가 되어 있다(괴담?). 중요한 것은 '구닥다리 서사구조'인가 아닌가가 아니었다. 낡은 마법 이야기의 재탕 여부도 아니었다. 중요한 것은 인간을 어떻게 볼 것인가였다. 그거였다. 그걸 모르는 이들이, 그때도 많았고, 아직도 많다.

이 글도 '해리에 대해 쓰여 진 책들' 중의 하나가 되었는지도 모르겠지만, 작가의 희망은 현실이 되어 있다. 밑줄 친 부분은 맥고나걸의 음성을 빌리긴 하였으나, 실제로는 예언적 효과를 지닌 작가의 육성이다. 나도 그런 예언을 써 넣을 공간을 이 페북 어디엔가 만들면 안 되나? "이 사람들은 이 글을 절대 이해하지 못할 거구만요!"라고 어디 써 넣을 데가 없나?

장졸우교(藏拙于巧) 19

로코보코를 찾아서, 모비 딕

친구들과 배부른 저녁을 먹고 들어왔다. 그럴 때면 늘 과식이다. 이것저것 나오는 대로 먹다보면 배가 터질 것 같다. 늘 그렇다. 식탐의 오래된 체질이 여지없이 발로된다. 마치 죽기를 각오하고 먹는 꼴이다. 완전 배부른 돼지새끼 꼴이다. 친구들도 마찬가지다. 늘 그렇다. 50년(개중에는 초등학교 동창도 있다), 변치 않는 친구들이다. 모이면 그 옛날의 궁기窮氣 이야기가 늘 등장한다. 멀쩡한 허우대, 그 겉이야 어떻든, 속으로는 모두 궁핍한 영혼들이다. 다 불쌍한 영혼들이다.

두어 시간, 세상사 이것저것, 주변의 정치, 경제, 사회, 문화에 대해 옥신각신 떠들었다. 요즘 들어서 친구들과 나 사이에서 무언가 잘 안 맞는 것들이 자주 노출된다. 언성을 높여 티격태격 할 때도 종종 있다. 그럴 때면 내 편은 한 명도 없다. 한두 명과는 정면 충돌, 나머지는 수수방관하는 모양새다. 언젠가부터 그들과 나는 서로 다른 지도를 가지고 산다. 서로의 지도가 많이 다르다. 어느 곳을 두고 나는 독도라 하는데 그들은 다케시마라고 한다. 독도는 우리땅이다라고 내가 말하면, 우리 지도에는 독도라는 게 없으니 네 말이 무슨 뜻인지 아예 모르겠다라고 그들은 말한다. 내가 볼 때, 그들이 갖고 있는 지도는 많이 낡았다. 내용도 많이 부실하다. 10리 밖은 흐릿하다. 편견도 심하다. 그런데 그들은 그들의 것이 낡아서 오히려 더 가치가 있다고 생각한다. 편견이 있어 오히려 더 사랑스럽고 무조건 오래된 것은 좋다고 여긴다. 그래서 나는 그들 앞에서는 언제나 배신자고 별종이다. 그들은 자신의 지도에 없는 것은 믿지 않는다. 누가 뭐래도 믿지 않는다. 그래도 친구니까 그냥 만난다. 언젠가 이런 상황도 종식될 것이라 믿는다.

집으로 돌아오면서 생각했다. 로코보코, 누구나 로코보코를 쫓으며 살고 있을 뿐이다. 내가 찾는 것도 그것이고 내 불쌍한 친구들의 영혼이 쫓는 것도 그것이다. 그게 맞다. 만약 그렇다면 그것이 서로 다르다고 해서 남을 탓할 수만은 없는 일이다. 그들이 태어난 자궁과 내가 태어난 자궁이 서로 다른데, 서로의 어머니가 서로 다른데, 내 어머니만 자상하고 어여쁘다고 강변할 수만은 없다. 로코보코는 본디 '지도에 없는 것'이기 때문에 내 지도만 옳다고 강변할 수 없다.

본디 진정한 장소는 지도에 없는 법이다. 나는 그 말을 정진홍 선생의 『고전, 끝나지 않는 울림』(강, 2003)에서 처음 읽었다. 『모비 딕』에 나오는 말이라고 했다. "퀴이퀘그는 머나먼 서남쪽 바다에 있는 로코보코라는 섬에서 태어났다. 어느 지도에도 이 섬은 기록되어 있지 않다. 진정한 장소는 지도에 나와 있지 않는 거다. 누구나, 그러므로 당신도, 자기가 태어난 곳은 로코보코 섬이다. 당신이 바로 그 곳에서 태어났다는 것이 진실이라면 그곳은 지도에 없다. 그러니 자기가 태어난 곳을 찾지 않고 로코보코를 찾는다는 것은 얼마나 어리석은가?"라고 선생의 독서감상문은 적고 있었다. 그 말을 처음 대했을 때는 그 말에서 오늘처럼 '정치적인 어감'을 찾아낼 생각이 전혀 없었다. 이런저런 우여곡절을 거쳐서, 가까운 친구들이 모두 백경白鯨 같이 느껴지기 시작해서, 아마 거기까지 생각이 미쳤던 모양이다. 다 털어내고, 본업으로 돌아가 오랜만에 그 때의 이야기를 한 번 상기해 보자. 오늘 밤의 정서는 나에게 그것을 강요한다.

나는 그 말을 영상매체가 따라오지 못하는 문자매체만의 '문자적 상상력'을 설명하는데 원용했다(졸저 『코드와 맥락으로 문학읽기』 참조). 문자는 애매하고 모호한 이미지를 전달함으로써 오히려 더 큰 정서적 울림과 구성적 의미를 전달할 수 있다는 논지다. 그리고, 문자는 자기만의 세계를 가지고 있는 것이어서 그것의 율법을 익히는 것이 독서의 첫걸음이라고 썼다. 세상의 율법, 세상의 지도는 그것(독서) 앞에서 무용지물이 될 때가 허다하다는 것을 강조했다. 그게 '진정한 장소는 지도에 없다'라는 역설적 메타포를 내가 빌려 쓴 맥락이다. 물론 그 말의 내포가 그것뿐인 것은 아니다.

누구든, 자신이 가진 지도 안에서만 무엇을 찾고자 하는 것은 현명한 태도가 아니다. "지도 밖으로 행군하라"라고 누가 말했다. 그 말이 탐험가들에게만 적용되는 격언이 아니라는 것을 우리는 알고 있다. 우리는 늘 자기가 가진 '지도 밖'을 생각하며 살아야 한다. 생각만 하는 것이 아니라 틈만 나면 그곳 밖으로 뛰쳐나가야 한다. 그래야 성숙이 있고 발전이 있다. 책을 읽을 때도 마찬가지다. 자기가 가진 지도, 자신의 좌표, 자신의 백과사전에만 의존해서는 보상을 얻을 수 없다. 그저 확인만 있을 뿐이다. 그러나, 보통의 독서는 그저 자신이 알고 있는 것들의 수평적인 이동에 그칠 때가 많다. 특히, 우리같이 세상을 책으로 읽어낼 수 있다고 생각하는 자들의 행태 속에서 그런 모습을 많이 본다. 어쩌면 그게 가방끈 긴 자들의 전형적인 행태이기도 하다. 문학 교수입네 하며 뭐든지 거룩한 인용으로 끝장을 보려하는, 나 같은 자들이 특히 그렇다. 늘 선명한 지도를 원한다. 그래서 늘 보는 것만을 본다.

내가 여태 보지 못한 것을 찾아떠나는 여로가 독서라는 것을 제대로 한 번 배웠다. 정진홍 선생의 '500년에 하나 나올까 말까한 (진정한 예술가는 500년에 걸쳐 사는 이라고 화가 김종학이 말했다)' 독서감상문들을 보고 배웠다. 때로 전문가를 자처했지만 모르는 것이 많았다는 것을 새로 알았다. 자기만의 로코보코를 찾아 떠나는 것이 독서라는 사실, 읽기든 쓰기든 모험이지 않은 것들은 그저 종이 쓰레기에 불과하다는 것을 재삼 확인했다. 선생의 「문학과 경전 사이」라는 『모비 딕』 감상문의 후반부에, 마치 에필로그처럼 첨가된 다음과 같은 내용이 특히 그렇게 못을 박았다(내 가슴에!).(아래 인용문 중 *는 원전. 〈정〉은 정진홍선생의 코멘트다)

* "WHALE : 스웨덴 및 덴마크어 hval. 이 동물은 덴마크어 hvalt가 아치(활 모양)형 혹은 둥근 천장의 모양을 가리키는 데서 볼 수 있듯이, 그 둥그스름한 데서 혹은 뒹구는 모양에서 명명된 것임." - 『웹스터 사전』(어원부, 27쪽)

* 작은 고기를 위한 동화를 쓰시겠다면 그것들을 큰고래처럼 말하게 하셔야 할 것입니다. - 골드스미스로부터 존슨에게(문헌부, 36쪽)

* 나다니엘 호손에게, 그의 천재에 대한 나의 찬양의 표시로서 이 책을 바치나이다.(헌정사, 47쪽)

〈정〉『모비 딕』의 줄거리를 소개하라면 나는 그가 누구이든 그 부탁을 거절할 자신이 있다. 그러한 부탁을 하는 게으름을 경멸해서도 그렇거니와 그러한 일은 내가 하고 싶지 않은 일이라서 그렇기도 하다. 그러나 가장 중요한 까닭은 내가 그 줄거리를 다듬을 수 없다는 데 있다. 작품이 산만해서가 아니다. 어느 줄거리를 요청하는지 부탁하는 이의 심중을 짐작하지 못해 그렇다. 그래도 아직 그러한 부탁을 하는 사람에 대한 연민의 정이 순간의 포말(泡沫)처럼 내게 남아 있다면, 그리고 나는 틀림없이 그만큼 괜찮은 사람인 듯한데, '고래와 고래잡이의 비극적인 운명'에 관한 이야기라고 할 수 있을 터인데, 나는 내 독자가 나의 그러한 '소개'를 '이발관 그림'이라고 하리라는 것을 이미 알고 있다.

* 술이 취한 기독교도보다는 근실한 식인종과 함께 자는 게 낫지 않을까. (제3장 여인숙 '분조관', 72쪽)

〈정〉 '나' 이슈마엘은 바다로, 그것도 고래잡이배를 타고, 곧 바다로 간다. 그런데 오늘 '나'는 '분조관'이라는 여인숙에서 살잡이 퀴이퀘그와 한 방에서 잠을 잔다. 그는 식인종이라고들 말한다. 조금은 마음이 편하지 않다. 하지만, '술이 취한 기독교도보다 식인종과 함께 자는 게 낫다는 것'을 '나'는 안다. 당연하다. 배부른데도 살육을 행하는 것이 누구인지 우리는 잘 알고 있지 않은가?

* 퀴이퀘그는 머나먼 서남쪽 바다에 있는 로코보코라는 섬에서 태어났다. 어느 지도에도 이 섬은 기록되어 있지 않다. 진정한 장소는 지도에 나와 있지 않는 거다. (제12장 생애, 99쪽)

〈정〉 누구나, 그러므로 당신도, 자기가 태어난 곳은 로코보코 섬이다. 당신이 바로 그 곳에서 태어났다는 것이 진실이라면 그곳은 지도에 없다. 그러니 자기가 태어난 곳을 찾지 않고 로코보코를 찾는다는 것은 얼마나 어리석은가?

선생은 원전의 내용과 자신의 코멘트를 섞어서 쓰고 있다(책에는 서로 다른 필체로 구분되어 있지만 여기서는 가독성을 위해 그 구분을 없앴다). 뜻만 간단하게 요약하자면 이렇다. '줄거리 요약'만이 작품 감상의 능사가 아니다. 오히려 그것은 좋은 읽기를 방해하는 것이다. 문학 작품은 결국 '자기를 찾는 길'을 안내하는 책이다. 자기를 찾으려면 자기가 태어난 곳에서부터 출발해야 한다. '자기가 태어난 곳'은 자기만 아는 곳이므로 지도에는 없다. 그걸 '로코보코'라는 식인종 퀴이퀘크의 고향 이름으로 대신하자. 대충 그런 내용이다. 길 없는 길, 선가禪家의 일기일경一機一境과도 일맥상통하는 뉘앙스를 지닌 이야기였다. 자기 스스로 깨쳐야 하는 부분이 있으니 그것에 집중하고 점차 넓혀나가라는 충고로도 들렸다. 그 정도는 금방 이해가 되었다. 그러나, 그 앞에 열거한, 원작의 서두를 장식하는 여러 수사修辭들은 좀 헷갈렸다. 고래의 어원語源부터 밝히는 수고가 왜 이런 소설에 필요한 것인지를 몰랐다. 아무리 고래 잡는 이야기라고 해도 그렇지, 그런 너스레(?)까지 꼭 필요한 것이었을까, 그게 한 인간의 초월적 욕망 내지는 자신의 삶을 영원히 이 우주에 각인하려는 욕망과 무슨 함수 관계에 놓인다는 말인가? 일모도원日暮途遠, 해는 지고 갈 길은 먼데, 공연히 그런 샛길을 많이 만들어서 도리어 주제를 분산시키는 것은 아닌가라는 생각마저 들었다. 물론 못난 생각이었다.

『모비 딕』과 같은 거대하고 융숭한 문자 텍스트는, 독자의 '문자적 상상력'이 마음껏 유영遊泳할 수 있는 광대한 문자의 바다이고, 거기에서는 그러한 '유영' 그 자체가 바로 자신(문학)의 존재 방식, 혹은 목적이 될 수도 있다는 것을 비로소 알게 된 것은 한참 뒤의 일이었다. 고래가 왜 '고래'인지부터 음미해야 되고, 이 이야기가 나오게 된 연원에 대한 경의의 헌정사를 생략할 수 없고, 주제 외적인 잡동사니 이야기들이 그렇게 더덕더덕 붙어있어야만 하는 이유가 바로 거기에 있었던 것이다. 그게 바로 그 세상의 율법이었던 것이다. 그것도 모르고 순진한 역모꾼처럼, 오직 주제만이 전부인 것처럼 날뛰며(한 줄의 묘사도 거추장스러운 존재였다) 한때나마 소설가를 참칭했으니 이는 능지처참에 처해지고도 충분히 남을 일이었다. 또 한 번 안에서 무언가가 허물어지는 소리가 크게 들렸다. 주제 따위가 무에 그리 대수일까? 완전히 버림받은 자처럼, 주제 지상주의자의 마음에서 그런 역심逆心마저 고개를 쳐들었다.

그런 와중에서도, 무릇 모든 독서는 자신의 '로코보코'를 찾아 떠나는 항해일 뿐이다. 그 항해는 '환유적 사고의 확장'이라는 배를 타고 이루어진다. 환유적인 사유의 확장이란 무엇인가, '환유는 인지적으로 백과사전적인 지식과 문화적 특성이 함께 포함된 이상적 인지 모형 내의 개념적 인접성에 토대를 두고 있다. 이러한 인접성은 경험적으로 공간적 인접성과 시간적 인접성의 개념적 관계에 기초하고 있으며, 구체적인 대상물에 대하여 지시적 기능이 강조되지만 행동이나 사건과 관련된 경우에는 구체적인 지시물을 통한 이해의 기능이 강조된다. 요컨대 환유의 인접성은 인지적으로 개념에 대한 하나의 접근성의 차원에서 이해된다(이종열, 『비유와 인지』)는 식의, 나가 뒈질, 인용문 찾기 놀음이나 하고 앉았었으니 정말이지 한심하기 짝이 없는 노릇이었다.

당연히 다음과 같은 선생의 진언眞言도, 『모비 딕』이라는 소설을 스스로 다시 쓰고 싶다는 말씀도, 차라리 소설가로 입신하지 못한 한 노현자의 선의善意의 질시에서 나오는 투정쯤으로만 받아들였다.

무엇보다도 저는 이 소설의 사실 묘사를 훨씬 더 강화할 것입니다.

어쩌면 이 책을 이 소설에서 기술한 이상의 더 완벽한 고래 박물지(博物誌)로 만들 것입니다. 또ㄴ다시 한번 이를테면 페들러를 그리기 위해 저는 이렇게 저렇게 장을 나누어 10장은 더 마련할 것입니다. 기름솥(96장)의 묘사도 양을 더 늘리고 더 많은 사실들을 첨가할 것입니다. 물방울 하나의 비산(飛散)도 한 장을 다 할애하면서 기술할 것입니다. 어쩌면 저는 이 소설을 처음부터 마지막까지 사물 하나하나에 대하여 무섭고 메마르고 더할 수 없이 자질구레하게, 어떤 구석도 지나치지 않으면서, 읽는 사람들이 그 정밀한 관찰과 정교한 서술에 몸서리치게 감탄하도록 그렇게 쓰고 싶습니다. 저는 사물에 대한 정치한 묘사 자체가 서정을 낳고, 현실을 보게 하며, 은유를 발언하게 하고, 상징을 빚으며, 신화를 음송할 수 있게 하고, 의미를 지니게 하며, 마침내 시와 이야기를 현존하게 한다고 말하고 싶기 때문입니다. 저는 그래야 하겠다는 다짐을 바로 이 책을 읽으면서 한 것이라고 말할 수 있습니다.

▶▶▶정진홍, 『고전, 끝나지 않은 울림』 중에서

"사물에 대한 정치한 묘사 자체가 서정을 낳고, 현실을 보게 하며, 은유를 발언하게 하고, 상징을 빚으며, 신화를 음송할 수 있게 하고, 의미를 지니게 하며, 마침내 시와 이야기를 현존하게 한다"는 선생의 말이 심금을 울린 것은, 아이러니컬하게도, 책을 읽을 당시가 아니었다. 당시는 그 말이 문자로만 각인되었다. 그것이 육화된 것은 한참 뒤의 일이었다. 어떤 설명이나 주장으로도 물리칠 수 없는, 도저한 세상의 악惡과 대면하는 경험을 갖고 나서였다. 악은 인간 세상에 편재한 하나의 구조라는 것을 그때 비로소 알았다. 인간이 가진 태생적 한계의 다른 이름이 그것이라는 것도 알았다. 그랬었구나, 세상의 모든 진정한 예술가들이 그렇게 '묘사'에 매달렸던 이유가 여기 있었구나, 그런 염이 들었다. 결국 내가 할 수 있는 일은 '묘사'뿐이었다. 쓰기를 통해 스스로 '묘사'에 열중하고, 읽기를 통해 남의 '묘사'에 집중하는 것이 내가 할 일이었다. 악과의 대면을 통해 왜 그런 '심리내적 에너지의 변환과정'이 내 안에서 일어났는지에 대해서는 여태 나도 알지 못한다. 다만 그때 이후로 '묘사'가 인간이 할 수 있는 최선의 방법이라는 것만을 알게 되었을 뿐이다.

오늘 저녁 모임에서는 나도 가급적 '묘사'에 충실하려고 했다. 도덕이고, 선이고, 정의고, 역사고, 그런 관념들에 대해서는 일절 말하지 않았다. 신문과 방송이 전하는 사실, 그리고 우리 앞에 놓여진 떡밥들에 대해서만 말했다. 그러나, 50년 변치 않는 친구들은 듣지 않았다. 어차피 세상은 약육강식이라는 표정들뿐이었다. 그것 이외의 말은 모두 신화와 전설이었다. 그들은 여전히, 오래된 그들만의 낡은 지도 속의 신화와 전설을 이야기할 뿐이었다. 좋은 학교를 나오고 좋은 직장을 가지고 좋은 생활을 누리며 사는 친구들이 왜 그래야 하는지 아무리 생각해 봐도 도무지 이해가 되지 않는다. 도대체 저 악을 어떻게 퇴치할 수 있단 말인가? 아, 어쩔 수 없다. 로코보코를 찾는 일은 어차피 혼자 노 저어 가는 일이다.

장졸우교(藏拙于巧) 20

사느냐 죽느냐, 햄릿

햄릿 1: 사느냐 죽느냐

예나 제나 사람이 정말 견디기 힘든 고통을 겪고 있을 때 곧잘 생각하는 것이 바로 자진自盡이다. 스스로 이 세상과의 모든 인연을 끊고 싶어진다. 실제로 그렇게 한 사람들도 꽤 있다. 평생을 살아오면서 그런 생각을 단 한 번도 해 보지 않은 사람은 정말 행복한 사람이다. 그런 의미에서 『햄릿』은 삶과 죽음, 그리고 그것의 예술적 표현에 대한 '살아 있는' 우리의 '공부'를 요구하는 텍스트다. 식자識者치고 햄릿의 유명한 독백 'To be, or not to be : that is the question'(3막 1장)을 모르는 사람은 없을 것이다. 셰익

스피어도 아마 그런 일에 마음 깊이 동병상련했던 모양이다. 도대체 산다는 것의 그 깊고 깊은 의미가 무엇인지, '사느냐 죽느냐, 그것이 문제로다', 햄릿을 시켜 그 유명한 대사를 절실하게 외우게 한다.

그 '사느냐 죽느냐, 그것이 문제다'가 내게는 한때 트라우마였다. 실제상황이 그렇다는 게 아니라 그 표현(구절)이 그렇다는 거다. 대학원을 졸업하고 16주 군사훈련을 받은 후 사관학교 교관으로 부임해서 공개 강의로 강의 능력 평가를 받을 때였다. 교직 경험이 없는 친구들은 그 테스트를 통과하기 위해서 보통 두세 차례의 수업 실연을 해야 했다. 갓 중위 계급장을 단 풋내기 교관들이 노련한 중령, 대령급 교관들을 앉혀놓고 강의를 하려니 다리가 후들후들 떨렸다. 나는 대학원 시절 학업과 교직을 병행했기 때문에 다소 여유가 있는 편이었다. 3,40분 잘 나갔다. 그러다가 무슨 예를 들다가 'To be, or not to be : that is the question'이 튀어나왔다. 없어도 될 문맥이었는데, 공연한 사족蛇足을 그렸다. 아무 생각 없이 '이것이냐 저것이냐, 그것이 문제로다'라고 옮겼다. 야, 양중위, 그거 사느냐 죽느냐 아냐? 문학 교관이라는 자가 그게 뭐야? 앞에 앉아 있던 일반학 처장이 어이없다는 듯 눈을 흘겼다. 6.25 참전용사였던 노병老兵은, 그 시절의 학도병들이 대게 그랬듯이, 문학적 소양이 깊은 분이었다. 아, 예, 실숩니다. 그렇게 얼른 자복하고 넘어갔다. 너무 오바하지 말라우, 알 만한 친구가 왜 그래? 그 정도로 넘어갔다. 그 뒤부터 그 영어 구절만 보면 괜스리 주눅이 들었다.

몇 년 전 우연히 그 대목이 '있음이냐 없음이냐, 그것이 문제로다'로 번역되어 있는 책을 보았다. 중역을 배제하고 보다 원문에 충실한 번역을 꾀했다고 선전되던 모 출판사의 세계문학대전집에서였다. 일단 반가웠다. 그게 바로 내가 고등학교 때 그 대목을 처음 보고 자작한 해석이었기 때문이었다. 아마 '정통 종합영어'나 '천이백제' 같은 영어문제집에서 그 대목을 처음 만났던 것 같다. 그러나, 그런 식의 '자작 해석'은 존중받지 못했다. 예나 제나 정론적定論的 해석은 어디까지나 '사느냐 죽느냐'였다. 무슨 까닭이 있겠지, 그런 생각이 들었다. 그라니, 자기들끼리 뭐라 하든 나는 그 번역이 싫었다. 그걸 굳이 '사느냐 죽느냐'로 나이브하게 옮기는 게 왠지 싫었다. 'Be 동사'가 그렇게 확장(축소?)되는 게 낯설기도 했다. 그래서 나도 모르는 사이에, 풋내기 교관 시절, '이것이냐 저것이냐'로까지 흘렀던 거였다. 굳이, 분석을 해보자면 그렇다는 거다. 이왕지사 이야기가 나왔으니 신번역으로 된 그 부분의 대사(독백)를 한 번 살펴보자.

햄릿: 있음이냐 없음이냐, 그것이 문제로다.
어느 게 더 고귀한가. 난폭한 운명의
돌팔매와 화살을 맞는 건가, 아니면
무기 들고 고해(苦海)와 대항하여 싸우다가
끝장을 내는 건가. 죽는 건 - 자는 것뿐일지니,
잠 한 번에 육신이 물려받은 가슴앓이와
수천 가지 타고난 갈등이 끝난다 말하면,

그건 간절히 바라야 할 결말이다.

(후략)

▶▶▶셰익스피어, 최종철 역, 『햄릿』 중에서

역자는 자신의 번역이, 그동안의 정론적 번역을 마다하고, 아직 역사적 무게가 덜 실린 우리말 '있음'과 '없음'을 사용하고 있는 까닭을 자세히 밝히고 있다. 그에게도 그 대목이 좀 화두였던 모양이다. 그의 말로는 그 대목(To be, or not to be)에서의 문맥은 '사느냐 죽느냐'를 포함하는 보다 포괄적인 '존재와 비존재의 대립'을 함축하는 것이기 때문에 '죽느냐 사느냐'라는 생사 선택의 문제로 한정하는 것은 오히려 편협(미흡)한 번역일 수 있다는 것이다. 'to be' 부정사의 명사적 용법을 고려할 때 그렇다는 거였다. 듣고 보니 그것도 정확하게 내가 고등학교 때 생각했던 것과 일치했다. 그래서 또 반가웠다. 살다보면 생각이 비슷한 사람들도 자주 만난다. 그 일로 한껏 고무되는 상황이 도래했다. 그러나 그것도 오래 가지는 못했다. 정진홍 선생의 『햄릿』 독서감상문을 읽다가, 선생 역시 그 대목에서 한 번 덤블링(?)을 한 적이 있다는 기록을 보고 그게 비단 한 두 사람의 의문 사항이 아니었음을 알았다. 그리고 또 한 번 허물어졌다. 이번에는 정선생님의 진술을 들어보자.

읽는 데 많은 시간이 들지도 않았습니다. 희곡인 탓도 있지만 양이 절대적으로 많지 않았습니다. 대사가 무척 '화려하다'는 느낌은 받았지만 그것이 그리 '심오하다'는 생각은 하지 않았습니다. 이 책을 읽은 사람이든 읽지 않은 사람이든 즐겨 입에 담는 햄릿의 유명한 독백, 곧 3막 1장에 나오는 'To be, or not to be : that is the question'도 그랬습니다. 제가 지금 펼쳐놓고 있는 최재서 선생님의 텍스트에는 이 문장이 '살아 부지 할 것인가, 죽어 없어질 것인가, 그것이 문제다'라고 번역되어 있습니다. (…중략…)

저는 어쩌면 이 책을 처음 읽었을 때 무척 유치했었는지도 모릅니다. 지금도 뚜렷하게 기억하는 것이지만 제게는 '살아 부지할 것인가, 죽어 없어질 것인가' 하는 것은 전혀 문제가 아니었습니다. 지금 다시 다듬는다면 '살고 싶어 사는 것도 아니고, 죽고 싶어 죽는 것도 아닌 것'이 삶이라는 건데, 그때 부닥치는 것은 그처럼 심원한 물음이 아니라 바로 그 다음의 구절, '가혹한 운명의 돌팔매와 화살을 받고/ 참는 것이 장한 정신이냐./ 아니면 조수처럼 밀려드는 환란을 두 손으로 막아,/ 그를 없이 함이 장한 정신이냐? Whether'tis nobler in the mind to suffer/ The slings and arrows of outrageous fortune, Or to take arms against a sea of troubles, And opposing end them?' 하는 더 현실적인 물음일 거라고 생각했습니다. 더 이상 모욕을 당하면서 가정교사를 계속할 것인가, 아니면 오갈 곳이 없어도 오늘 저녁 돌아가면 당장 짐을 싸서 나올 것인가 하는 것이 제게는 '근원적'인 문제였기 때문입니다. 당연히 그 독백이 이어지는 '죽는 일은 자는 일, 다만 그뿐이다. To die : to sleep'을 저는 거침없이 간과했습니다.

▶▶▶정진홍, 『고전, 끝나지 않은 울림』 중에서

선생은 자신이 젊어서 봤던 그 시시한 번역들이 이제 와서 보니 그게 아니더라고 말한다. 스무살의 고된 현실이 고전 명작의 심오한 대사를 그냥 지나치게 만들었다고 고백한다. 그의 말을 듣다보니 내게도 갑자기 빛이 들었다. 선생도 그렇게 운을 떼고 있었지만, '죽는 일은 자는 일, 다만 그뿐이다'라는 말, 그리고 그 뒤를 잇는 '그건 간절히 바라야 할 결말이다'는 말, 그 두 마디를 놓고 볼 때 그 대목은 강한 타나토스(죽음 충동)의 유혹을 말하고 있는 것 이상도 이하도 아니었다. 이를테면, 살고 죽는 것을 선택의 문제로 파악하고 있는 것이 아니라, 그냥 죽고 싶다고 외치고 있는 거였다. 감당하기 힘든 현실에 대면한 자에게 엄습해 오는 거역하기 힘든 죽음에의 유혹을 햄릿은 그렇게 노래하고 있는 거였다. 그러니 최재서의 '살아 부지할 것인가, 죽어 없어질 것인가'라는 번역이 '존재와 비존재의 대립'도 거두어 내면서 햄릿의 '죽음 충동'도 적절하게 드러내는 가장 적절한 번역이라 할 수도 있는 거였다. 아니, 그것도 '죽음에의 충동'을 늘어뜨리는 것이 된다면, 그래서 민한 표현이라면, 차라리 그저 '사느냐 죽느냐'가 백번 옳았다. 아무래도 '있음이냐 없음이냐'는 아니었다. 죽는 것 앞에는 아무 것도 없는 게 옳았다. '존재할 것인가 말 것인가'는 더 아니었다. 그것들은 결국 '이것이냐 저것이냐'와 진배없는 것들이었다. 감당할 수 없는 거대한 모순과 억압에 직면한, 자신의 죽음으로밖에는 그 모든 것으로부터 벗어날 수 없었던, 절체절명의, 살아있는 '인간의 절규'가 아니었다.

책을 읽는다는 것은 결국 내 안의 책을 읽는다는 말이다. 내 주제가 책의 주제가 될 수밖에 없다. 그것이 인생이다. 내가 가진 그릇이 작으면 책에서 퍼 올 것도 적고, 내 그릇이 커지면 책에서 퍼 올 것도 많다. 그러니, 퍼도 퍼도 마르지 않는 것이 책이다.

햄릿 2: 그 친구는 머리가 좋은 아이

요즘 버킷 리스트bucket list란 말이 유행이다. 죽기 전에 해야 할 일을 적은 리스트라고 한다. 몰랐었는데(죽기 싫어서?) 이 글을 쓰면서 찾아보니 '버킷'이 옛날의 '바게쓰'인 모양이다. '바게쓰'는 어린 시절 집안의 생필품이었다. 상수도 시설이 미비했던 당시에는 여기저기 쓰이는 곳이 많았다. 학교에서도 많이 쓰였다. 청소 도구로는 물론이고, 구호 물품으로 제공되던 우유(분유)를 실어나르던 유용한 도구로도 사용되었다. '바게쓰'란 말은 그래서 정든 옛친구와 같은 말이다.

나는 장난 삼아 일부로 그런 옛말(일본어나 일본어 발음식 외래어)들을 자주 입에 담는다. 주로 집안에서지만, 그런 행색으로 나는 보수 꼴통이 된다. 아이들이 질색을 하고 마누라도 아이들 역정을 든다. 그러나 나는 개의치 않는다. 난닝구, 빤쓰(사루마다도 가끔씩 쓴다), 우와기, 즈봉, 네꾸따이, 벤또, 다마네기, 다꾸앙, 아지노모또, 와루바시, 사라(접시). 오봉(쟁반). 생각나는 대로 막 쓴다. 그럴 때마다 마누라와 아이들이 명색이 '국어 선생'이 그런 말을 쓰다니 도저히 이해가 안 된다고 쏘아붙인다. 되게 무식해 보인단다. 그래도 나는 재미있다. 그런 우국적인 저항이 올 때는 일부러 '모찌방이 왜 그 모양이냐, 씨다이 쪼우자(밥 먹자)'는 말까지 해버린다(이 말은 황석영의 『어둠의 자식들』에서 배웠다). 이판사판이다. 왜 그런 행투를 보이는지 잘 모르겠다. 가끔씩 내가 하는 일들이 제대로 무미건조(?)해 보여서 그러는지도 모르겠다. 아니면, 그렇게 해서라도 옛날의 일들을 내 기억 속에 붙들어매고 싶어서인지도 모르겠다. 하여튼 고질이다. 각설하고, 예의 정진홍 선생의 독서감상문을 보다 보면 문득 문득 버킷 리스트가 생각날 때가 있다. '글쓰기 버킷 리스트' 말이다. 가령 다음과 같은 대목에서다.

그런데 오랜 뒤 어느 날 저는 갑자기 초등학교 4학년 때 물에 빠져 죽은 친구 생각이 났습니다. 뛰어나게 공부를 잘하던 그 친구는 홀어머니를 모신 외아들이었는데 동네 방죽에서 멱을 감다 익사했습니다. 넋을 잃은 어머니가 물가 버드나무 아래에서 땅을 치며 울었고, 무당은 시체를 건져 올린 뒤끝에서 넋을 마저 건지겠다고 밥이 담긴 주발그릇을 물에 넣고 굿을 했습니다. 나중에 밥이 담긴 그 그릇 안에 죽은 친구의 머리카락이 담겨 있었다고들 이야기했지만 제가 직접 확인하진 못했습니다. 이 일이 생각나면서 『햄릿』을 서둘러 뒤진 것은 '기억의 작희(作戱)'라고 해야 옳을 듯합니다. 마침내 찾아 읽은 대목은 5막 1장의 첫 부분, 어릿광대의 대사입니다.

"잠깐만 내 말 들어줘, 여기 물이 있네, 됐지? 여기 사람이 있네, 됐지? 만약 이 사람이 이 물까지 와서 빠져 죽는다면, 그건 의사여부 없이 그 사람이 자작 가서 죽은 거야. 알겠나? 그렇지만 만일 물이 사람한테로 와서 그를 빠뜨려 죽였다면, 그것은 자작 빠져 죽은 것은 아냐. 그런고로 자살죄를 범하지 않은 자는 스스로 목숨을 줄인 것은 아니야."

이 구절을 읽었던 제 기억이 제게 강요한 것은 어쩌면 그 친구가 자살하지 않았나 하는 갑작스러운 궁금증을 푸는 일이었습니다. 저는 그 친구의 죽음 이후 줄곧 그 친구가 스스로 죽음을 택하지 않았을까 하는 생각을 떨쳐버리지 못하고 있었습니다. 그 친구가 그랬을지도 모른다고 제가 생각한 까닭은 딱 한 가지였습니다. 그 친구는 머리가 좋은 아이였기 때문입니다. 이 대목을 찾아 읽으면서 저는 비로소 그 친구가 죽은 까닭을 풀어낸 것 같은 '희열'을 느꼈습니다. 제 짐작에 이서(裏書)를 받은 느낌이었기 때문입니다. 그리고 이 경험은 저로 하여금 불가피하게 이 책을 처음부터 되읽게 했습니다. 그리고 그렇게 해서 새삼 발견한 것은 이 책의 대사들이 담고 있는 철철 넘치도록 많은 '아포리즘 aphorism'이었습니다.

▶▶▶정진홍, 『고전, 끝나지 않은 울림』 중에서

나는 이 대목을 두고, 결국 선생의 『햄릿』 재독再讀은 초등학교 4학년 때 물에 빠져 죽은 친구에 대한 죄책감을 풀어내기 위한 것이었다라고 말한 적이 있다(졸저, 『코드와 맥락으로 문학읽기』). 그러한 "투사적 독서 행위는 '우연한 깨달음이나 터득'을 위장한다는 특징이 있다. 그것은 숙성된 '자기 이해'의 일반적인 자기표현 방식이다. 그런 까닭에 '텍스트의 (우연한)방문' 혹은 '텍스트와의 조우'라는 독서 행위의 동기가 특별히 강조되어도 전혀 놀랄 일이 아니다. 그것이 '틀'이기 때문이다. 주체 텍스트는 항상 '문득, 갑자기, 우연찮게, 전혀 생각지도 못한 곳에서' 대상 텍스트를 다시 만났다고 기록하지만, 우리는 그 말을 믿지 않는다. '자기 이해'의 숙성을 기다려, 이미 준비된 목록을 펼쳐들고, 텍스트는 '왜, 그때는 내 말을 귀담아 듣지 않았느냐'고 책망하면서 나타날 것이기 때문이다."라고 썼었다. 항상 내 앞에서 나를 앞서 가던 친구의 죽음에서 말 못할 죄의식을 느끼고 있던 어린 자아는 훗날 그 죽음을 친구가 '자작' 선택한 것임을 재독 텍스트를 통해 확인 받는다. 그런 죄의식에 빠져서 '나도 자살하고 싶다'와 같은 엉뚱한 생각은 이제 더 이상 할 필요가 없다고 다짐한다. 어릿광대의 궤변이 '희열'로 다가왔다는 것만 말할 뿐이지만, 그동안 어린 독자가 겪어야 했던 기나긴 악몽의 세월이 눈에 선하게 밟혀온다. 그런 경험이 있는 사람들에게는 그 시절 이야기를 끄집어낸다는 것도 쉬운 일은 아닐 것인데, 선생은 마치 버킷 리스트의 한 목록을 실행이라도 하려는 듯, 그렇게 '기억의 작희'를 꺼냈다.

내게도 비슷한 경험이 있다. 고등학교 1학년 때다. 반에서 1등을 하던 친구가 여름 방학 때 교회의 하계 수양회에서 익사하는 사고가 생겼다. 그 친구가 가고, 학년 말 고사에서 우연찮게 내가 1등을 했다. 담임선생님이 나보고 나와서 '나는 이렇게 공부했다'라는 주제로 발표(성공사례?)를 하라고 했다. 다른 친구였다면 그러지 않았을 거라는 생각이 들었다. 삼시 세끼 챙겨먹기도 어려운 형편에도 불구하고 쟁쟁한 집안의 아이들을 다 젖히고 1등을 한 내가 선생님이 보기에 기특했던 모양이었다. '공부가 제일 쉬웠어요'라는 말이 그때 있었으면 그렇게 말하고 내려왔을 건데 그때 나는 별로 할 말이 없었다. 방학 때 불의의 사고로 세상을 떠난 그 친구가 있었다면 나는 그 자리에 설 이유가 없었다. 그 생각만 들었다. 그 말은 못하고 그냥, 자취생인데 밥할 때에도 손에서 책을 놓지 않았다고, 그렇게만 말하고 내려왔다. 그리고 그날 밤 내내 악몽에 시달렸다. 그리고는 그 친구를 잊었다. 나중에 안 사실이지만 그때 담임 선생님의 아들도 우리와 함께 시험을 쳤다가 떨어져서 재수를 하고 있었다.

대학원을 다닐 때, 작은 학원에서 아르바이트를 한 적이 있었다. 낮에는 재수생들을 대상으로 하는 보습반 강의를 하고, 밤에는 '정예반'이라는 재학생 중심의 국영수 종합단과반 강의를 했다. 보습반 강의는 그저 모양새만 갖추는 정도였다. 밤에 주로 돈을 벌었다. 일주일에 두어 번 낮에 오시는 영어 선생님이 계셨다. 풍채도 좋으셨고, 기독교 분파 중의 하나인 것만 아는데, 그 교단의 한국 총책임자시라고도 했다. 젊은 원장도 꼭 은사 대접을 해드렸다. 나를 특히 귀여워하셨는데, 내가 점심 때 시키는 메뉴를 두고 '우리 양선생은 은근히 딜레탕트dilettante야'라며 놀리셨다. 전부 다 짜장면을 시킬 때 혼자서 우동을 고집한다거나(그만한 이유가 있다. 한때 고모님이 중국집을 하셔서 틈틈이 거기 가서 아르바이트를 했던 터라 그쪽 메뉴에 일가견이 있었다), 어떤 이는 이름도 모르던 마파두부밥 같은 것을 간혹 시킨다거나 하는 행투를 보고 하시는 말씀이었다. 그렇게 몇 달을 같이 지냈는데, 하루는 그 선생님이 나를 쳐다보는 눈빛에 물기가 촉촉하게 묻어나는 걸 우연찮게 보고 말았다. 그리고 언젠가 내게 고등학교 입학연도를 물었던 것도 기억해 냈다. 직감적으로, 갑자기 불안이 엄습해 왔다. 나중에 조용히 원장에게 확인했더니 맞다는 거였다. 바로 그 친구의 아버지셨다. 고등학교 때 세상을 버린 그 친구의 아버지셨다. 그러나, 그 선생님(아버님)께 저간의 몰라뵈었던 사정을 말씀드리고 용서를 구하는 일도 생각만큼 여의치 않았다. 공교롭게도 그 사실을 알고 난 바로 며칠 뒤 '재학생 학원 출입금지령'이 떨어지고 말았다. 80년 서울의 봄이 막을 내리고 신군부가 전면에 나설 때의 일이다. 그래서 정예반 위주로 운영되던 학원도 부득불 문을 닫았고 선생님(아버님)과도 만날 일도 없어져 버렸다. 그 뒤로 나에게도 엄혹한 시절이 닥쳤다. 기간제긴 했지만, 잘 나가던 학교에서 나와 학원으로 나온 죄값(돈에 눈이 어두웠다!)을 톡톡히 치렀다. 졸업논문을 쓰고도 인쇄비가 없어서 절절 맬 지경이었다. '누구라도 이 논문만 인쇄해 준다면 당장 그녀와 결혼하겠다'라고 생각(공언?)하고 있었는데 과연 일당백, 한 사람의 '그녀'가 나타나 일금 30만원(맞나?)을 쾌척했다. 물론, 당연히, 지금의 아내다.

또 한 분의 선생님(아버님), 고1때의 담임선생님 이야기를 해야겠다. 돌아가시기 몇 년 전 선생님께서 연락을 주셨다. 회고록을 집필하셨는데, 좀 다듬어서 책으로 만들었으면 좋겠다고 말씀하셨다. 원고를 받으러 댁으로 찾아뵈었다. 아내와 함께 가서 큰절을 올리는데 선생님이 우셨다. 선생님 댁을 나와서 선생님 사정을 좀 잘 아는 친구에게 저간의 근황을 물었다. 선생님의 아들은 1년을 재수해서 우리학교에 입학했다. 1년 후배가 된 것이다. 그 친구도 사범대학을 졸업하고 교사가 되었다. 그런데 대구 지하철 공사장 폭발 사고 때 사망했다. 현장 부근의 중학교에서 근무하고 있었는데 출근길에 학생들과 함께 사고를 당했다. 그때 사망자 명단에 교사가 한 사람 있었던 게 기억이 났다. 우리집도 바로 그 뒤에 있었기에 온 집 유리창들이 깨어지고 야단이 났었다. 나중에는 우리집 뒤 언덕에 위령비도 세워지고 해서 그 이름까지 기억하고 있는 터였다. 바로 그 친구가 선생님(아버님)의 아들이었던 것이다. 그 이야기를 듣고 선생님을 쳐다볼 엄두가 나질 않았다. 그 뒤에도 책 문제로 나를 볼 때마다 선생님은 눈시울을 붉히셨다.

나도 선생이라 남의 아들, 남의 딸들을 많이 본다. 이것저것 가르치면서 그 속내를 살피면 내 새끼보다 어여쁠 때가 많다. 물론 미운 애들도 간혹 있다. 그러나, 내 선생복인지는 모르겠지만, 열에 아홉은 집아이들보다 더 귀엽고 대견스럽다. 간혹 내 어릴 때처럼, 빠듯한 집안 형편임에도 불구하고 전혀 구김살 없이 밝고 씩씩하게 자기 앞을 헤쳐나가며 커나가는 아이들을 보면 정말 어여쁘다. 그 아이들을 보다가 집아이들을 보면 괜히 미워질 때도 있다. 집아이들이 섭섭해도 할 수 없다(걔네들도 남의 아버지 앞에서는 역시 그럴 것이다). 선생님(아버님)들이 나를 보고, 왜 그렇게 귀여워하고, 또 왜 그렇게 우셨는지, 예전에는 속속들이 몰랐다. 동년배의 아들을 둔 인지상정이었거나, 아들을 잃은 쓸쓸하고 애잔한 아비 마음으로만 이해했다. 그러나, 그런 것만 있는 게 아니었다. 요즘 와서야 그걸 좀 알겠다. 동병상련을 넘은 어떤 측은지심惻隱之心이라고나 할까, 그런 것이 생긴다. 내 자식이든 남의 자식이든,

자식들을 키워내며 그 나이의 아버지가, 그 입장의 선생이 되어 보니 알겠다. 그 선생님, 그 아버님을 생각하며, 이런 글을 쓰면서, 내내 코를 훌쩍이고 있는 것을 보니, 스스로도 그걸 안다는 걸 알겠다.

햄릿 3: 햇닭을 구해 인삼을 가득 넣고

'독후감 읽고 독후감 쓰기: 정진홍 편'을 마무리해야 겠다. 본디 다소 길게 쓴 한 편의 글인데 페이스북이라는 매체의 속성을 고려해서 네 부분으로 나누었다(모비 딕 하나, 햄릿 셋). 이 점 양해해 주시면 고맙겠다. 사실 내 본업本業은 소설쓰기인데 어쩌다보니 이런 글들이 내 글쓰기의 안방을 차지하게 되었다. 이런 글의 가치를 폄하하는 것은 아니지만(소설줄이 막힌 현재의 내게는 이런 글들이 아주 중하다), 어쨌든 그게 늘 내 트라우마다. 그런 처지인지라, 어떤 글을 쓰던지 매번 한 편의 소설을 완성한다는 각오로 임하고자 한다. 물론, 무진 그렇게 되려고 애를 쓰지만 잘 되는 것 같지는 않다. 작품마다 내가 보는(가진) 양이 다르고 때에 따라 풀어내는 기분도 다르기 때문에 들쑥날쑥을 면할 수 없다. 너그럽게 봐 주시기 바란다.

사람이 말을 하는 까닭을 ①득이 되기 때문에, ②욕을 하려고, ③심심해서, 라고 말한 적이 있다. 이런 관점에서는 남을 칭찬하거나 위로하는 것, 질문을 하거나 토를 다는 것, 기도를 하거나 염불을 하는 것도 다, 득이 되거나, 욕을 하고 싶거나, 심심해서

하는 일이다. 그런데 그 셋으로도 포착되지 않는 게 하나 더 있는 것 같다. 무엇인고 하니, 정작 따로 할 말이 없을 때다. 그게 사람이 말을 하는 까닭 ④다. 원칙적으로, 할 말이 없을 때는 말을 하지 않으면 된다. 그게 인간세의 상도常道다. 그런데 살다보면 그렇게 할 수 없을 때가 있다. 무언가 꼭 말을 해야 한다. 안 하면 큰 결례다. 그것도 인간세의 상도다. 세상에서는 그런 말들을 '정치가의 말'이라고도 부른다. 정치가들의 입장이 대개의 경우 그렇기 때문이다. 위하는 마음도 없으면서, 능력도 없으면서, 정치가들은 그저 '말뿐인 말'만 늘어놓는다. '현실성'하고는 애초부터 동떨어진 이야기들을, 아니면 아주 시시한 말들을, 그들은 심각하게 떠벌린다. 그러지 않으면 그들은 '이야기를 잇지 못하는 세헤라자드의 신세'가 되고 만다. 다음 날 아침(다음 선거날?) 바로 죽는다. 그런데, 오늘 할 이야기는 그와 비슷하지만 좀 다른 경우다. 포장지는 거의 같은데 그것이 싸고 있는 내용물은 전혀 다르다.

> 희곡은 연극이 아닙니다. 연극에는 얼굴이 있고, 목소리가 있고, 몸짓이 있고, 의상이 있고, 그래서 색깔과 공간이 마련되어 있습니다. 그리고 말이 있습니다. 그러나 희곡에는 말이 있고, 그 밖의 것은 '없어도' 좋습니다. 아니 없어야 한다고 말해야 할 듯합니다. 그렇지 않으면 희곡이 연극으로 태어날 수 없겠기 때문입니다. 연출은 그래서 산모입니다. (…중략…) 그래서 그랬는지 저는 희곡이 가지는 대사의 '현실성'에 대한 갑작스러운 관심을 가지게 되었습니다. 그리고 까맣게 잊었던 옛날 일이 생각났습니다.

끼니를 잇지 못하는 참혹한 시절에 겪는 '어머니의 병환'은 자식들에게 절망을 안겨줍니다. 그것을 '절망' 이외에 달리 묘사할 언어가 제게는 떠오르지 않습니다. 그때 마음씨 좋고 점잖은 어떤 어른이 제게 진지하게 말씀하시던 것을 저는 잊지 못합니다. 어머니의 병환은 '너무 원기를 잃어 생긴 것이니까 햇닭을 구해 인삼을 가득 넣고 푹 과서 잡수시도록 하라'는 부탁 말씀이었습니다. 저는 그 어른의 착함과 옳음과 진지함을 모르지 않습니다. 제게 관한 사랑도 저는 의심하지 않습니다. 그런데 『햄릿』을 다시 읽으며 그 일이 떠올랐습니다. 그 어른의 말씀을 '아포리즘'의 범주 안에 넣을 수는 없습니다. 그런데 저는 이 책에 담긴 마디마디 귀한 말들을 읽으면서 그 어른의 말씀을 떠올릴 만큼 그 둘 사이의 연계를 끊어버리기가 쉽지 않았습니다. 그 대사들이 너무 현학적이라고 표현하는 것이 참으로 현학적이라면 저는 아예 너무 '과장'하고 있는 것이라고 말해도 좋을 듯합니다. 아니면 '사치스럽다'고 해도 좋을지 모르겠습니다. 더 나아가 조금은 '무모하다'고 말해 버려도 괜찮지 않을까 생각되기도 합니다.

▶▶▶정진홍, 『고전, 끝나지 않은 울림』 중에서

위의 대목은 '말'과 '현실'의 괴리에 대해 말하고 있는 부분이다. 현실에 기반을 두고 있지 않는 그저 '말뿐인 말'이 결국 희곡의 대사이고, 아포리즘이고, 문학이다라고 정진홍 선생은 말하고 있다. 그 말을 알아듣기 쉽게 하려고, 어릴 때 내 마음에 상처를 안겼던 '마음씨 좋고 점잖은 어떤 어른의 부탁 말씀'을 인용한다. 끼니 마련조차 어려운 집(구석?)에 와서 병들어 누운 어머니에게 '햇닭을 구해 인삼을 가득 넣고 푹 과서 잡수시도록 하라'고 말씀만 그저 던지고 가는 저의가 무엇인지 '어린 나'로서는 도저히 알 수가 없다. 희롱인가, 고문인가, 연극인가, 그런 생각만 들 뿐이다. 나이가 들어, 이제 스스로도 '마음씨 좋고 점잖은 한 어른'이 되어, 세상의 모든 아포리즘이 결국 그 어른의 말씀과 하나 다를 게 없다는 것을 깨닫는다. 아포리즘aphorism이란 무엇인가, 그럴 듯하게 말해지는 진리의 명제란 무엇인가, 그 말로 우리의 현실이 달라질 일이 어디에 있는가, 말로써만 구해지는 햇닭과 인삼은 어디에도 없다. 거기서부터, 『햄릿』에 등장하는 그 숱한 아포리즘, 그 말들의 유희에서 한 걸음 비켜서는 침잠沈潛의 독법이 설명된다. 침묵의 독서를 선생은 강조한다. 아직 '침잠'에 관해서는 본격적인 언급이 되고 있지 않지만 위의 인용문 다음 대목에서 그런 내용들이 설파되고 있다.

'말은 말뿐일 뿐이다.' 그거 하나 알려고 평생을 책과 씨름한 것이 되고 말았다. 그저 말일 뿐인 것을 두고 이 말 저 말, 말이 많았다. 『햄릿』에 등장하는 그 많은 말들, 그 많은 아포리즘들의 효용은 고작 그런 것들로부터 벗어나라는 가르침이었다. 독후감(독서론)의 마지막 단계, 역설과 부정의 '해체 작업'이 본격적으로 수행되는 부분에서 선생은 그렇게 말한다. 텍스트는 비어 있다. 그것은 '끼니를 잇지 못하는 참혹한' 사정事情에다 '햇닭을 구해 인삼을 가득 넣고 푹 과서 잡수시도록 하라'는 '부탁 말씀'을 던지는 것과 같이 그냥 '끔찍하게' 던져진 것이다. 그것에 실망할 까닭도, 그것에 의지할 하등의 연유도 없다. 그것에 일희일비할 어떤 근거도 없다. 그것은 본디 '사치스럽고, 무모한' 것이다. '역설'이다. 고작 역설인 것, 그것이 바로 '말'이다. 우연을 가장한 필연이 투사라면, 『햄릿』을 다시 꺼내 읽은 것이 내 지난 상처에 대한 위로였다면, 그것 역시 비어 있는 텍스트에 내가 무모하게 무엇인가를 비벼 넣은 것이다. 선생의 충고에서 나는 그런 '읽기의 진실'을 보지 않을 수 없었다. 그토록 나를 황홀하게 했던 세상의 모든 아포리즘들도 이제 남김없이 해체될 시간이 왔다.

사족 한 마디. 선생이 『햄릿』을 해체하고 그 빈 '구멍hole'에서 무엇을 보고자 하는지는 명확하지 않다. 말을 버리고 얻는 경지를 말로 유추한다는 것 자체가 어불성설일 것이다. 본디 주문呪文은 풀이하지 않는 법이다. 다만, '번뇌가 많으면 그 리듬이 거칠고, 번뇌가 적으면 그 리듬이 유연한' 일종의 '생명에 따른 영원한 리듬'에 선생이 관심하고 있다는 것만을 알 수 있을 뿐이다. 여하간, 선생의 그 '구멍'은 어둡고 비어 있고 끝을 알 수 없으며, 이미 무엇인가를 성체成體로 산출産出한 뒤의 공허일 수도 있고, 만물이 생장生長 혹은 생장生葬되는 블랙홀일 수도 있고, '노자의 암컷'일 수도 있을 거라는 짐작만 들 뿐이다. 선생은 『햄릿』의 '독백 과잉'을 '아포리즘 과잉'에다 연결지으면서 그것이 내는 소음들이 자신의 '구멍'을 위협하는 것에 강한 거부감을 드러냄으로써 그러한 유추를 부추긴다. 다시 한 번 정리하자. 선생은 삼독 끝에 초독과 재독의 『햄릿』 텍스트를 완전히 해체한다. 이를테면 모든 '복수의 존재론'의 소멸을 공표한다. 그리고 '연극이 끝났다'라고 말한다. 말의 성찬, 문학은 그저 문학일 뿐 현실의 유추나 대안이 아니라는 것이다. 모든 '복수의 존재론'을 부정하는 것은 '햄릿'의 말이면서 동시에 선생의 말이기도 하다. 이제 '부정의 미학'은 어쩔 수 없이 모든 것을 부정할 수밖에 없다. 모든 것을 쏟아낸 뒤의 공허와 어둠은 『햄릿』의 시학이면서 동시에 선생의 시학이다. 그것은 이미 '복수극(자기 이해)'을 넘어서려는 주체의 형성적 의지에 도달되어 있다. 그 '형성적 의지'가 앞서 말한 '생명에 따른 영원한 리듬'에 일체감을 느끼려는 것인지 아니면 다른 어떤 지상의 이념에 종속되는 속류俗流 종교학인지(선생은 종교학자다), 하수인 나로서는 확인할 수가 없다. 선생이 어떤 경로로 그곳에 가 있는지는 알 수가 없다. 다만, 선생이 그곳에 높이 앉아있다는 것만 알겠다.

공적 의미의 확정도 아니고, 상처의 치유도 아니라면, 과연 독서는 나에게 무엇인가? 세상 읽기의 시작과 끝은 어디이며, 내 로코보코는 과연 무엇인가, 밀려드는 환난에 맞서 그 질문에 답하려고 고투하다가 내 원기가 다 떨어졌던 것 같다. 지친 몸으로, '바게쓰' 생각을 한 것도 아마 그 까닭이었던 모양이다. 그래서였을까? 선생 또한, 끼니 걱정이 산더미인 내 빈궁한 집구석에 오셔서 '너무 원기를 잃어 생긴 것이니까 햇닭을 구해 인삼을 가득 넣고 푹 과서 잡수시도록 하라'는 빈 말씀만 한 마디 던지고 그냥 가신다.